科学出版社"十四五"普通高等教育本科规

U0620142

网络营销

走进新媒体时代

潘 霞 陈 伟 李 玥 姜金贵 等 编著

科学出版社

北 京

内 容 简 介

本教材从市场营销到网络营销，再按照网络营销 1.0 到 2.0 再到 3.0 的演化轨迹，结合新媒体的发展，从五个方面阐释网络营销知识体系：基础篇、理论篇、策略篇、工具篇和实践篇。首先结合互联网技术的发展，重新整合网络营销理论框架，结合新媒体和新媒体营销的内容，对相关内容进行更新改进；其次选用新媒体相关最新生动的案例，让看似复杂难懂的理论变得简单易懂；最后，用新近发生的新媒体案例带动理论的学习，使学生在实践中掌握理论，在掌握理论的基础上进一步指导实践，达到理论与实践的深度契合。

本教材可作为科研机构的研究人员和普通高等学校电子商务专业、工商管理专业、市场营销专业等的本科生、研究生和教师的参考教材。

图书在版编目（CIP）数据

网络营销：走进新媒体时代 / 潘霞等编著. —北京：科学出版社，2025.1

科学出版社"十四五"普通高等教育本科规划教材

ISBN 978-7-03-074691-7

Ⅰ. ①网⋯ Ⅱ. ①潘⋯ Ⅲ. ①网络营销 Ⅳ. ①F713.365.2

中国国家版本馆 CIP 数据核字（2023）第 018633 号

责任编辑：王京苏 / 责任校对：姜丽策
责任印制：张　伟 / 封面设计：有道设计

科 学 出 版 社 出版
北京东黄城根北街 16 号
邮政编码：100717
http://www.sciencep.com

北京九州迅驰传媒文化有限公司印刷
科学出版社发行　各地新华书店经销

*

2025 年 1 月第 一 版　开本：787×1092　1/16
2025 年 1 月第一次印刷　印张：13
字数：308 000

定价：78.00 元
（如有印装质量问题，我社负责调换）

本书编写委员会

（按编写章节顺序排序）

陈　伟	哈尔滨工程大学
潘　伟	哈尔滨工程大学
潘　霞	哈尔滨工程大学
姜金贵	哈尔滨工程大学
李　玥	哈尔滨理工大学
杜明月	哈尔滨工程大学
胡玉真	哈尔滨工程大学

前　　言

党的二十大报告指出，教育、科技、人才是全面建设社会主义现代化国家的基础性、战略性支撑，我们要坚持教育优先发展，加快建设教育强国[①]。在这样的大背景下，教育的开展必须适应时代的特征和需求。

当今的时代是一个信息化的时代，互联网的飞速发展把人类社会带入了数字化的进程。云计算、大数据、区块链、人工智能等前沿技术已经逐渐渗透到了各个领域。根据中国互联网络信息中心 2024 年 3 月发布的第 53 次《中国互联网络发展状况统计报告》，截至 2023 年 12 月，我国网民规模达 10.92 亿人，网络购物用户规模达 9.15 亿人，可见电子商务已经成为企业和消费者共同关注的领域。网络市场与传统市场的差异使得信息化时代的企业对网络环境下的营销人才产生了强烈的需求，网络营销应运而生。

网络营销是伴随电子商务发展出现的新学科，是教育部规定的电子商务专业核心课程。网络营销的快速发展，对高校的课程教学内容和教学方法提出了新的要求。教材作为高校教学的载体，不仅直接反映学校的教学和科研水平，而且直接影响高等教育质量的高低和教学改革的成效。因此，优质的教材，不仅是传授知识、培养能力的重要工具，还是教育价值观的体现，对学生的思想观念和行为习惯产生深远影响。

信息化的时代，网络营销领域也迎来了前所未有的变革。新媒体以其独特的交互性、个性化和即时性，改变了信息的传播方式，也为网络营销提供了全新的平台和手段。在这个背景下，为了深入贯彻党的二十大报告提出的要深化教育领域综合改革，加强教材建设和管理[①]，推出一本以新媒体为特色的网络营销教材，对推动网络营销学科的发展具有重要意义。基于此，哈尔滨工程大学经济管理学院网络营销课程组撰写的本教材以新媒体案例、中国公司案例、课后习题、课程思政案例建设为特色，进行结构设计，特色明显、系统实用。

本教材依托教育部高等学校工商管理类专业教学指导委员会（简称工商管理类教指委）于 2020 年 1 月推行的《高等学校工商管理类专业核心课程金课建设实施研究》中的"网络营销"课程金课建设项目，积累了丰富且系统的课程知识点体系、电子课件、案例、习题等教学资源。本教材依托新文科建设的背景，努力践行习近平新时代中国特色社会主义思想中的"必须坚持系统观念"的思想[①]，运用现代化数字教材编写手段，从传统市场营销知识出发，引出网络营销基础内容，结合新媒体营销工具的发展，重新整合网络营销知识架构，构建了比较完整的网络营销知识体系，有机融入已建成的课程思政案例，为实现专业本科人才培养目标打好基础。教材内容包括基础篇、理论篇、策

---

① 引自 2022 年 10 月 26 日《人民日报》第 1 版的文章：《高举中国特色社会主义伟大旗帜　为全面建设社会主义现代化国家而团结奋斗》。

略篇、工具篇和实践篇。基础篇主要包括市场营销概述、网络营销概述；理论篇主要包括网络营销战略开发、网络消费者购买行为、网络市场调研；策略篇主要包括网络营销策略组合、网络广告策略；工具篇主要包括传统网络营销工具和新媒体营销工具；实践篇包括网络营销实践。本教材有如下特色。

（1）以新媒体和新媒体营销贯穿教材内容。党的二十大报告指出，必须坚持守正创新[1]。守正才能不迷失方向，创新才能把握时代。本教材的编写以坚持守正创新为宗旨，充分体现新媒体的“新”，并将其融入教材知识体系。新媒体的“新”主要体现为采用新的技术、体现新的形式、呈现新的理念。将新媒体融入营销方式中，是社会科技进步的必然趋势。网络营销教材的内容设计，需要基于对相关内容新媒体进行整合并进行更新。本教材基于新媒体的发展对网络营销的内容进行系统整合，从市场营销和网络营销的基础内容，到网络营销的战略开发和网络营销分析，再到网络营销沟通和网络营销实践，遵循由浅入深、由理论到实践的逻辑，便于理解。

（2）设计制定丰富多样的课后内容。围绕讲授重点、难点，设计本教材每个部分的概念讨论、概念应用、新媒体案例。概念讨论部分的设计，以问题启发同学在了解重点概念的基础上，能够深刻领会这些重点概念的具体含义。概念应用的设计是结合概念讨论，选择重点概念中的与实践活动结合紧密的概念，设计实践操作题目。新媒体案例的设计是从国际广告营销类最重要奖项的金奖案例中，遴选最具代表性的新媒体营销传播案例，并设置互动讨论题。

（3）融入课程思政案例。从国际广告营销类金奖案例中，甄选新媒体案例，进行整合编撰，融入课程思政元素，建成课程思政示范案例（本教材对应的课程已经获批校级本科课程思政示范课），融入教材的案例讨论部分，充分体现课程内容的高阶性和挑战度。

（4）充分与数字化相融合。教材形态主要以纸质教材为核心，运用数字化技术构建教材习题、案例的数字化资源，实现教材内容与数字化资源建设的一体化。依托已经获批的教育部工商管理类教指委《高等学校工商管理类专业核心课程金课建设实施研究》项目，实现教材编写与课程开发的一体化。教材中融入课程思政案例和实践内容，实现教材内容与学习过程的一体化。

本教材是哈尔滨工程大学教材资助立项的成果，教材编写组成员为潘霞、陈伟、李玥、姜金贵，胡玉真、潘伟、杜明月。成员具体分工如下：陈伟、潘伟负责第一章，潘霞负责第二章、第四章、第五章、第七章、第九章，姜金贵负责第三章，李玥负责第八章，杜明月负责第六章，胡玉真负责第十章。潘霞、李玥、姜金贵负责教材的全面修改，并承担了统稿工作。

本教材在编撰的过程中得到了各界的大力支持。浙江工商大学的王永贵教授、武汉大学的黄敏学教授作为营销领域的专家，对教材内容框架的确定、教材案例的选择给出了宝贵的意见；东北财经大学的杨兴凯教授、哈尔滨工程大学的李婉红教授指导了课程

---

① 引自 2022 年 10 月 26 日《人民日报》第 1 版的文章：《高举中国特色社会主义伟大旗帜 为全面建设社会主义现代化国家而团结奋斗》。

思政案例的建设；此外，教材还参考了国内外同行专家教授的经典营销教材的内容及研究成果，文献作者包括王永贵、黄敏学、郭国庆、朱迪·施特劳斯、杨洪涛、瞿彭志、冯英健、戴夫·查菲等，在此，对以上学者表示衷心的感谢！

　　由于编者水平有限，本教材难免有不足之处，还请各位同仁批评指正！

潘　霞

2024 年 4 月于哈尔滨

目　　录

第一篇　基　础　篇

第二篇　理　论　篇

第三篇　策　略　篇

第四篇　工　具　篇

第五篇　实　践　篇

第一篇　基　础　篇

第一章　市场营销概述

 开篇案例

雷军给我开车门？小米 SU7 营销"赢麻了"

小米 SU7 是小米汽车旗下的纯电动轿车，定位"C 级高性能生态科技轿车"。作为小米公司的最新旗舰产品，小米 SU7 拥有多项创新功能和设计，具有较高的性价比。小米 SU7 对标保时捷和当下新能源车行业最具话题度的特斯拉 Model 3，在豪车体验上比肩保时捷，性能上力争赶超特斯拉 Model 3，既赚足了吸引力，又和国内车企拉开了距离。作为新能源车行业的后来者，小米准确、快速地找到了自己的细分赛道。

营销技巧方面，2021 年 3 月 30 日，小米宣布造车，雷军在社交媒体放话，将为造车业务赌上"所有声誉和战绩"，该话题引发了大量关注和广泛讨论。而后，小米汽车通过社交媒体、自媒体等渠道，围绕外观设计、路测、制造工艺等方面的新进展多次造势，掀起了一波又一波流量高峰。2023 年底技术发布会召开后，雷军通过社交媒体发布了近 50 条相关话题和视频，比如"小米 SU7 有点贵""要做 50 万元以内速度最快的量产车，要有 50 万元以内最好的主驾体验"等，留下价格悬念，引发了大众的热烈讨论，持续拉长小米 SU7 的市场热度。2024 年 3 月 28 日发布会上，雷军宣布"小米汽车标准版仅售 21.59 万元"时，直接击穿了消费者的心理预期。当晚，"雷军 雷神"骤然成为登顶微博热搜的爆词。随后小米与多位数码和科技领域的 KOL（key opinion leader，关键意见领袖）合作，传播小米汽车销售情况相关话题，并借助权威媒体、央媒以及行业自媒体发布了小米 SU7 的介绍、用户体验、科技资讯等内容，通过内容营销吸引了大量的网友关注讨论，形成了强大的网络传播效应。

截至 2024 年 4 月 2 日凌晨，小米 SU7 的锁单量已达到 4 万辆。站在"新赛道"的起跑线上，这家科技巨头正驶向一个充满想象力的未来。

资料来源：从小米 SU7 的火爆出圈，学习雷军的营销技巧. 2024-03-23. https://baijiahao.baidu.com/s?id=1795204005813049438&wfr=spider&for=pc（有改动）

【案例讨论题】

1. 小米汽车是如何进行市场定位的？
2. 请结合市场营销策略谈谈小米 SU7 是如何实现"火爆出圈"的？

第一节　认识市场营销

一、市场的含义

数字经济背景下，营销已经成为企业宣传的有力工具。要实现成功的营销，关键在于掌握什么是市场营销，如何开展市场营销。随着电子技术的发展和互联网的普及，社交媒体营销、数据库营销等新的营销方式应运而生，这些现代化的营销手段带来了更为广阔的市场，追溯营销的实质，我们应该关注两个问题：为什么要进行交换？交换是如何产生、完成以及被规避的？我们先介绍市场和市场营销。

市场是商品经济的范畴，它以商品交换为内容，是企业营销活动的出发点和归宿。市场最初的含义是指商品交易的场所，"市"就是买卖，"场"就是场所，市场即买卖双方在特定的时间聚集在一起进行交换的场所。市场营销学中"市场"等同于"需求"。菲利普·科特勒给出的市场定义为：市场是对某种商品或劳务具有需求、支付能力和希望进行某种交易的人或组织。市场是由多个因素组成的集合体，用公式表示就是

$$市场 = 人口 + 购买力 + 购买欲望$$

其中，人口是决定市场大小的前提；购买力是指人们支付货币购买商品或劳务的能力，购买者收入的多少决定了其购买力的高低；购买欲望是指消费者购买商品的动机、愿望和要求，它是消费者把潜在的购买愿望变为现实购买行为的重要条件，因而也是构成市场的基本要素。如果有人口，有购买力，而无购买欲望，或是有人口和购买欲望，而无购买力，对卖主来说，这些都无法形成现实有效的市场，只能构成潜在的市场。

二、市场营销的含义

1985 年美国市场营销协会将市场营销定义为"市场营销是一系列有目的的活动，包括创意、商品和服务的设计、定价、促销以及分销的规划与实施，以便推动和促进实现个人与组织的交易目标。"菲利普·科特勒给出的市场营销定义为："市场营销是指以满足人类各种需求和欲望为目的，通过市场变潜在交换为现实交换的一系列活动和过程。"本书认同菲利普·科特勒的市场营销定义。

三、市场营销环境分析

（一）市场营销环境的含义

市场营销环境是指对市场营销具有直接和间接影响作用的因素，包括宏观环境、微观环境。市场营销的宏观环境是对企业营销活动产生比较深远影响的各种因素，包括经济环境、人口环境、资源环境、技术环境、社会政治环境、社会文化环境等。市场营销的微观环境由与企业营销活动直接相关联的各种因素构成，包括企业自身状况、供应商、营销中介、顾客、竞争者、公众等。

（二）市场营销的宏观环境

宏观环境是指对企业营销活动具有直接、间接影响的企业"不可控制"的因素。

1. 经济环境

经济环境是指一国经济总体发展状况、经济所处的周期阶段、产业状况、收入状况及消费结构等。经济环境包括经济发展程度、经济结构、个人收入、积累与消费、社会失业与通货膨胀。经济发展程度决定国家的投资规模与水平、居民的收入、社会就业、

社会消费等的发展变化。经济结构包括地区结构及产业结构，我国地区结构是东部经济发达地区与中部经济欠发达地区和西部经济落后地区的比例关系。产业结构是指产业间的比例和结合状况。克拉克认为随着社会经济发展，第一产业在国民经济中的比例是下降的，第二产业在国民经济中所占的比例是上升的，但上升幅度递减，第三产业在国民经济中所占的比例是持续上升的。个人收入分为经常性收入和偶然所得。经常性收入是稳定的，包括工资、奖金、津贴、利息、股息、红利、租金等货币形式表现的收入。偶然所得是非经常的偶尔货币收入。积累与消费长期看是正相关的，但某一具体阶段消费与积累存在此消彼长的关系。德国统计学家恩格尔在 1857 年提出了恩格尔定律，即家庭收入较少，食品的支出占收入总量比重就大，反之就小。社会失业指社会失业率高，意味着经济状况不好，社会平均收入下降，社会购买力不足，企业营销困难较大。通货膨胀是指纸币发行量大于流通中的金属货币量，从而引起物价上涨、货币贬值的现象。

2. 人口环境

要研究市场必须要分析人口。在收入水平既定的情况下，人口数量、分布、密度、流动性、年龄、出生等都会对市场需求产生重要影响。2022 年 11 月 15 日，世界人口已突破 80 亿人，大约 80%的人口在发展中国家。发达国家的人口增长迟缓，有些国家人口增长为"零"或负增长。发展中国家尤其是极度贫困的国家、地区人口增长迅速。这些特征对消费市场带来的影响是市场需求总量扩大，消费商品的种类不断增加、质量不断增强，特色商品和服务日益受到社会的关注，企业对市场的细分更加明确具体。

3. 资源环境

企业是利用自身资源加工外界资源服务或造福社会的经济细胞。因而，企业必须分析社会资源的状况，包括自然资源和社会资源。自然资源大多数是有限的，甚至是不可再生的。企业获取资源的丰富程度直接影响企业经济效益指标，因为这些资源既能给企业营销提供机遇，也可能带来威胁，因此企业必须研究本身要获取的资源。企业必须重视所采用的原料使用的节约性、如何使用更少的资源耗费生产出更多更好的产品，以及如何开发替代资源产品在使用中及使用后不产生新危害。企业必须认真研究两项内容：一是使用无公害的设备，生产无公害产品；二是如何根据市场的需求去创造营销机会。

4. 技术环境

随着科学技术日新月异地发展，企业的发明转变成生产能力的周期缩短，市场上不断推出高科技含量的小批量产品。科学技术的发展意味着原有生产方式、生产工艺的落后或淘汰，意味着旧产品被取代，因而企业家必须高瞻远瞩，站在历史的高度来审时度势。

5. 社会政治环境

社会政治制度、政局的稳定性及社会政策等对企业的营销活动影响非常大。政策制度涉及政府为社会哪部分人谋利益，时局的动荡对企业的生产经营不利，政策是否具有稳定性、连续性更关系到企业的生死存亡。企业经营者必须时时关心国家政治、关注政局，全面及时掌握国家的经济政策，用好用足政策，把握时机，但也必须树立法治观念，坚持公平竞争的原则，对消费者负责，对社会发展负责。

6. 社会文化环境

人类在长期实践探索中形成的知识、信仰、艺术、道德、法律、风俗习惯的总和构成了社会文化环境。社会文化环境通过影响消费者的思想和行为进而影响企业的市场营销活动。因此，企业在从事市场营销活动时，应重视对社会文化的调查研究，并做出适宜的营销决策。

（三）市场营销的微观环境

微观环境是指与企业营销直接相关的各种环境要素，包括企业自身状况、供应商、营销中介、顾客、竞争者和公众等。

1. 企业自身状况

首先是企业战略目标，企业的市场营销活动必须符合企业战略目标。日本学者伊丹敬之将战略要素的构成划分为产品与市场群、企业业务活动领域、企业经营资源群，美国战略管理学家安索夫则将其分为产品与市场范围、竞争优势、增长向量和协同效应四个方面。其次是企业的资源条件，即企业从事生产经营活动或提供服务所需的人力、物力、财力、技术、组织管理能力及条件，这些会制约企业的营销活动。最后是企业文化特征，市场营销离不开企业文化，表层的企业文化有企业形象、员工队伍、地理位置、口号、标语等，内层的企业文化有企业组织制度以及核心层的理念价值等，这些都直接影响企业营销战略的贯彻与实施。做好市场营销需要利用企业文化中积极的因素，克服陈旧、保守、落后的因素。

2. 供应商

供应商是指向企业和其竞争对手提供用于生产产品或服务的各类组织及个人。其提供的内容包括原料、半成品、设备、能源、劳务、信息、资金、技术等。供应商的能力、水平、业绩、服务、信誉、抗风险能力等会直接影响企业产品质量。供应商产品价格上涨导致企业原材料价格上涨，供应商交货不及时会影响企业生产，供应商产品质量不合格导致企业产品质量不合格，供应商的信誉不良就会加大企业的风险等。

3. 营销中介

营销中介是指在产品分销、实体转移、促销、运输、仓储等方面给予企业协助和帮助的营利性机构、组织及个人，包括批发商、营销商、外贸机构、调研公司、广告公司、银行、信托机构、保险公司等。中间商是协助企业寻找顾客或直接与顾客进行交易的商业企业。中间商分为两类：一类是代理商，其仅获取佣金，为企业介绍客户，代销产品，根据形式又分为一般代理、总代理和独家代理；另一类是中间经销商，通过买断产品再销售的方式接收本企业的产品。

4. 顾客

顾客是上帝，是企业的生命线，企业应努力与顾客建立良好的关系，并加大此关系。顾客可按不同的标准划分，按购买动机划分，整个市场可分为消费者市场、产业市场、中间商市场、政府市场和国际市场，每个市场中都有对应的顾客。在顾客分析中一般按 5W 模式进行分析，即何人（who）、什么（what）、何地（where）、何时（when）、为何（why）。

5. 竞争者

企业在市场中为顾客提供产品和服务，时刻面临竞争者的威胁，企业必须充分研究竞争者的实力及其竞争战略。从市场经济角度来研究，竞争分为完全竞争、寡头垄断、垄断竞争和独占。从消费需求角度划分，竞争者可分为愿望竞争者、平行竞争者、产品形式竞争者、品牌竞争者。企业对竞争市场进行分析后，还要分析竞争者类型，从而确定主要竞争者的原料供应、生产能力、技术实力、资金实力、产品水平、市场营销方针战略等，既要分析市场现存竞争者，也要分析潜在竞争者，以及产品的替代者。通过分析竞争者，做到知彼才能制定出切实可行的营销战略。

6. 公众

公众是指在实现经营战略目标过程中对企业具有实际或潜在影响的组织和群体。公众包括政府公众、媒介公众、市民行动公众、当地公众、内部公众和一般公众。政府公众是指政府部门。媒介公众指报社、电视台、广播电台、杂志等大众传播媒介。市民行动公众指消费者组织、环保团队、少数族裔等组织。当地公众是企业所在地附近居民及社会组织。内部公众是指企业内部成员，包括董事会、经理、高级职员及一般工人。一般公众指社会民众和消费者。

第二节　市场营销策略

一、产品策略

（一）产品组合

产品组合是指企业生产经营的全部产品的有机结合方式。产品组合包括广度、长度、深度和关联度四个基本因素。产品组合的广度是指一个企业生产经营的产品系列的数目，产品系列也叫产品线，是具有相同的使用功能而规格型号不同的一组类似的产品。由表 1-1 可以看出，宝洁公司有 9 个产品线。产品组合的长度是指产品组合中的产品品目总数，宝洁公司的产品品目总数是 28 个。产品线的平均长度等于总长度（这里是 28）除以产品线数（这里是 9），约等于 3，所以宝洁公司产品线的平均长度约为 3。产品组合的深度是指在各个产品系列中不同规格产品的数目。产品组合的关联度是指各个产品系列之间，在最终用途、生产条件、分配渠道或其他方面存在的相关程度。表 1-1 中，宝洁公司的产品关联度很强，都是洗化护理行业的产品。

表 1-1　宝洁公司的产品组合[①]

婴儿护理	织物护理	女性护理	男士理容	秀发护理	居家护理	口腔护理	个人健康护理	皮肤和个人护理
帮宝适	碧浪 当妮 汰渍	丹碧丝 护舒宝	博朗 吉列 维纳斯	澳丝 发之食谱 海飞丝 植感哲学 潘婷 飘柔 沙宣	风倍清 洗悦	佳洁士 欧乐 B	伊维安 新章	aio First Aid Beauty OLAY OLAY 身体护理 SK-II 舒肤佳

① 资料来源：截至 2024 年 10 月宝洁官方网站信息。

（二）产品组合策略

企业对产品组合的广度、长度、深度和关联度实行不同的组合，称为产品组合策略。产品组合策略包括扩大产品组合策略、缩减产品组合策略、产品线延伸策略。

扩大产品组合策略，是在外部环境对企业非常有利、企业综合实力较强的情况下所采取的策略，这种产品策略能够增加产品组合的广度或深度，即增加产品系列或产品项目。增加产品系列是指扩展经营范围，生产经营更多的产品以满足市场的需要。产品项目是同一产品系列中的价格、型号等属性不同的产品，能够反映企业满足消费者需求的程度。

缩减产品组合策略，就是取消一些产品系列或产品项目，集中力量生产经营一个系列的产品或少数产品，实行高度专业化，从生产经营较少的产品中获得较多的利润。缩减产品组合策略的优点是可以减少资金占用，集中优势，创名牌，占领和开拓市场。

产品线延伸策略，是指将产品线加长，增加经营品种的档次和经营范围，包括向下延伸、向上延伸和双向延伸。向下延伸是指企业在生产高档产品的基础上增加一些较低档次的产品。向上延伸是指企业原来生产低档产品，逐步增加高档产品。双向延伸是指企业原来定位在中档产品市场上，取得了市场竞争优势以后，决定同时增加高档产品和低档产品，向产品大类的两个方向延伸。

（三）品牌策略

品牌是指用于识别产品（或劳务）的某一名称、术语、记号、象征或它们的某种组合，包括品牌名称、商标。品牌策略类型主要包括品牌化策略、品牌质量策略、品牌扩展策略、多品牌策略等。

品牌化策略是指企业给产品规定品牌名称，其优点是规定品牌名称并到工商管理部门注册，可以使商品生产者的产品特色得到法律保护，防止模仿和抄袭。品牌质量策略是指企业通过决定其产品质量水平，以保持品牌在目标市场上的地位。品牌质量是指反映产品耐用性、可靠性、精确性等的价值属性。企业要确定其品牌的最初质量水平，包括低质量、一般质量、高质量、优质量四级。企业可以提高品牌质量，以此提高收益和稳定市场占有率；企业可以保持产品质量，以此稳定其预期的收益率；企业还可以逐步降低产品质量，通过降低成本实现降低产品售价，从而提高价格竞争力。品牌扩展策略是指企业将某一知名品牌扩展到与成名产品完全不同的产品上，凭借现有成功品牌，推出新产品的过程。这种策略可以节省宣传新产品的费用，使产品能迅速进入市场。多品牌策略是指企业决定同时经营两种或两种以上互相竞争的品牌。多个品牌能较好地定位不同利益的细分市场，吸引不同的消费者群体，从而占有较多的细分市场。例如，海尔集团实施了品牌延伸战略，建立起包括七大品牌在内的品牌家族：海尔、卡萨帝、Leader、GE Appliances、AQUA、Candy 以及 Fisher & Paykel。这些品牌遍布全球 200 多个国家和地区，服务超过 10 亿用户，构建了全球最庞大的用户基础。另外，海尔还通过在原有品牌基础上推出不同产品线的新品种来提高市场覆盖率。海尔冰箱推出了"小王子"、"金王子"、"小统帅"和"大统帅"等多个系列；海尔洗衣机则有"圆梦"、

"小丽人"和"神童王"等系列；海尔空调系列包括"金元帅"和"小状元"；海尔冷柜系列则有"雪贵族"、"珍珠王"和"大富豪"；而电热产品系列则推出了"美天使"、"小天使"、"银海象"和"小海象"等产品。这种策略不仅丰富了海尔的产品线，也满足了不同消费者的需求，提高了品牌的市场竞争力。

（四）新产品开发策略

新产品是指采用新技术原理和新设计构思研制、生产的全新产品，或在结构、材质、工艺等方面进行明显改进，显著提高产品性能或扩展使用功能的产品。从市场营销的角度看，企业向市场提供的过去没有生产过的产品叫新产品。新产品开发策略包括率先创新策略、紧跟策略、产品革新及系列拓宽策略、跟踪创新策略。率先创新策略是抢先将新产品投入市场，使企业的新产品处于领先地位。企业对新产品采取独立研制方式，组织探索产品原理、结构、性能及原材料。紧跟策略即对刚投入市场、畅销、购买潜力大且有竞争力的新产品，采取技术引进的方式，仿制并迅速投入市场。产品革新及系列拓宽策略包括从小改革开始，以量取胜，逐步变成新品种；扩大现有产品的花色品种。跟踪创新策略指引进技术与本企业技术相结合，既引进别人的先进技术，又发挥本企业专长。

综合性新产品开发即企业在具有雄厚实力时，可以同时采用以上几种方式开发新产品，使企业取得较快发展。以上新产品开发策略主要是从开发时机及技术开发方式两个维度进行分析的。

二、价格策略

价格策略又称定价策略，是指企业通过对顾客需求的估量和成本分析，选择一种能吸引顾客、实现市场营销组合的策略。本节从新产品价格策略、数字产品价格策略、心理价格策略、折扣与折让策略四个方面对价格策略进行介绍。

（一）新产品价格策略

在企业推出新产品时，价格策略的制定至关重要。正确的定价策略不仅能帮助企业快速回收投资，降低风险，还能在激烈的市场竞争中占据有利地位。因此，企业在制定新产品价格时，需要充分考虑投资回收、市场占领、竞争状况等多种因素。撇脂定价策略、渗透定价策略和温和定价策略是常见的新产品价格策略。

撇脂定价策略，也称为奶油定价策略，是指企业把新产品推向市场时，利用消费者的好奇心，在产品生命周期的初期加大营销投入，采用高价策略，使价格远高于成本，尽快提取新产品效益的精华，如同在牛奶中撇取奶油。企业可采用高价小批量的逐步推进战略，避免大批量地生产新产品带来的风险。

渗透定价策略与撇脂定价策略相反，是指企业在新产品进入市场初期，制定较低的价格吸引大量消费者购买，获得较高的销售量和市场占有率，具有鲜明的渗透性和排他性。这种策略可以尽快为新产品打开市场，获得占领市场的先机。

温和定价策略，是指企业综合撇脂定价策略和渗透定价策略的优点，将价格定在与产品质量和性能相匹配的水平，或同类产品的平均价格。这种定价策略价格比较稳定，符合消费者的预期，企业可以灵活应对市场变化。

（二）数字产品价格策略

在制定数字产品价格策略时，企业需要充分考虑产品的特性和市场需求。差别定价策略、捆绑定价策略和免费定价策略是三种常见数字产品定价策略。

差别定价策略，是指数字产品具有明显的个性化和差异化特点时，企业应根据产品或服务的特性实行差别定价。差别定价指对企业生产的同一种产品根据市场的不同、顾客的不同采用不同的价格。例如，滴滴出行根据顾客的出行时间进行差别定价，旅游景点根据淡季和旺季进行差别定价。

捆绑定价策略，是指基于消费者行为和心理分析，把数字产品进行捆绑销售。例如，中国南方航空股份有限公司机票购买平台同时推送租车、酒店优惠券，购买捆绑数字产品一般都会有总价的优惠。

免费定价策略，是指由于数字产品的边际成本接近零，初创企业为了吸引消费者并开拓市场，常采用免费或优惠定价的策略。例如，酷狗音乐是中国极具技术创新基因的数字音乐交互服务提供商，用户下载酷狗音乐后，可以免费享受大量的数字音乐资源，但是如果想下载其中的 VIP 资源，就需要付费。

（三）心理价格策略

在制定价格策略时，企业还需要深入了解消费者的心理。心理价格策略正是基于消费者心理学的原理，通过巧妙地设置价格，影响消费者的购买决策。心理价格策略主要包括声望定价策略、尾数定价策略、整数定价策略、最小单位定价策略和招徕定价策略。

声望定价策略，指企业利用买方仰慕品牌的心理制定远高于其他同类商品的价格。在市场上有许多商品在消费者心中有极高的声望，如名牌工艺品、名牌高级轿车等，消费者购买这些商品，目的在于通过消费此类产品获得极大的心理满足。企业通过高价格表现商品的优质品质，满足消费者追求地位、财富、身份、名望等特殊心理需要。

尾数定价策略，是指定价时以奇数或吉利数字结尾的定价策略。企业利用消费者购物时看重价格实惠的因素，制定非整数类的价格，结尾是零头数字，或者是价格的尾部数字取大众普遍认为的较为吉利的数字，从而可以在一定程度上刺激消费者的购买欲望。

整数定价策略，是根据顾客计算方便、结算方便的心理，把商品的价格特意设定为整数的定价策略。例如，1 元商店、2 元商店、5 元商店等商店对商品的定价，都属于整数定价策略；自动售货机、零售商店等，其商品定价大多为 0、5 结尾，也属于整数定价策略。

最小单位定价策略，指企业对相同种类的商品，根据其数量、重量或体积等不同包装单位设定不同价格，以满足消费者对商品不同包装大小和规格的需求。通常，小包装商品的单位价格要高于大包装商品的单位价格。该定价策略的优点是以消费者用量习惯为参考，满足消费者的多样化需求。比如，康师傅冰红茶饮料一般的包装被分为250 mL 纸盒包装、330 mL 瓶装、550 mL 瓶装、1 L 瓶装、1.5 L 瓶装、2L 瓶装等系列产品，并分别定价。

招徕定价策略，是指企业利用消费者追求廉价的心理，把商品的价格设定为明显低于市场的价格，引起消费者注意和购买的定价策略。例如，超市、折扣店等经常采用这种策略，以低价促销吸引消费者。一般是少数特定的商品分阶段低价促销，以促销商品带动其他商品的消费，实现营销目标。

（四）折扣与折让策略

折扣与折让策略是企业根据产品的销售对象、成交数量、交货时间、付款条件等因素的不同，给予不同价格折扣的定价策略。折扣与折让策略包括现金折扣策略、数量折扣策略、功能折扣策略和预购折扣策略。

现金折扣策略，是指企业为了激励顾客在预定日期内尽早付清货款，提供给顾客的奖励优惠。现金折扣策略可以缩短货款回笼时间、减少坏账损失等。常见的现金折扣形式有 2/10、1/20，其分别是指 10 天内付款折扣是 2%，20 天内付款的折扣为 1%。

数量折扣策略，是指卖方根据买方购买数量的多少，分别给予不同的折扣。数量折扣分为两种：累计数量折扣，指规定在一定期限内，顾客购买的数量或金额符合条件，给予不同的折扣；非累计数量折扣，又称一次性折扣，指顾客一次购买的商品达到特定的数量或金额时，所享有的折扣优惠。数量折扣策略是一种有很强诱导性和激励性的定价策略。

功能折扣策略，是指中间商为企业进行广告宣传、展销、橱窗布置等推广活动，企业在价格上给予批发企业和零售企业的折扣。例如，制造商零售报价 4000 元，给予批发商和零售商的交易折扣分别为 30%和 15%，那么给批发商的价格是 2800 元，给零售商的价格是 3400 元。

预购折扣策略，是指针对企业的产品需求具有周期性或季节性的特点，为了平衡企业在销售淡季和旺季的生产能力，稳定业务流量，企业提前为预订产品的顾客提供数量折扣的策略。

三、渠道策略

市场营销渠道，又称销售渠道，或称流通渠道，是指商品从生产企业传送到用户手中所经过的途径。在这个过程中，生产企业出售产品是渠道的起点，用户或消费者购买产品是渠道的终点。正确选择销售渠道，迅速及时地将产品传送到用户手中，既有利于提高用户和消费者的满意度，又有利于提高生产企业的经济效益。在进行营销渠道选择时不仅要能保证产品及时到达目标市场，而且要求选择的营销渠道工作效率高、销售费用少、能取得良好的经济效益。渠道策略包括密集的分销策略、精选的分销策略、独占的分销策略。

密集的分销策略，即不对中间商进行选择，多多益善。采用这种策略必须是产品的质量、价格与竞争对手的产品差别较小，消费者购买次数多，购买数量少。该策略能迅速扩大产品销售，使产品的市场占有率扩大，缺陷是由于中间商经营能力参差不齐，经销商的数目多，企业需要投入大量的精力和财力，而且双方不易形成密切的合作关系。精选的分销策略，即生产者在选择中间商时，有限制地选择几家中间商，把产品向更大的市场范围扩散，适用于选择性较强的日用消费品和专用性较强的零配件以及技术服务要求较高的商品。这种策略使生产者在销售上花费的精力少，能加快资金回笼，而且容易和中间商结成较稳固的合作关系。独占的分销策略，即生产者在众多中间商中，仅选择一家批发商或代理商经销其产品。这种策略适用于售前售后技术服务要求较高的产品。采用这种策略，对生产者的好处是易于控制市场的销售价格和数量，能够获得经销商的有效协作与支持，确保产品的信誉；缺点是在该地区过分地依赖经销商，易受经销商的支配，如果经销商的经营情况不好，则失去该地区的市场。

四、促销策略

促销就是营销者将有关企业及产品（品牌）的信息通过各种方式传递给消费者和用户，促进其了解、信赖并购买本企业的产品，以达到扩大销售的目的。因此，促销的实质是营销者与购买者和潜在购买者之间的信息沟通。

为了有效地与购买者沟通信息，企业可采取下列措施：通过广告来传播有关企业及产品的信息；通过各种营业推广方式来提高顾客对产品的兴趣，进而促使其购买产品；通过各种公共关系手段改善企业在公众心目中的形象；可派遣推销员面对面地说服顾客购买产品。企业可采用多种方式加强与顾客之间的信息沟通，促进产品的销售。

促销组合如同市场营销组合一样，是把人员促销和非人员促销两大类中的人员推销、广告和营业推广、公共关系等具体形式有机结合起来，综合运用，形成一个整体的促销策略。促销组合的基本原则是促销效率最高而促销费用最低，即各种形式的结合是相辅相成，补充而不重复、协调而不矛盾，效果最佳而不浪费的配合。促销有两种策略，即"推"的策略和"拉"的策略，不同的促销策略，要求实行的促销组合形式也不同。

（1）"推"式策略。"推"就是企业采取积极措施把产品推销给批发商，批发商再把产品推销给零售商，零售商再把产品推销给消费者。这种方式中，促销程序和产品流动意向是相同的。因而人员推销和营业推广可以认为是"推"的方式。采用"推"的方式的企业，要针对不同的产品、不同的对象，采用不同的方法。花费在现有产品和新产品、现有顾客和潜在顾客上的精力是有区别的。

（2）"拉"式策略。"拉"就是企业不直接向批发商和零售商做广告，而是直接向广大顾客做广告。把顾客的消费欲望刺激到足够的强度，顾客就会主动找零售商购买这些产品。购买这些产品的顾客多了，零售商就会去找批发商。批发商觉得有利可图，就会去找生产企业订货。因此"拉"是"推"的相反过程。采用"拉"的方式，促销程序和产品流动意向是相反的。"拉"式策略通常采用大规模广告轰炸和消费者营业推广的方式使顾客产生需求，层层拉动购买。具体如图1-1所示。

企业在促销实践中，结合具体情况采取"推""拉"兼施的方式，既有侧重，又相互配合。

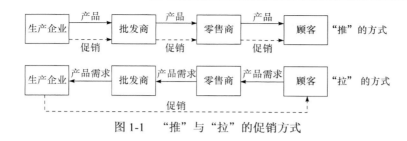

图 1-1　"推"与"拉"的促销方式

第三节　市场细分、市场定位与目标市场

一、市场细分

（一）市场细分的步骤

1956 年，美国市场营销学家温德尔·史密斯（Wendell Smith）率先提出了市场细分的概念。他认为，一个市场的顾客是有差异的，有不同的需要，寻求不同的利益。企业应根据消费者的不同需要对市场进行细分。本教材认为，市场细分就是营销者或研究者将某产品的整体市场，按购买者的需要和欲望、购买态度、购买时间等不同变量，划分为不同的消费者组群，每一组群就是一个细分市场。美国营销学家伊·杰·麦卡锡（E. J. McCarthy）提出了市场细分的七个步骤。

1. 确定产品市场范围

企业在确定自己的任务和目标时必须确定其产品的市场范围。产品包括现有产品或服务和正在开发的产品以及相关产品，市场包括现有市场和新开发市场。

2. 分析潜在顾客的基本需求

消费者购买产品是为满足其某种需求，企业在掌握产品能够满足消费者的某些功能需求的基础上，根据地理变量、行为和心理变量等分析消费者的需求，对市场需求的类型做出判定。

3. 分析潜在顾客的不同需求

企业必须研究消费者有哪些想法和需求，哪些需求更重要。比如，计算机对高校学生而言，主要是学习的辅助工具、网上寻求信息开拓视域的伙伴；对企业而言主要是用于管理；对高级知识分子而言主要是工作、设计、网上查询；而对美国士兵而言则主要是模拟战争的训练工具。

4. 去掉潜在顾客的共同需求

消费者共同需求的产品是生产设计的重要基础条件，但作为细分市场时要舍去，舍去后企业就会发现需求差别，需求差别即产品设计和营销组合的依据。

5. 为各细分市场命名

在没有进行市场检验前，细分是否正确暂不能确定，企业为确认市场，要为可利用的市场命名。例如，租房市场中的家庭住房、学生用房、商服租房、青年独居、度假旅游、新婚用房等。

6. 确认细分市场的特点

企业通过消费者访问、历史资料统计研究等对细分市场进行确认，寻找最恰当的细分市场，确定其特点，评估可否进行营销设计、设计的可行性等。

7. 测量各子市场的潜力

在充分调查的基础上，需要确定每个子市场的购买量。根据市场的潜力、市场环境的变动因素、竞争者状况，结合企业的实际资源情况，最终选定目标市场。

（二）市场细分的主要变量

选择市场细分的变量对细分市场至关重要，变量过少会丢掉市场，变量过多会费时耗力，或掩盖市场的差异，起不到应有的效果。

1. 消费者市场细分的主要变量

消费者市场的细分标准可以概括为地理因素、人口因素、心理因素和行为因素四个方面，每个方面又包括一系列的细分变量，见表1-2。

表1-2 消费者市场细分变量

细分标准	细分变量
地理因素	地理位置、行政区划、地理区域、城镇大小、地形、地貌、气候、交通状况、人口密集度等
人口因素	年龄、性别、职业、收入、民族、宗教、教育、家庭人口、家庭生命周期等
心理因素	生活方式、性格、购买动机、态度等
行为因素	购买时间，购买数量，购买频率，购买习惯（品牌忠诚度），对服务、价格、渠道、广告的敏感程度等

按地理因素细分，是按消费者所在的地理位置、行政区划、地理区域、城镇大小、地形、地貌、气候、交通状况、人口密集度等变数细分市场。我国按行政区划可以划分为东北、华北、西北、西南、华东和华南几个地区，按照地理区域划分为省、自治区、直辖市等，按城镇大小可划分为大城市、中等城市、小城市和乡镇，按地形可划分为平原、丘陵、山区、沙漠地带等，按气候可分为热带、亚热带、暖温带、中温带、寒温带等。

按人口因素细分，依照年龄、性别、职业、收入、民族、宗教、教育、家庭人口、家庭生命周期等，将市场划分为不同的群体。

按心理因素细分，就是按消费者的生活方式、性格、购买动机、态度等进行细分。生活方式如"传统型""新潮型""节俭型""奢侈型"等。性格用外向与内向、乐观与悲观、自信、顺从、保守、激进、热情、老成等细分。购买动机，即按消费者追求的利益来进行细分。消费者对所购产品追求的利益主要有求实、求廉、求新、求美等，都可作为细分的变量。消费者的态度包括积极的态度、中立的态度和消极的态度等。

按行为因素细分，就是按照消费者的购买时间、购买数量、购买频率、购买习惯等变数来细分市场。按购买时间细分，指按照产品的消费时间细分。按购买数量细分，可分为大量用户、中量用户和少量用户。大量用户人数不一定多，但消费量大，许多企业以此为目标。按购买频率细分，可分为经常购买、一般购买、不常购买（潜在购买者）。如铅笔，小学生为经常购买，高年级学生为一般购买，而工人、农民则为不常购买。按购买习惯细分，可将消费者划分为坚定品牌忠诚者、多品牌忠诚者、转移的忠诚者、无品牌忠诚者。

2. 生产资料市场的细分变量

消费者市场的细分标准有很多都适用于生产资料市场的细分，如地理环境、气候条件、交通运输、追求利益、使用串、对品牌的忠诚度等。按用户的要求细分，不同用户对同一产品的需求不同，如晶体管厂可根据晶体管的用户不同将市场细分为军工市场、工业市场和商业市场，飞机制造公司对所需轮胎要求的安全性比一般汽车生产厂商要高许多等。按用户经营规模细分，可分为大用户、中用户、小用户。按地理位置细分，每个国家或地区大都受自然资源、气候条件和历史传统等因素影响，形成若干工业区，如江浙两省的丝绸工业区，以山西为中心的煤炭工业区，东南沿海的加工工业区等。企业按地理位置细分市场，选择客户集中的地区，能够节省营销人员往返于客户间的时间。

二、市场定位

市场定位是由美国营销学家艾·里斯和杰克·特劳特于 1972 年提出的，指企业根据竞争者现有产品在市场上所处的位置，针对顾客对该类产品某些特征或属性的重视程度，为本企业产品塑造与众不同的、给人印象鲜明的形象，并将这种形象生动地传递给顾客，从而使产品在市场上确定适当的位置。

（一）市场定位的程序

（1）明确顾客对产品或服务使用的评价标准。在面对市场上琳琅满目的商品时，顾客为何购此弃彼，这就是评价标准。评价标准有商品的自身因素，也有消费者的心理因素。企业必须调查研究顾客对产品的成本、使用价值、性能、寿命、规格、安全性、可靠性、款式、花色以及企业品牌、企业声誉等的评定标准。在此基础上，企业就能设计并生产满足消费者需求的产品和服务。

（2）确定顾客的信息来源。顾客的评价标准要受商品信息的影响。商品信息来源有三类：一是消费者的接触者，如亲友、同事、同学、战友等；二是公共组织，如消费者协会、政府、行会、新闻机构等；三是营销来源，如营销人员介绍、广告宣传等。

（3）掌握竞争者的市场定位。竞争对手的定位策略直接威胁着企业的营销，必须研究其定位策略，确定最佳方案。

（4）设计生产产品。企业根据顾客的需要、竞争市场的状况，以及自身的条件设计开发产品。

（5）确定实施营销方案。产品生产出来前后，企业应当着重研究产品的上市方案，如销售方式、渠道，广告宣传，销售前、销售中、销售后服务，品牌战略实施等。

（6）根据反馈信息调整完善市场定位策略。因为市场是动态变化的过程，消费者的观念也会变化，原定位的方法技术可能过时，需要对市场定位不断进行调整。

（二）市场定位的方法

企业产品市场定位是企业根据消费者或用户对某种产品属性的偏好程度以及目标市场的竞争状况对产品确定的理想位置。产品市场定位的方法首先是要确定产品定位的因素，其次是调查市场竞争对手的产品及特性，再次是确定产品原有位置或新产品的可能位置，最后是对各种可定位的市场进行分析，选择最佳方案。企业经常采用的市场定位方法有以下几种。

按使用者类型定位，即按市场使用者对产品的需求，生产不同产品来满足不同消费者群。

按产品特色定位，即利用企业生产技术等方面的优势，生产特色产品，保护产品在消费者心中的特殊地位，或企业以独特的营销及服务方式赢得顾客。

仿效定位，即企业抓住市场上畅销产品进行模仿或改进，或抓住畅销产品规模的不全，如颜色、款式、花样、品种的空当等，及时组织生产填补市场空白。

按用户利益定位，即用户使用产品会给自身提供满意的利益，此产品一般以生产设施为主。

按产品质量和价格定位，可以分为优质优价、优质中价、优质低价。优质优价，指质量高于标准品的产品，其价格必须高于标准品；优质中价，指质量高于标准品的产品，其价格接近标准品；优质低价，指质量高于标准品的产品，其价格低于标准品。

特殊场合定位，即企业面对的市场是饱和的，常规方法无法取得市场，此时可以将产品同人们熟悉或追崇的事项联系起来，使人们接受本企业生产的产品。

三、目标市场

（一）目标市场的概念

市场营销学者麦卡锡认为，目标市场就是通过市场细分后，企业准备以相应的产品和服务满足其需要的一个或几个子市场。目标市场是企业为满足现实或潜在的消费需求而运用产品（服务）及营销组合准备开拓的特定市场。目标市场选择则是在诸多细分市场中选择最合适的细分市场作为目标市场的过程。

（二）目标市场范围的选择

目标市场范围的选择实质上就是确定企业究竟将目标定在哪一级细分的特定市场上。企业对此应根据自身的资源条件选择。通常有五种目标市场范围策略供企业选择，如图 1-2 所示。

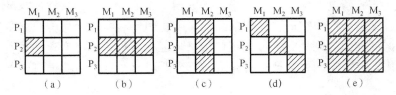

图 1-2　目标市场范围策略（P 为产品，M 为市场）

①产品/市场集中化，即企业根据自身条件，选择一个细分市场，提供一种产品或服务，采取一个特定的营销组合，以取得某一特定市场的优势。该策略通常是小企业或弱企业的选择，如图1-2（a）所示。②产品专业化，即企业提供一种产品，以此种商品去满足各种类型顾客的需要，该策略的好处是有利于生产成本的降低和产品质量的提高，存在规模经济效益，但没有考虑市场的差别需求，如图1-2（b）所示。③市场专业化，即企业向某一类顾客群提供各种不同类型的产品或服务，消费者在不同产品间选择自己需要的产品，如图1-2（c）所示。④选择专业化，即企业确定几个不同的子市场同时进入，满足不同类型顾客的产品或服务需求，以此能根据市场空白，寻求机会，谋取发展，如图1-2（d）所示。⑤市场全面化，即企业为市场上的所有消费者提供所需的各种产品或服务，其进入的市场是全方位的，这样的企业通常资金、技术、营销网络以及管理等实力非常雄厚，在市场中处于领导地位或垄断地位，只有大公司才能采用完全市场覆盖战略，如像国际商用机器公司（计算机市场）、通用汽车公司（汽车市场）和可口可乐公司（饮料市场），如图1-2（e）所示。

第四节　消费者购买行为

一、消费者市场

消费者市场是市场体系的基础，是起决定作用的市场。消费者市场是指所有为了满足个人消费而购买产品和服务的个人和家庭所构成的市场。

（一）消费者市场的特征

①分散性，从交易的规模和方式看，消费者市场购买者众多，市场分散，成交频繁，交易量零星；②差异性，消费者市场提供生活消费品，购买者是受不同因素影响的个人或家庭，因此市场需求呈现出较大的差异性和多样性；③多变性，消费者市场产品的专业技术性不强，同种产品较多，消费者选择余地多，需求多变；④替代性，消费者市场产品种类繁多，不同产品之间往往可以互相替代；⑤非专业性，消费者市场的购买者大多缺乏产品知识和市场知识，其购买行为属于非专业性购买。

（二）消费者需要

需要是有机体对周围环境产生的某种渴望。人的需要即消费者需要，可视为人的内在生理需求反映与外在社会反映的综合。消费者的任何购买行为都是在其需要的基础上发生的。美国著名心理学家马斯洛将人的需要依层次划分为生理需要、安全需要、归属和爱的需要、尊重需要和自我实现需要。生理需要也称生命需要，是人类为维持和发展生命而对外界条件不可缺少的需要，如阳光、空气、食物、睡眠，以及为种族延续的性爱关系，这是最基本的需要。安全需要，是指人们希望自己有一个安全、有序、有组织的世界。归属和爱的需要，是人对与他人之间交往、联系、友谊、爱情方面的需要。尊重需要，是指人们的自尊心和荣誉感的需要，希望自己被他人尊重。自我实现需要，是人类特有的最高层次需要，分为两类：一类是人对自我开发、自我成长、自我成功的需要；另一类是人对创造、事业理想、信念真理等追求和实现的需要。马斯洛认为五个需要是分层次的，低层次的需要得到满足之后就会产生高层次的需要，但次序不固定；一个层次的需要相对满足了，就会向高一层次的需要发展，越高层次的需要，其满足越困难；同一时期同一个人可能存在几种需要。生产者和经营者不仅应适当适应和满足消费者的需求，还应当引导和调节消费者的需要，使其产生购买行为。

二、消费者购买行为模式

消费者购买行为过程反映的是消费者外在购买活动过程，也就是完成一项购买活动程序的步骤。对消费者购买行为原因的探索，是消费者购买行为模式研究的主要内容。比较经典的消费者购买行为模式有霍华德-谢思模式、尼科西亚模式、恩格尔模式、刺激-反应模式等。

（一）霍华德-谢思模式

该模式由霍华德于 1963 年首次提出，1969 年修改后在《买方行为理论》一书中正式提出，被称为霍华德-谢思模式。

霍华德-谢思模式主要通过四种变量描述品牌选择过程。第一种变量是刺激或投入因素，包括产品实质刺激、产品符号刺激和社会刺激三个因素；第二种变量是外在因素，包括影响购买决策过程的外部因素，如文化、个性、时间压力和财务状况等；第三种变量是内在因素，指介于刺激与反应之间的心理活动过程，其目的在于说明外界刺激是如何在消费者的大脑内部进行加工，并形成对某种产品的购买意向的；第四种变量是反应或产出因素，是指消费者最终形成的对产品的外部行为反应，包括行为反应、情感反应、认识反应。行为反应与是否实施实际购买相联系；情感反应与评价动机的满足水平相联系；认识反应与消费者对产品的注意和了解相联系。霍华德-谢思模式变量及其关系如图 1-3 所示。

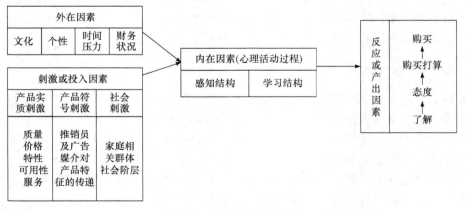

图 1-3　霍华德-谢思模式

（二）尼科西亚模式

1966 年尼科西亚在《消费者决策过程》一书中提出该模式。尼科西亚模式由四个领域构成。

领域 I 为广告信息，表示企业通过广告宣传等手段把有关信息发布给消费者；领域 II 为调查评价，表示消费者怀着对产品的某种态度开始寻找有关信息，并对广告及其所宣传的产品进行评价，形成相应的购买动机；领域 III 为购买行为，表示消费者在某种购买动机的驱使下做出购买决策，并采取具体的购买行动；领域 IV 为反馈，表示消费者在消费或使用产品的过程中，将购买经验教训反馈给大脑保存起来，以指导今后的购买行为，或者直接反馈给企业营销人员。该模式的具体内容如图 1-4 所示。尼科西亚模式的优点是比较简明扼要，其局限性是把消费过程看成是一个只与企业进行信息交流的封闭系统，缺乏对外界环境变量的说明，因而容易使营销人员产生误会。

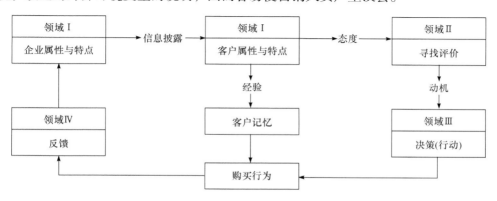

图 1-4　尼科西亚模式

（三）恩格尔模式

1968 年，美国俄亥俄州立大学的三位教授恩格尔（Engel）、克莱布威尔（Blackwell）、科特拉（Kollat）提出了恩格尔模式，也称 EBK 模式。该模式以消费者制定购买决策的过程为基础而建立，把消费者的大脑看成一个信息处理器，认为外界刺激（如相关群体产品或大众媒介）等信息输入消费者大脑后，外界信息通过在态度、经验和个性的作用下，便可产生"中央控制器"的输出结果，即购买决定，由此完成了一次消费者购买决策活动，见图 1-5。

在恩格尔模式中，消费者购买决策过程首先是受到外界刺激和社会压力的影响。这些因素使消费者发现某种商品，并产生心理反应，如知觉、注意和记忆，这是消费者对商品的初步认识。其次，在动机、个性和生活方式等内在因素的作用下，消费者对商品的认识逐渐清晰，并开始寻找符合自己需求和欲望的商品。再次，消费者经过产品品牌评价，进入备选方案评价阶段，进行选择。最后，消费者输出决策结果，进行购买决策，完成购买，并且对购买结果进行体验，得出满意与否的结论，并开始下一次购买决策。

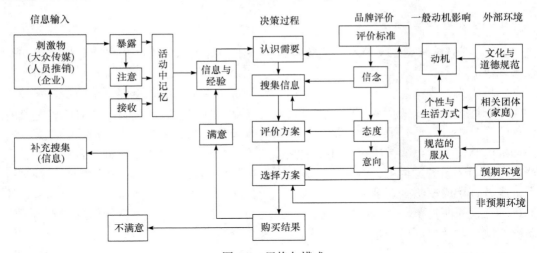

图 1-5 恩格尔模式

（四）刺激-反应模式

刺激-反应模式又称营销刺激与消费者反应模式，刺激-反应原理是由行为心理学的创始人约翰·沃森建立的，他指出人类的复杂行为可以被分解为刺激和反应两部分，人的行为是受到刺激的反应。刺激来自身体内部的刺激和体外环境的刺激两方面，而反应总是随刺激而出现的。菲利普·科特勒认为，消费者购买行为模式一般由三部分组成，即外部刺激、购买者黑箱和购买者反应，如图 1-6 所示。科特勒的刺激-反应模式简明扼要地说明了消费者购买行为的一般模式：刺激作用于消费者，消费者受到内部刺激和体外环境刺激的影响，产生各种与产品购买有关的行为。其中，购买者黑箱中的购买者特征包括文化、社会、个人心理等因素。

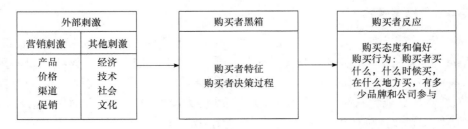

图 1-6 刺激-反应模式

从营销学角度分析，企业的许多市场营销活动如产品策略、价格策略、渠道策略、促销策略等，都可以视作对购买者反应的刺激，即营销刺激。营销刺激是企业安排的、针对购买者的外部环境刺激。另外，消费者还会受到经济、技术、社会和文化等方面的其他刺激。这些刺激，进入购买者黑箱后，经过一系列心理活动便产生了消费者购买反应，即购买态度和偏好、购买行为等。

【本章小结】

本章首先主要介绍了市场的含义、市场营销的含义以及市场营销环境分析。其次介绍了市场营销策略，包括产品策略、价格策略、渠道策略和促销策略，介绍了它们的相关概念，并阐述了每种策略的具体类型。再次介绍了市场细分、市场定位与目标市场相关内容。最后介绍了消费者市场、消费者购买行为模式。

【概念讨论】

1. 什么是产品策略，产品策略包含哪几种？举例说明。
2. 价格策略都有哪些，我们身边的企业或店铺有哪些常用的价格策略？举例说明。

【概念应用】

1. 市场营销环境的构成要素有哪些？请简述企业进行市场营销环境分析的重要意义。
2. 假设你是一家刚刚成立的手机公司的经理，请为一款新的女性手机制定营销策略组合。

【新媒体案例】

"美酒加咖啡"，拿下"年轻人的第一杯"——茅台与瑞幸的跨界联名营销

2023 年 9 月 4 日，贵州茅台与瑞幸咖啡携手推出的联名咖啡饮品"酱香拿铁"正式推向市场，每杯定价为 38 元，顾客使用优惠券后，实际售价为每杯 19 元。该新品一经推出，即引起了广泛关注，多个相关话题如"酱香拿铁""瑞幸回应喝茅台联名咖啡能否开车""满杯茅台去咖啡液""瑞幸客服回应酱香拿铁不加咖啡液"等迅速登上微博热搜榜。

在推出联名产品的初期，两家公司进行了周密的市场调研和数据分析，全面考虑了目标消费者的行为习惯、口味偏好和购买习惯等多个维度。经过反复调试，最终确定了将茅台与咖啡结合的创意。产品发布前，两家公司通过微博、微信、抖音等社交媒体平台进行预热，引发了热烈反响，一度成为热搜话题首位。同时，还邀请了多位与品牌形象相契合的知名 KOL 进行宣传，以扩大推广影响力。2023 年 9 月 5 日，瑞幸咖啡在社交媒体上宣布，酱香拿铁单品首日销量达到了 542 万杯，单品首日销售额突破了 1 亿元。

有网友认为"茅台向下兼容拉拢年轻人，瑞幸向上借势藐视咖啡界，彼此相互引流相互成就，是今年绝好的整合传播营销商业案例"，但也有人认为"从流量上来说，酱香牌拿铁营销很成功，但茅台作为'奢侈品'却向下兼容，有点伤害品牌价值"，在他们眼里，茅台向下兼容，与高端品牌的定位略有不符，频繁联名会稀释品牌价值。

【案例讨论题】

1. 结合营销策略谈谈：瑞幸和茅台的联名是双赢吗，为什么？
2. "酱香拿铁"采用了怎样的定价策略？
3. "酱香拿铁"是如何成功实现营销的？

第二章　网络营销概述

 开篇案例

拼多多平台的成功营销策略

2024 年，电子商务行业已经成为全球商业竞争中的一股重要力量。在这个竞争激烈的领域中，拼多多作为中国电商市场的新兴巨头，根据 2024 年 5 月 22 日公布一季度财报，营收 868.1 亿元，同比增长 131%；经营利润达 259.7 亿元，同比增长 275%。同时，拼多多利用其创新的跨境电商平台 Temu，成功打入美国市场并取得了显著的成就。Temu 在 Google Play 商店的购物应用中取得了单日下载量排名第一的业绩，甚至在 App Store 免费购物应用榜单中超越了 Amazon Shopping，荣登榜首位置。拼多多的成功，源于拼多多采用了一系列创新性的营销策略，取得了令人瞩目的成就，其中关键的要素如下。

（1）元化的用户群体定位。与传统电商平台不同，拼多多主要聚焦于二、三线城市以及农村地区的用户。平台通过提供实惠的商品和更多的互动性来吸引这一庞大的用户群体。这种差异化的定位使得拼多多能够在竞争激烈的市场中脱颖而出，并迅速壮大用户基础。

（2）社交化购物体验。拼多多平台允许用户通过社交媒体分享商品链接，邀请朋友一起参与拼团购买。这种社交化的购物方式不仅增强了用户的参与感，还提高了用户黏性。用户可以通过分享、评论和点赞来参与互动，从而形成了一个强大的社交购物生态系统。

（3）优惠券和折扣。平台经常举办各种促销活动，如"双 11""6·18"等，吸引了大量用户参与。这些活动不仅提高了销售额，还增加了用户忠诚度。拼多多的用户常常能够找到高品质的商品，同时享受到超值的价格优惠。

拼多多的成功不仅源于其独特的商业模式和创新的营销策略，还在于其在发展过程中积极履行社会责任，赢得了广泛的口碑。拼多多致力于推动农村电商的发展，通过为农民提供销售渠道和市场机会，有效帮助农民增加收入。此外，拼多多通过建立和完善诚信体系，鼓励商家和消费者进行诚信交易，强调了商业活动中诚信的重要性。这种做法不仅提升了平台的整体信誉，还为消费者营造了一个安全、可靠的购物环境，从而为用户提供优质的购物体验。

由上，这些策略的成功实施使拼多多成为中国电商市场的一颗耀眼明珠，为其他电商平台提供了宝贵的经验借鉴。在未来，拼多多将继续秉承其创新精神，不断探索新的机会，保持竞争力，为用户提供更好的购物体验。

【案例讨论题】

拼多多和 Temu 的成功，对中国电商行业在全球市场的地位有哪些积极影响？你觉得拼多多的营销策略成功的原因是什么？另外，拼多多通过推动农村电商发展和建立诚信体系，在促进经济发展的同时也在践行社会主义核心价值观。请思考，企业在实现经济效益的同时如何更好地承担社会责任，实现经济效益与社会效益的双赢？

第一节　认识网络营销

一、数字技术如何改变营销活动

自从 1991 年全球第一个网站 info.cern.ch 开通，企业的营销活动和业务都开始被网络以及数字媒体改变。网络营销无时无刻不在给我们提供新的机遇和挑战。变革就在于不断有新的技术、新的业务模式和新的沟通方式出现。例如，谷歌（Google）就经历了翻天覆地的变化。谷歌的发展历程始于 1998 年（表 2-1），目前已经包含近 10 亿个被索引的页面，提供的服务还包括电子邮箱、每次点击付费的广告、分析报告以及社交网络等。

表 2-1　在线服务促进业务模式或营销沟通方式创新时间表

建立年份	公司/服务	创新的类别
1994 年	亚马逊（amazon.com）	零售
1995 年	雅虎（yahoo.com）	目录和门户网站
1995 年	eBay（ebay.com）	在线拍卖
1995 年	Altavista（altavista.com）	搜索引擎
1996 年	Hotmail（hotmail.com）	电子邮件（E-mail）、虚拟市场（使用电子签名），1997 年被微软收购
1998 年	GoTo（goto.com）（2001 年更名为 Overture）	第一个按点击付费的搜索引擎营销，2003 年被雅虎收购
1998 年	谷歌（google.com）	搜索引擎
1999 年	博客（blogger.com）	博客发布平台，2003 年被谷歌收购
1999 年	阿里巴巴（alibaba.com）	2007 年以 17 亿美元在中国香港交易所上市，B2B 平台
1999 年	MySpace（myspace.com）Formaerly eUuiverse	社交网络，2008 年被 News Corporation 收购，2011 年 News Corporation 的核心资产被 Specific Media 收购
2001 年	维基百科（wikipedia.org）	开放性的百科全书
2002 年	Last.fm（last.fm）	成立于 2002 年的基于英国国内的网络广播和音乐社区网站。2007 年 5 月 30 日，CBS Interactive 出资 1.4 亿英镑（约 2.8 亿美元）兼并了 Last.fm
2003 年	Skype（skype.com）	点对点的互联网电话 VoIP（voice over IP），于 2005 年被 eBay 收购
2003 年	Second Life（secondife.com）	网络游戏
2004 年	Facebook（facebook.com）	社交网络，截至 2023 年 12 月拥有 21.9 亿注册用户
2005 年	YouTube（youtube.com）	视频分享和排行榜，YouTube 的活跃用户数量在 2023 年达到 27 亿，成为世界上最受欢迎的应用程序之一

续表

建立年份	公司/服务	创新的类别
2007 年	Hulu（hulu.com）	视频广播服务 IPTV（internet protocol television，交互网络电视）
2008 年	Groupon（groupon.com）	基于使用折扣礼券的团购服务
2009 年	WhatsApp Messenger（Whatsapp.com）	发送短信，语音电话，视频通话，发送图像、GIF、文档、位置、音频文件等，截至 2024 年 4 月，每月活跃用户数 20 亿人
2009 年	Foursquare（foursquare.com）	为通过"地点检入"的手机所设计的基于位置的社交媒体网站
2010 年	Instagram（instagram.com）	移动端社交应用，将你随时抓拍下的图片彼此分享
2011 年	微信（weixin.qq.com）	社交媒体应用排名第五，2024 年 5 月，月活跃用户 13 亿人，由腾讯开发
2016 年	抖音（douyin.com）TikTok（tiktok.com）	短视频平台，为企业和个人提供展示平台，提供社交互动，2024 年第 2 季度，抖音月活跃用户 7.72 亿人
2017 年	京东物流集团	领先的技术驱动的供应链解决方案及物流服务商，致力成为全球最值得信赖的供应链基础设施服务商。2021 年 5 月，于香港联合交易所有限公司主板上市
2020 年	小象大鹅文化有限公司	大鹅文化与小象互娱合并成小象大鹅，发展网红经济，经营项目包括文化活动策划，市场营销策划，企业形象策划；礼仪服务；影视活动策划；广告业务
未来	The future	目前最后的进入者是在 2016 年，因为自成立起最少需要一年的时间才能见效。新创立的公司或服务请访问 www.thenextweb.com

注：根据戴夫·查菲《网络营销：战略实施与实践》（原书第 5 版）教材第 9 页改编，有更新，数据统计时间为 2024 年 5 月

1. 数字时代消费决策路径已发生深刻改变

（1）消费者触点无限增加，没有规律。随着智能物联网应用的蓬勃发展，品牌与消费者的触点发生裂变，碎片化带来了无限发达的媒介触点，所有能聚合特定用户的平台都成为品牌与消费者的触点。品牌无法直接知道在如此多的触点中，哪一个能对消费者的品牌偏好和购买决策产生影响，以及如何产生影响（只能通过 MarTech 解决这个营销人的普遍痛点）。

（2）消费者购买决策时间变得极短。媒体数量激增使得消费者在日常生活中，随时随地都可接收品牌或产品信息，购买决策场所随之增加，产生冲动型消费的概率也大大提升。

（3）消费者可能先购买后认识和了解品牌。品牌认知无规则化，或由于冲动购买，或由于社交推荐，非线性的消费决策路径，使消费者在任意一个阶段都可能做出购买行为，认识品牌不再是前提条件。营销人员面临的挑战在于需要准确评估出哪一种创新方式更适合组织，并可以将这一方式加以利用，从而将网络营销技术与传统营销传播进行有机的整合以获得竞争优势。

2. MarTech 是 CMO 实现市场增长的利器

MarTech 是指 marketing technology（营销科技），CMO 是指 chief marketing officer（首席营销官）。根据 Gartner 的统计数据，截至 2019 年 6 月，MarTech 已成为市场部门最优先发展的实现营销目标的核心驱动肌群，这一部分是实现增长和存留的必走之路。且从实践来看，哪怕仅做扎实最基本的（MarTech 应用）细分策略，在各个行业都能观

察到 40%～60% 的业务效果提升。

二、网络营销的含义

网络营销是企业整体营销战略的一个组成部分，是为实现企业总体经营目标所进行的，以互联网为基本手段营造网上经营环境的各种活动。网络营销的本质是营造网上经营环境。戴夫·查菲将其定义为 "achieving marketing objectives through applying digital technologies"（通过数字技术使营销目标得以实现）。

网络营销既包括在线上针对网络虚拟市场开展的营销活动，也包括线上服务于传统有形市场的营销活动，还包括线下传统手段开展的服务于网络虚拟市场的营销活动。网络营销概念可以从以下几方面理解：网络营销不等于网上销售；网络营销活动不仅限于线上；网络营销建立在传统营销理论基础之上。网络营销并不只是网址推广或者在网上销售产品，而是企业营销战略的一个组成部分。

三、网络营销媒体的类型

（一）自有媒体营销

1. 自有媒体的概念

自有媒体指的是由企业向网络用户传递信息的沟通渠道，是企业自有的，因此企业可以部分地控制沟通渠道。传统的自有媒体，包括企业的产品手册、宣传册、标识、促销用品，如带有企业标识的钢笔、笔记本、橡皮、雨伞等。

2. 自有媒体营销的概念及策略

1）自有媒体营销的概念

自有媒体营销就是利用社交网络、网站、博客、微博、微信以及其他各种自有媒体渠道或者平台，以实现社会影响或经济效益为目的，而开展的品牌推广、产品销售和客户关系管理、服务处理等活动的营销方式。自有媒体营销是现在主流的营销方式，可以将图片、文字、视频和音乐等元素以内容的形式呈现，使其成为用户可以消费的信息。例如，淘宝头条和京东快报就是最为典型的自有媒体营销方式，通过文章将营销内容转化为有价值的服务，进而引起用户的购买兴趣。同时，这种内容的表达方式可以在企业和用户之间建立起强有力的互动，为企业品牌和形象的建立提供了更直接的途径。

2）自有媒体营销的策略

（1）转变营销理念，组建专业营销团队。营销理念是企业制定营销战略，实施、管理营销计划的先决基础。在自媒体平台上，借助其互动性这一特色和优势，企业可以有效地拉近与顾客的心理距离，提升顾客的参与感和忠诚度，从而增加顾客的消费意愿及传播产品的积极性。同时，精准、专业的营销团队能更好地制定企业营销策略，借助平台的多样化传播渠道，提升品牌形象与市场影响力。

（2）明确自媒体定位，构建自媒体运营矩阵。调查显示，优秀的自媒体营销的定位都是十分明确并且持之以恒的。一方面，企业应在制订自媒体营销战略规划的基础上，做出自媒体的整体定位，然后提出各企业自媒体建设计划。另一方面，自媒体营销受众用户存在较大的自主选择性，尽管作为媒体营销，扩大受众面能带来一定的传播效果，但长远来说，对提升企业品牌价值、提高生产经营效益并无直接影响。

（3）构建数据中心，生产有价值的内容。当前，社会正处于大数据时代，从长远看，企业越早建立数据中心，积累的数据越丰富，对企业未来产品和项目规划就越能准确分析和决策。同时，随着移动互联网的飞速发展，从网络论坛（bulletin board system，BBS）到博客，再到社交网络，然后到微博、微信，短短几年时间，互联网产品已更新迭代，企业为了适应互联网产品的发展，势必要不断调整和建立相应的产品及团队，建立企业信息数据中心，可以有效地树立以不变应万变的管理和应对理念，将企业所有数据集中管理，通过成熟的数据接口，使数据便于当前及将来各种新兴的媒介平台取用，这样不仅有利于企业开展精准的自媒体营销，还有利于企业的长远发展规划。

（4）建立评估机制，监测营销效果。与传统的市场营销一样，自媒体营销也是一个长期的系统的过程，因而对自媒体营销的效果也要建立系统的评估体制和评估标准。而且自媒体形式的更新换代，使自媒体营销存在很多的不确定性，所以自媒体营销存在风险，甚至会对企业产生危害。企业想要抢滩自媒体市场，在自媒体营销市场中取得成效并长久维持，就必须建立针对各种自媒体形式的营销效果评估体系，通过监测结果，分析营销效果，适时调整营销策略，以取得更好的营销业绩，同时为有效规避营销风险提供指导。

（二）免费媒体营销

1. 免费媒体的概念

传统意义上，免费媒体主要是通过开展公共关系活动产生公开效应，从而增加受众对品牌的关注。免费媒体主要指口碑相传，也称作口碑媒体，指消费者议论成为沟通的渠道。沟通信息包括社交媒体作者（如博客版主）对企业的评论，以及传统的媒体记者发表的评论。

2. 免费媒体营销的概念、特征及价值体现

1）免费媒体营销的概念

免费媒体营销是指企业通过策划相应的口碑题材，并借助网络论坛、博客、网络社区等渠道进行传播，使得互联网中的虚拟群体能够通过网络分享和交流产品或服务的相关信息，以提高企业和品牌的知名度和美誉度、影响消费者的购买行为为目的而开展的管理过程。

2）免费媒体营销的特征

（1）传播速度快、效率高。由于互联网具有上网方便、传播迅捷等特点，网络信息传播速度比传统媒体传播速度快得多，而且人与人之间的交流突破了空间限制，身在异地同样可以进行面对面的沟通，这使得网络口碑的传递效率大为提高，满足了消费者迅速有效获得所需信息的需求，因此网络成了既受企业青睐又受消费者欢迎的免费媒体营销新模式。

（2）传播影响更大、范围更广。网络口碑所传播的信息量大且思维视角极其广阔，消费者可以获得较多的信息。时代将互联网的主导权还给个人，它突出了网民的参与和互动，充分激发了网民的积极性和智慧，这也间接提高了网络口碑在传播过程中的影响力。借助互联网，网络口碑打破了地域限制，传播范围更广，受众也更加广泛。

（3）传播多样性。在互联网环境中，口碑信息的传递不再局限于口头语言，还可以

是文本、声音、图像与视频，信息的内容变得丰富多彩。网络口碑传播允许用户既可以进行一对一的私密交流，也可以和许多人同时交流。

（4）传播匿名性。网络中人们的匿名沟通使得弱关系数量剧增，由此网络沟通呈现了多维互动的模式。现实环境中的口碑传播可能会受到交流者的身份、地位等一些因素的干扰，但是网络的匿名性则打破了这种限制，使得本来在现实世界中无法进行的沟通在互联网上能够轻易得到实现。

3）免费媒体营销的价值体现

现今是一个广告信息泛滥的时期，广告商之间的竞争也越加激烈。对于消费者来说，传统的广告只能提升顾客对企业以及产品的认知度，在购买决策形成和促成消费方面并不能起到很大的作用。因此，对于企业而言，投资广告带来的营销效果并不是很理想。特别是随着网络的发展，免费媒体营销在企业营销中的价值更加凸显。企业需要利用网络口碑的特性，发掘免费媒体营销的价值，可选择的措施包括以下三个方面。

（1）发掘潜在顾客，促进顾客购买，提升顾客满意度。在产品和信息不对称的情境下，顾客的购买决策与购买行为依赖周围的亲戚朋友中有过此项消费经历的人的口碑信息，这样不仅能降低潜在的购买风险，还能加深朋友之间的友谊。由此，有过此项消费经历的消费者对于潜在顾客的购买决策会产生重大影响。如果这些人对于特定产品或服务的经历是正面的，他们会积极热情地向他人推荐，帮助企业发掘潜在的消费者，促进购买。同时，一旦出现不利于企业的负面口碑，企业可以通过各种平台第一时间对质疑进行回应和解决，做好顾客服务，避免危机公关，提升顾客的满意度。

（2）降低营销成本，避开对手锋芒，提升企业竞争力。随着广告费用的增长、传播渠道的增多以及受众注意力的分散，广告的作用和效果越来越小，传统媒体作为传播渠道对于潜在消费者的影响力也都在逐渐降低。与广播、电视、报刊相比，免费媒体营销被众多学者称作最廉价和最可信的宣传工具。口碑借助的人际关系往往是熟人关系，通常是与自己相关的亲戚朋友，他们之间天然有种信任关系。借助这样的人际传播只需要较少成本，甚至往往不需要支付成本就能获得远高于其他营销方式的营销效果。

（3）缔结品牌忠诚，维护品牌形象，提升品牌知名度。品牌代表企业的文化背景，蕴藏着产品或服务的品质和声誉。企业凭借良好的产品及服务形成的良好口碑是赢得用户的重要因素，也是反映用户忠诚度的重要指标，对企业的发展起着至关重要的作用。消费者会因为良好的口碑从产品的消费中获得更多的无形价值。随着良好口碑的不断传播，消费者会强化对产品的认识，成为忠诚的顾客。

（三）付费媒体营销

付费媒体指的是企业付费使用其他媒体传递沟通信息，如产品广告企业可以对内容加以控制，但是企业要遵守媒体有关内容和技术具体要求，因此企业对内容的控制要弱于自由媒体，离线的传统付费媒体，包括报纸、杂志、广播、电视、户外、电影院和实体门店等。

1）付费媒体营销的概念

付费媒体营销是企业通过广告付费来进行营销宣传的渠道，由基础的媒体作用转向催化剂作用，能够促进新媒体的发展，以其营销的及时性、规模性和可控性受到大众的喜爱，在吸引消费者注意力和兴趣，提高品牌可见度、知名度和形象方面具有良好的效果。

虽然广告等付费媒体的单次曝光效果没有免费媒体强，但是它的可控性好，企业可以增强曝光次数来达到良好的效果。1994 年 10 月出现的第一个网络广告因互联网的迅速发展而变得家喻户晓，随后网络广告的市场也因上网人数的不断增多而迅速扩大，成为企业最常用的宣传企业、促销产品、推广站点的手段，网络广告的形式更是随着计算机技术的发展而不断推陈出新。广告是指确定的广告主以付费方式运用大众传媒劝说公众的一种信息传播活动。与传统的广告相对应，网络广告就是确定的广告主以付费的方式运用网络媒体劝说公众的一种信息传播活动，包括五个基本要素，即广告主、广告费用、广告媒体、广告受众和广告信息。

2）付费媒体营销的特点

凭借着互联网和计算机技术所具有的交互性等独有特性，网络广告除了具有一般传统广告的特点之外，还具有以下特点。

（1）交互性强。在互联网环境下，网络媒体可以使信息实时更新，信息发送和接收的双方可以实现不受时间和地域限制的双向沟通。网络媒体的交互性特点也是网络广告区别于传统广告的一个最突出的特点。利用这个特点，广告受众可以在访问网络广告时，通过实时的相关操作，如点击提交表单，或发送电子邮件等方式向广告主传达自己的感受和意见，广告主则根据目标受众的要求及时更新和调整广告的信息，满足广告目标受众的要求。

（2）信息量大。网络广告由于其运用的媒体的特点而具有信息涵盖广泛、形式丰富多变、画面绚丽多彩等特点。与传统广告相比，网络广告主可以通过网络技术把自己的产品、服务等多方面详细的信息制成网页融入网络广告之中，等待广告的受众来点击观看，而具有不同需求层次的广告受众可以根据自己的需要来查看不同的广告页面。

（3）传播广泛。网络广告传播的广泛性体现在两个方面。一方面，广告传播的范围很广。通过互联网这个信息传播平台，网络广告可以不受时间和地域的限制发送到世界上所有互联网覆盖的角落，这突破了传统广告在时间和地域上的局限性。另一方面，网络广告信息受众广泛，网络广告的受众可以是世界上不同地区、不同职业、不同年龄的任何浏览者。

（4）灵活便捷。由于网络和计算机的强大技术支持，网络广告的灵活性最先体现在广告类型和表现形式的多样性上。首先，从文字广告到动画、三维、多媒体广告，广告设计者根据广告的目的和目标受众的喜好，利用不同技术表现手段实现满意的视听效果。其次，网络广告可以进行内容和形式上的更改，适应市场和受众的需求。最后，网络广告可以及时地得到广告信息反馈，受众可以根据自己的感受直接与广告主进行沟通，广告主也可以从广告的统计中及时地了解网络广告的效果。

（5）方便统计。这是网络广告有别于传统广告的重要特点。传统广告利用传统媒体发布广告，无法准确地统计接收广告信息的人数及接收人群的部分状况，只能通过调查、分析和推测来判定消费者会对广告产生的感受。网络广告借助网络的即时监测功能可以对广告浏览者的有关情况进行精确的统计，如广告的浏览量、点击率、浏览者的情况等，为广告主和广告商进一步分析广告的效果提供了准确的依据。

（6）经济实惠。对广告主而言，网络广告比传统广告更经济。首先，网络广告的制作和发布费用比传统广告更加低廉；其次，网络广告运用了软件工具进行创作设计和统计管理，能及时、方便地调整广告内容和形式，以满足广告受众的需求，容易获得更好的效果；最后，利用统计工具对网络广告进行有目的、有针对性的统计，使收集和分析广告效果的时间和费用都有所降低。

第二节　网络营销理论

一、软营销

1. 概念

软营销也称为软文营销，指企业或个人在利用互联网向受众传递信息的过程中，采用更理性化、更易于被顾客接受的手段，进而实现信息共享与营销整合。

2. 特点

（1）软营销本质仍是广告。其追求低成本和高效回报的特点无法回避商业的本性。

（2）软营销具有伪装形式。它广泛存在于新闻资讯、管理思想、企业文化、技术、技术文档、评论、包含文字元素的游戏等一切文字资源中，因此能使受众眼光驻留、徘徊在这些资源中，这也是软营销目标能达成的基础。

（3）软营销的载体必须制造信任。软营销必须使受众相信，信任是行动的前提。

（4）软营销的关键是要把产品卖点说得清晰透彻。要让受众对企业所传递的信息有比较清晰的印象，才能实现营销目的。

（5）软营销的着力点是受众的兴趣和利益。软营销既要引起受众的兴趣，同时也要考虑受众的核心利益，为他们着想。

（6）软营销的重要特性是口碑的传播性。软营销的有效传播途径是口碑传播，口碑传播具有真实性、可接受度高，营销的成本低、效率高。

3. 形式

1）专栏

专栏是指与平面媒体合作开辟与其商家产品有关的专栏版块。它是软营销的雏形，起源于平面广告的演变，因此专栏也被称为"文字广告"。专栏操作的手法与投放广告相似，在操作时一般选择发行量较大的晚报类媒体，专栏价格较高，5元/字到15元/字不等。专栏是日常传播中不可缺少的一个补充，企业文化、产品深入介绍、消费环境模拟、试用手记等文章经常需要专栏来配合。

2）炒作

炒作是指利用热点事件或者主动性炒作。炒作要从各个角度同时进行，对企业产品进行综合分析后，就会发现其优势、劣势、机会和挑战，优势要发扬光大，劣势要找出原因。常见的炒作形式有行业剖析、产业分析、专访等。

3）无形

无形是指在无形之中达到软营销的目的。例如，家电行业经常上演的收购案、一波又一波的大降价等都赚到了媒体的许多笔墨。最基本的以无形胜有形的文章，是营销软文的最高境界：可以选择两家企业代言人各自发表自己对某问题的观点（观点必须对立，最好能代表一部分受众的真实心理），然后默契地彼此否定，逐渐积累围观受众。此方法传播效果良好，成本也相对低廉。

4）平台宣传

平台宣传是指利用一些关注度高的互联网平台达到软营销的目的，这些平台包括星之传媒、天涯虚拟社区等。这些互联网企业会提供系统的、专业的软营销解决方案，并协助企业实施软营销策略。

总而言之，软营销实施的要旨在于获得主流新闻媒体关注和主流网站转载，若网民通过在搜索引擎中输入关键词就能查询到该软文，其效果将会更好。

二、直复营销

1. 概念

直复营销起源于邮购活动。1498 年，阿尔定出版社的创始人阿尔杜斯·马努蒂乌斯在意大利威尼斯出版了第一个印有价目表的目录，是最早有记载的邮购活动。文德曼在 1967 年提出了直复营销的概念。直复营销是指在没有中间分销渠道的情况下，利用消费者直接通路来接触及传送货品和服务给客户。美国直复营销协会（American Direct Marketing Association，ADMA）将直复营销定义为"一种为了在任何地点产生可以度量的反应或达成交易而使用的一种或几种广告媒体互相作用的市场营销体系"。

网络营销是一种直复营销。"直"是指不通过中间渠道而直接面向最终用户，在网络上销售产品时，顾客通过互联网直接向企业下订单付款；"复"是指企业与顾客之间的交互、回复和重复，企业和顾客之间相互了解对方的行为并做出回应，达到双方满意并不断进行合作。

2. 特点

（1）目标顾客选择更精确。直复营销的人员可以从顾客名单和数据库中的有关信息中，挑选出有可能成为自己顾客的人作为目标顾客，然后与单个目标顾客或特定的商业用户进行直接的信息交流，从而使目标顾客准确，沟通有针对性。

（2）强调与顾客的关系。直复营销活动中，直复营销人员可根据每一个顾客的不同需求和消费习惯开展有针对性的营销活动。这将形成与顾客间一对一的双向沟通，将与顾客形成并保持良好的关系。

（3）激励顾客立即反应。通过集中全力的激励性广告使接收者立即采取某种特定行动，并为顾客立即反应提供了尽可能的方便和方式，使人性化的直接沟通即刻实现。

（4）营销战略具有隐蔽性。直复营销战略不是大张旗鼓地进行的，因此不易被竞争对手察觉，即使竞争对手察觉自己的营销策略也为时已晚，因为直复营销广告和销售是同时进行的。

（5）关注顾客终生价值和长期沟通。直复营销将企业的客户（包括最终客户、分销商和合作伙伴）作为最重要的企业资源，通过完善的客户服务和深入的客户分析来满足客户的需求，关注和帮助顾客实现终生价值。

3. 形式

直复营销作为营销的一种形式，与消费者的联系越来越密切。随着信用手段和信息技术的快速发展，直复营销形式得到了空前的发展，其形式不再局限于邮购活动。随着电话、电视以及互联网等许多媒体的出现，直复营销形式变得越来越丰富，常见的形式有如下几种。①直接邮寄营销，指营销人员把信函、样品或者广告直接寄给目标顾客的营销活动；②目录营销，指营销人员给目标顾客邮寄目录，或者备有目录随时供顾客索取；③电话营销，指营销人员通过电话对目标顾客展开营销活动；④电视直销，指营销人员通过电视介绍产品，或赞助某个推销商品的专题节目，开展营销活动；⑤印刷媒介直销，指在杂志、报纸和其他印刷媒介上做直销广告，鼓励目标成员通过电话或回函订购；⑥广播直销，广播不仅可以作为直接响应的主要媒体，还可以与其他媒体相结合，增强顾客的互动体验和反馈效果。随着广播行业的发展，广播电台的数量不断增加，专业化程度日益提高。一些电台甚至专门针对特定的细分群体进行节目设置，为直复营销者提供了精确定位目标受众的机会，从而帮助其更有效地实现营销目标。

三、数据库营销

1. 概念

数据库营销是指为了实现接洽、交易和建立客户关系等目标，建立、维护和利用顾客数据库与其他顾客资料的过程。它是在互联网与数据库技术发展基础上逐渐兴起和成熟起来的一种市场营销推广手段。具体来说，数据库营销是指企业通过收集和积累会员（用户或消费者）信息，经过分析筛选后有针对性地使用电子邮件、短信、电话、信件等方式进行客户深度挖掘与关系维护的营销方式。

数据库营销在欧美及日韩已经得到了广泛的应用，在中国也已经开始进入高速发展阶段。它包括定向直邮、电子邮件营销、网络传真营销和短消息服务等多种形式。

2. 特点

（1）可测性。第一，数据库营销是唯一可以量化的广告形式。企业能够准确地知道客户的反应以及这些反应来自何处。这些信息将被用于继续、扩展或重新制订、调整企业的营销计划；美国的百货商店巨头约翰·沃纳梅克说过："我知道花在广告上的钱，有一半被浪费掉了，但我不知道是哪一半。"第二，数据库营销就像科学实验，每推进一步，都可以精心地测试，其结果还可以进行分析。

（2）降低成本，提高营销效率。数据库营销使企业集中精力于更少的人，实现准确定位。企业可以不用昂贵的大众传播媒体，而是运用更经济的促销方式来降低成本，增强企业的竞争力。据统计，使用数据库技术筛选消费者的反馈率，是没有使用数据库技术进行筛选的反馈率的 10 倍以上。

（3）数据库营销可以帮助企业获得更多的长期忠实客户。研究表明，维持一个老客户所需的成本是寻求一个新顾客成本的 1/2，而要使一个失去的老顾客重新成为新顾客所花费的成本，则是寻求一个新客户成本的 10 倍。用回头客忠诚度数据库营销，经常与消费者保持沟通和联系，可以维持和增强企业与消费者间的感情。另外，运用储存的消费记录可以准确推测其未来消费者行为，从而使企业能更好地满足消费者的需求。

（4）数据库营销可能成为企业制胜的关键。运用数据库营销，可与消费者建立紧密关系，且不会引起竞争对手关注，可以避免公开对抗。如今，很多知名企业都通过使用数据库营销，在竞争激烈的市场中，占有一席之地。

3. 过程

（1）数据采集。数据库的数据，一方面来自市场调查记录及促销活动记录数据，另一方面来自公共记录数据，如人口统计数据、医院婴儿出生记录、患者记录卡、银行担保卡、信用卡记录等。

（2）数据储存。将收集的数据，以消费者为基本单元，建立消费者数据库。

（3）数据处理。运用先进统计技术，利用计算机把不同的数据综合整理为有条理的数据，然后在各种软件支持下，生成产品开发部门、营销部门、公共关系部门所需要的详细数据库。

（4）寻找理想消费者。根据使用最多类消费者的共同特点，如兴趣、收入等，用计算机勾画出某产品的消费者模型，采用某品牌产品的独有消费者作为营销工作目标群。

（5）使用数据。数据库可以用于很多方面：决定购物优惠券价值目标，决定送给哪些顾客；确定开发什么样的新产品；根据消费者特性，确定如何制作广告；根据消费记录判断消费者消费档次和品牌忠诚度。例如，特殊身材的消费者数据库不仅对服装厂有用，而且对于减肥药生产厂、医院、食品厂、家具厂都很有用。因此，数据库不仅可以满足企业对信息的需求，而且可以进行数据库经营项目开发。

（6）完善数据。随着以产品开发为中心的消费者俱乐部、优惠券反馈、抽奖销售活动记录及其他促销活动而收集来的信息不断增加和完善，数据不断得到更新，能及时反映消费者的需求变化趋势，使数据库适应企业经营需要。

总之，数据库营销被广泛应用于识别客户、服务客户、处理顾客响应等方面，它是网络营销的基础理论和重要支撑。

四、长尾理论

1. 概念

长尾这一概念是 2004 年克里斯·安德森（Chris Anderson）在《连线》杂志的文章中首次提出的，用以描述某种经济模式。长尾理论指只要存储和流通的渠道足够大，需求不旺盛或销量不佳的产品所共同占据的市场份额可以和少数热销产品所占据的市场份额相匹敌甚至更大。也就是说，众多小市场汇聚成可产生与主流大市场相匹敌的市场能量。长尾市场也被称为利基市场，菲利普·科特勒在《营销管理》中给利基下的定义为：利基是更窄地确定某些群体，这是一个小市场并且它的需要没有被服务好，或者说"有获取利益的基础"。长尾理论能较好地解释用户的上网行为，特别是利用关键词检索行为。比如，用户通过百度搜索引擎检索的所有关键词中，50%的关键词产生了 80%的访问量，是不是另外 20%的访问量就不值得关注了？事实可能正好相反，因为另外带来 20%访问量的关键词可能转化率更高。图 2-1 表明了主体、长尾与总规模之间的关系，从中可以看出，长尾理论中"尾巴"的作用不能忽视，经营者不应该只关注头部的作用。

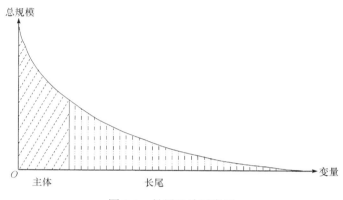

图 2-1 长尾理论示意图

2. 应用

长尾理论在搜索引擎营销中的关键词策略非常有用。长尾关键词同样能为网站带来可观的访问量，并且这些长尾关键词检索所带来的顾客转化率更高，通常也高于头部关键词的转化率。比如，一个利用通用词"律师"进行检索到达网站的访问者与一个搜索"北京商标权纠纷律师"到达网站的访问者相比，后者更加容易转化成该网站的客户。用户利用搜索引擎关键词检索的行为研究表明，大部分用户并不是仅用一个词进行检索，为了获得更准确的检索效果，通常采用 2~3 个关键词组合搜索，有些用户用 5 个以上词的组合，这些多词组合就是长尾的主要组成部分。

五、六度分隔理论

1. 概念

六度分隔理论：你和任何一个陌生人之间所间隔的人不会超过六个（小于等于六个），也就是说，最多通过六个人你就能够认识一个陌生人。

1967 年，哈佛大学的心理学教授 Stanley Milgram（斯坦利·米尔格拉姆，1933~1984）想描绘联结人与社区的人际联系网，实验中发现了"六度分隔"现象。"六度分隔"说明了社会中普遍存在的"弱纽带"，但是却发挥着非常强大的作用。有很多人在找工作时会体会到这种弱纽带的效果。通过弱纽带，人与人之间的距离变得非常"近"。乔恩·克莱因伯格（Jon Kleinberg）把这个问题变成了一个可以评估的数学模型，并发表在自己的论文"The small-world phenomenon：an algorithmic perspective"（《小世界现象：一种算法视角》）中。

互联网使六度分隔理论产生了应用价值。构建于信息技术与互联网之上的应用软件越来越人性化、社会化，在功能上能够反映和促进真实的社会关系的发展和交往活动的形成，使得人的活动与软件的功能融为一体。六度分隔理论的发现和社会性软件的发展向人们表明：社会性软件所构建的弱纽带，正在人们的生活中扮演越来越重要的角色。

2. 米尔格拉姆实验

米尔格拉姆寄出 60 封信给美国堪萨斯州威奇托市的自愿参加者，请他们转交给马萨诸塞州剑桥市某指定地点的股票经纪人。参加者只能把信交给有可能把信送到目的地的熟人。50 个人参与实验，最终只有 3 封信送到了目的地，最初的实验中，有一封信不到 4 日就到了目的地，最终 5% 的信件被送达。随后两次实验，因完成比例太低，实验结果未被发表。但研究者发现很多微妙的因素会对连锁信实验的结果产生极大的影响，他们尝试在不同种族和不同收入人群中重复实验，发现结果存在巨大的差异。事实上，在米尔格拉姆与他人合著的一篇论文中揭示，如果信件的最终接收者为黑人，实验的送达率为 13%，而如果是白人，则送达率上升为 33%。

经过多次改良，米尔格拉姆发现信件或包裹在人们心目中的价值，是影响人们决定是否继续传递的重要因素。他成功将送达率提升至 35%，后来更将其提升为 97%。抛开对"地球是很小的"这种论断的怀疑，人们对"某个特定世界是很小的"这一论断是没有丝毫怀疑的。平均来看，为实现一次送达，需要 6 个中间人，从而得出了六度分隔理论的说法。

3. 应用

一家德国报纸做了个实验，要帮法兰克福的一位饭馆老板找到他最崇拜的影星马龙·白兰度。经调查报社发现，这位老板有个朋友住在美国加利福尼亚州，该朋友同事的女朋友是某电影制片人的女儿在女生联谊会的结拜姐妹，而马龙·白兰度主演了这部电影。所以，链条如下：饭馆老板（A）—住在加利福尼亚州的朋友（1）—加利福尼亚州的朋友的同事（2）—同事的女朋友（3）—女朋友的结拜姐妹（4）—结拜姐妹的父亲，是某电影的制片人（5）—演员马龙·白兰度（B）。

该理论认为最多六度分隔，现实中短于六度的链条大量存在。这是个尚未在数学上证明的猜想，类似于哥德巴赫猜想。

六、150 定律

1. 概念

该定律由罗宾·邓巴提出，指出人的大脑新皮层大小有限，提供的认知能力只能使一个人维持与大约 150 个人的稳定人际关系，150 人是人们拥有的、与自己有私人关系的朋友数量。也就是说，人们可能拥有 150 名好友，甚至更多社交网站的"好友"，但只维持与现实生活中大约 150 个人的"内部圈子"。"内部圈子"在此理论中指一年至少联系一次的人。罗宾·邓巴让一些居住在大都市的人列出一张与其交往的所有人的名单，结果他们名单上的人数大约都在 150 名。罗宾·邓巴曾表示，大脑认知能力限制了特别物种个体社交网络的规模。罗宾·邓巴根据猿猴的智力与社交网络推断，人类智力将允许人类拥有稳定社交网络的人数是 148 人。四舍五入大约是 150 人，这就是著名的 150 定律。

2. 应用

邓巴数理论被认为是很多人力资源管理以及 SNS（social networking site，社交网站）的基础，即人类的社交人数上限为 150 人，精确交往、深入跟踪交往的人数为 20 人左右。150 定律的启示是每个人身后，大致有 150 名亲朋好友。如果赢得了一个人的好感，就意味着赢得了 150 个人的好感；反之，如果得罪了一个人，也就意味着得罪了 150 个人。

七、众包理论

1. 概念

"众包"由《连线》（Wired）杂志于 2006 年提出，它描述了一种新的商业模式，是指企业利用互联网分配工作、发现创意或解决技术问题，即一个公司或机构把由员工执行的工作任务，以自愿的形式外包给非特定的（而且通常是大型的）大众志愿者的做法。

2. 特点

（1）提供用户交流分享创作内容的平台，产生直接销售或广告收入。同时，企业为内容贡献者提供其他增值功能，如图片、视频的在线存储和管理功能。一般情况下享受此服务的用户并不苛求企业对自己创造的内容提供额外报酬。比如，美国的 iStockphoto 网站就为业余摄影师提供照片分享和销售。

（2）直接将用户贡献转化为产品价值的一部分。业余爱好者提供解决方案的部分动机是自我价值实现的需要，企业通常会为价值创造者提供奖励。如果承包方的方案被选中，承包方就能获得奖金，能直接将用户的想法转化成产品价值。众包将普通用户引入产品设计和服务平台构建，增加用户黏性。企业可以将资深用户聚集在一起，形成连接紧密的爱好者社区，并吸引和辐射到一般用户和非用户。这样的社区，可以为企业新产品带来持续的关注和稳定的销量，并具有足够黏性吸引用户群。

3. 应用

（1）Threadless 的爱好者社区。爱好者利用业余时间设计各式 T 恤，然后由社区其他成员投票选出最佳设计。胜出的设计由公司制作并限量发行，卖给网络社区的成员。整个 Threadless 公司的主要业务流程，包括产品的创意、设计、筛选、销售、反馈，全部都在强关系社区里。

（2）便宜的博物馆图片。美国国家卫生与医学博物馆的负责人 Claudia Menashe（克劳蒂娅·马纳舍）苦于找不到配合禽流感的展览的图片，后来有一名自由职业摄影师 Mark Harmel（马克·哈梅尔）愿意提供照片，并且开出了每张 150 美元的优惠价。Menashe 原本打算购买四张，但是她在 iStockphoto 网站上找到了需要的照片，每张只要 1 美元！Menashe 当即购买了 56 张。

（3）人人猎头的悬赏招聘。人人猎头是移动互联网时代众包招聘的创新者。它采用企业悬赏招聘的方式，在众多网络平台（包括自营的移动应用、微信、微博、合作网站）发布悬赏职位，鼓励用户推荐或者自荐来应聘。产品已经实现百万元人民币的营收并完成了首轮千万量级的融资。

第三节　网络营销演进

一、网络营销的产生与发展

从 1969 年互联网诞生到 20 世纪 90 年代，在互联网技术飞速发展的大环境下，网络营销应运而生。1990 年，第一个网络浏览器出现。1994 年，美国著名的 *Wired* 杂志推出了网络杂志网站 Hotwired；AT&T 等 14 个客户的横幅广告在 Hotwired 上投放，成为广告史上的一个里程碑。自此以后，网络广告成为互联网的热点。2011 年 2 月，全球 IPv4 地址分配完毕，互联网的发展达到了空前的高度。在中国，1994 年 4 月 20 日，在国务院的支持下，中关村地区教育与科研示范网络工程成功实现了与国际互联网的全功能连接。随后的两年，中国科技网（China Science & Technology Network，CSTNET）、中国公用计算机互联网（China Network，CHINANET）、中国教育和科研计算机网（China Education and Research Network，CERNET）、中国金桥信息网（China Golden Bridge Network，CHINAGBN）相继开工建设，信息时代的大门在国人面前悄然开启。

从 1997 年开始，中国互联网步入快速发展阶段。中国互联网络信息中心（China Internet Network Information Center，CNNIC）的统计显示，全国网民每隔半年就增长一倍。2000 年，新浪、网易、搜狐三大网站先后登陆纳斯达克，中国互联网企业海外上市热潮骤然涌起。2012 年，中国的移动互联网用户首次超过 PC 端用户，网络购物模式直逼美国，成为全球第二大互联网销售市场。第 53 次《中国互联网络发展状况统计报告》显示，截至 2023 年 12 月，我国网民规模达 10.92 亿人；网络购物用户规模达 9.15 亿人，较 2022 年 12 月增长 6967 万人；互联网普及率达 77.5%，较 2022 年 12 月提升 1.9 个百分点；我国手机网民规模达 10.91 亿人，网民使用手机上网的比例达 99.9%。截至 2023 年 12 月，网民增长的主体由青年群体向未成年和老年群体转化的趋势日趋明显。未成年人、"银发"老人群体陆续成为互联网用户，构成了多元庞大的数字社会。与此同时，互联网企业变得更加理性、开放，传统企业也在与互联网企业的交锋中逐步走向融合共生。

二、我国网络营销的发展历程

1. 中国网络营销发展的第一阶段（1994～1996 年）

1994 年 4 月 20 日，中国国际互联网正式开通，网络营销随着互联网的应用而开始受到企业的关注。然而，在 1997 年之前，中国的网络营销蒙着一层神秘的面纱，并没有清晰的网络营销概念和方法，也很少有企业将网络营销作为主要的营销手段。但是该阶段有一个网络营销的经典案例——山东农民网上卖大蒜。山东陵县①西李村党支部书记李敬峰在 1996 年 5 月开始接触互联网，他采取的网络营销方法是"注册自己的域名，将西李村的大蒜、菠菜、胡萝卜等农产品信息发布到互联网，向全球推广"。在当时，网络营销的概念和方法尚不明确，许多企业将其应用于经营活动，大多数是

---

① 2014 年 10 月 20 日，国务院批复同意山东省调整德州市部分行政区划，撤销陵县，设立德州市陵城区，以原陵县的行政区域为陵城区的行政区域。

出于好奇心理。

2. 中国网络营销发展的第二阶段（1997～1999 年）

第一次《中国互联网络发展状况统计报告》显示，1997 年 10 月底，我国上网人数为 62 万人，WWW 站点数约 1500 个。发生于 1997 年前后的部分事件标志着中国网络营销进入萌芽阶段，如网络广告和 E-mail 营销在中国的诞生、电子商务的出现、网络服务（如域名注册和搜索引擎）的涌现等。

3. 中国网络营销发展的第三阶段（2000～2003 年）

就在中国互联网公司争相在美国上市的热潮达到空前高潮时，互联网经济的泡沫破裂了。2000 年 3 月 13 日，纳斯达克指数一开盘就从 5038 点跌到了 4879 点，整整跌了3%，虚幻的网络经济泡沫随之破灭。2001 年 4 月 4 日，指数已经跌至 1619 点，全球互联网市场随即陷入低潮。依托互联网发展的网络营销活动也随之进入低谷。据统计，2000 年美国共有 210 家互联网企业倒闭，最根本的原因是企业筹集到的资金迅速枯竭，后续的资金也没有跟上。到 2001 年，全球至少有 537 家互联网公司结束营业。然而，直到今天仍能看到一些在上一波互联网泡沫中留下的幸存者，它们中有 eBay、Amazon 以及 Google。大浪淘沙后，中国顽强生存下来的互联网企业有新浪、搜狐、网易、腾讯和阿里巴巴集团等。

4. 中国网络营销发展的第四阶段（2004～2007 年）

此阶段，发生了一系列重要事件，2004 年，百度上市，成为中国互联网行业的一大里程碑。百度的上市不仅为公司带来了巨大的资金，也推动了中国搜索引擎市场的快速发展。2005 年，腾讯推出腾讯广告平台，为广告主提供了更加丰富的广告投放选择，进一步促进了网络广告市场的发展。2007 年，阿里巴巴集团成立阿里妈妈公司，专注于网络广告和营销服务，为广告主和发布商提供了一个全新的广告交易平台。此阶段，中国网络营销市场呈现出多元化、个性化和互动性等特点。企业开始更加注重网络营销的专业水平和效果，网络营销服务和资源不断涌现。同时，搜索引擎、社交网络、电子商务等新兴网络营销方式也逐渐崭露头角，为企业和消费者带来了更多样化的营销解决方案。

5. 中国网络营销发展的第五阶段（2008～2015 年）

随着移动互联网的普及，依托社交媒体的营销成为网络营销的热点。社交媒体营销是指依赖社交媒体用户形成的人际关系，进行品牌或者商品的营销。社交媒体营销工具包括论坛、微博、微信、博客、SNS 社区、图片和视频分享等。社交媒体的发展过程具有明显的特征。2008 年，随着社交网站以及微博的发展，社交媒体的中心特征是变成用户分享交流内容；2010～2012 年，各类社交媒体开始跨界整合，类型呈现多元化。2012 年 8 月，基于用户兴趣智能推荐的内容平台"今日头条"问世，个性化的内容营销模式受到关注。从 2013 年开始，基于移动社交关系的微商开始兴起，引发了社交网络全民微商的热潮。2014 年 1 月，微信红包的出现，立刻获得网民的热情参与。同时，网络红包很快在其他社交网络及电子商务平台获得广泛应用，成为最热门的手机应用之一，也逐渐发展成为一种新型营销手段。自 2015 年起，央视春晚与微信、支付宝合作，将红包活动融入节目中，从而使这两个平台成为商家的重要广告投放渠道。

6. 中国网络营销发展的第六阶段（2016 年至今）

2016 年网络直播平台进入高速发展阶段，网红营销模式产生。2016 年 1 月，阿里云发布一站式大数据平台"数加"，开放阿里巴巴十年的大数据处理能力，首批亮相 20 款产品。从 2017 年开始，大数据和人工智能成为互联网发展的重要方向。2017 年底推行的第五代移动通信技术（5th generation mobile communication technology，5G），让抖音、快手、火山等视频直播平台成为商家、媒体、个人争夺的主战场，给网络营销带来了新的渠道和方式。2018 年新年的支付宝跨年红包推荐有奖营销活动，获得众多线下商家的热情参与和网民的疯狂转发。

2019 年，百度宣布启用全新品牌"百度智能云"，全力推动人工智能、云计算等技术与网络营销的深度融合。2019 年，字节跳动推出巨量引擎，为广告主提供一站式营销解决方案。2020 年，新冠疫情暴发后，网络营销行业为企业提供线上营销策略和解决方案。2020 年，字节跳动进一步扩大巨量引擎的业务范围，推出了全新的营销服务平台"巨量千川"，为企业提供更加精准的广告投放和数据分析服务。2022 年，腾讯云和百度智能云加大合作力度，共同开发了一系列面向营销行业的云计算解决方案。随着5G 的商用和元宇宙概念的兴起，2024 年，网络营销行业开始探索虚拟现实和增强现实等新技术在营销领域的应用，为企业创造更多元化的营销场景和体验。

此阶段，中国网络营销市场不断深化改革，技术创新和行业整合成为驱动市场发展的主要力量。云计算、人工智能、大数据等先进技术在网络营销领域的应用日益广泛，为企业提供更为精准、高效的营销服务。同时，行业监管力度加大，网络营销市场逐渐趋于规范化和健康发展。

三、网络营销的演进阶段

从网络营销的发展历程中可以看到，如今的网络营销早已不是少数人的投资，也不是部分淘金者的尝试，更不是与现实生活脱节的虚拟世界，而是已延伸到现实生活的各个角落。网络营销的演进大致分为三个阶段：网络营销 1.0、网络营销 2.0 和网络营销3.0。

1. 网络营销 1.0

Web 1.0 是第一代互联网，起始于 20 世纪 90 年代，主导其发展的是以互联网和信息技术为代表的技术创新。以新浪、搜狐为代表的综合性门户网站和以谷歌、百度为代表的通用搜索网站是 Web 1.0 的典型。与 Web 1.0 时代相对应的是网络营销 1.0 时代。在网络营销 1.0 时代，用户上网主要就是浏览信息与搜索信息，作为"读者"或"听众"，延续被动的信息接收状态。网络营销的主要方式包括网络广告、搜索引擎营销、电子邮件营销、IM（instant messaging，即时通信）营销、BBS 营销等。

（1）网络广告。网络广告即广告商在第三方网络平台投放关于产品或服务的广告以提高品牌知名度和销售收入。在 Web 1.0 背景下，伴随着互联网的快速发展和网民的大量增加，网络广告日益成为消费者生活中不可缺少的媒体形式，网络广告成为 Web 1.0时代广告主实施网络营销的重要方式之一。

（2）搜索引擎营销。搜索引擎营销分为搜索引擎优化与付费搜索两种。搜索引擎优化是指通过对网站结构、网站主题内容、外部链接进行优化，以获得在搜索引擎上的优势排名，为网站引入流量。付费搜索主要表现为关键字广告或竞价位广告，即广告商通过支付费用获取网民搜索结果的页面广告位，达到营销目标。

（3）电子邮件营销。电子邮件营销是指以订阅的方式将企业以及产品信息通过电子邮件的方式提供给有需要的用户，以此建立与用户之间的信任与依赖关系。作为互联网的基础应用，电子邮件是绝大部分公司和网站常用的方式。

（4）IM 营销。IM 营销是利用互联网即时聊天工具进行推广宣传的营销方式。聊天一直是网民上网的主要活动之一，网上聊天的主要工具为微信、QQ 等即时通信软件，即时聊天已经突破了作为技术工具的极限，被认为是现代交流方式的象征，并构建了一种新的社会关系。

（5）BBS 营销。BBS 式网络营销方法又称论坛营销，就是利用论坛网络交流平台，通过文字、图片、视频等方式传播企业品牌、产品和服务的信息，从而让目标客户更加深刻地了解企业的产品和服务，最终达到宣传企业品牌、产品和服务，提高市场认知度等目的的网络营销活动。

2. 网络营销 2.0

1）网络营销 2.0 概述

Web 2.0 是 2003 年之后互联网的热门概念之一，是相对于 Web 1.0 而言的新一类互联网应用的统称，指的是以 Blog（博客）、Tag（标签）、SNS、RSS（really simple syndication，简易信息聚合）、Wiki（维基）等应用为核心，依据六度分隔理论、长尾理论、XML（extensible markup language，可扩展标记语言）、AJAX（asynchronous JavaScript and XML，异步 JavaScript 和 XML）等新理论和技术实现的互联网新技术。Web 2.0 技术不仅把人和机器联系在一起，更把人与人联系在一个社交网络中，方便用户创造内容、分享信息。

在 Web 2.0 时代，互联网的主导权属于个人，充分挖掘个人的积极性，使其参与到体系中，极大地解放了个人的创作和潜能，使互联网的创造力发生了历史性的提升。与Web 2.0 时代相对应的是网络营销 2.0 时代。网络营销 2.0 时代是基于效果导向并整合多种营销手段的网络营销新时代。在网络营销 2.0 时代，网络营销的从业者跳出传统的网络营销视野考虑网络营销，着力解决客户最关注的营销效果问题。

2）网络营销 2.0 的主要营销方式

在网络营销 2.0 时代，营销方式包括博客营销、RSS 营销、SNS 营销等。

（1）博客营销。博客是目前最受关注、使用人数最多的 Web 2.0 应用之一。博客大量采用 RSS 技术，读者可以通过 RSS 订阅，了解博客网站的最近更新。博客作者亦可以通过 RSS 使自己发布的文章易于被计算机程序理解并摘录。从知识管理、教育技术、网络营销等多种角度来讲，博客都提供了新的形态和途径。

（2）RSS 营销。RSS 是一种描述信息内容的格式，是使用广泛的 XML 应用，是用来共享内容的简易的技术。在许多新闻信息服务网站，会看到 RSS 订阅的标志按钮，有的网站使用图标，通过图标，可以链接到订阅 RSS 信息源的 URL（uniform resource locator，统一资源定位符）。

（3）SNS 营销。社交网络软件依据六度分隔理论，以认识朋友的朋友为基础，扩展人脉。社交化网络的标志是 2004 年 Facebook 的出现以及 2005 年国内校内网（2009年 8 月更名为人人网）的推出。国外知名的社交网络有 Facebook、LinkedIn 等，国内知名的社交网络则有人人网、开心网、豆瓣网等。SNS 营销就是利用 SNS 网络的共享功能，利用病毒式传播手段营销产品。其优势是网站通常拥有丰富的用户资源和精准的目标定位，用户依赖性较高，互动能力极强。因此，通过在用户的交互媒介中植入产品或品牌，建立品牌和产品的认知，开展游戏营销或者活动营销，都有可能取得较好的营销效果。

3. 网络营销 3.0

虽然 Web 2.0 只是互联网发展阶段的过渡性产物，但正是由于 Web 2.0 的出现，人们可以更多地参与到互联网的创造中，特别是在内容上的创造。人们可以在参与创造的过程中获得更多的荣誉、认可，包括财富和地位。也正是因为更多的人参与到有价值的创造中，"互联网价值的重新分配"将是一种必然趋势，所以必然促成新一代网络营销的产生，这就是网络营销 3.0。

1）网络营销 3.0 概述

网络营销 3.0 是在网络营销 2.0 的基础上发展起来的，能够更好地体现网民的劳动价值，能够实现价值均衡分配的一种互联网方式。

2）网络营销 3.0 的特征

（1）网民的"参与"不再免费。网络营销 3.0 的任务是让网民的"参与"创造不再免费，帮助网民实现"有劳有获，多劳多得"的夙愿。

（2）信息的获取不再有垃圾。"人们淹没在数据和信息的海洋，却在知识的海洋中饥渴难耐"，这便是信息爆炸时代的写照。网络营销 2.0 时代的搜索引擎，如百度、谷歌，在输入关键词后会提供成千上万个答案，用户需要从中"百里挑一"再选择使用。在网络营销 3.0 时代，以语义网、RSS、Widget 为聚合平台的搜索引擎及信息获取技术的创新将颠覆传统的知识获取方式。

（3）媒体评价不再依赖流量和点击率。网络营销 3.0 时代的互联网评价标准将不再是看是否头版头条，也不是看流量、点击率，而是看 RSS 和 Widget 的订制率、到达率和用户价值。

（4）网络不再难管难控。网络营销 3.0 通过有效的数字新技术，建立起可信的 SNS，可管理的 VIP 与 IM，可控的博客、Vlog（video weblog，视频博客）和 Wiki，实现数字通信与信息处理、媒体内容与业务智能、传播与管理、艺术与人文的有效结合。

3）网络营销 3.0 的主要营销方式

（1）精准营销。企业通过分析客户在互联网上的相关信息，分析出客户的偏好与消费倾向，从而向客户提供合适的营销广告。广告的呈现可以是传统的网页广告，也可以采用 E-mail 形式以及短信等数据库营销手段或者结合搜索引擎营销手段，采取搜索结果与广告相绑定的方式进行广告传播，真正实现精准营销，从而最大限度地降低企业投放广告的成本。

（2）嵌入式营销。在 Web 3.0 技术下，企业通过客户行为模拟可以方便地了解竞争对手的营销反应。企业在分析客户行为并为其制订营销方案的同时也把竞争对手的行为纳入分析，从而制订出符合客户价值且与企业资源能力相匹配的具有独特价值的营销方案，进而维持与客户良好的营销关系。

（3）视频营销。基于视频网站的网络平台，以内容为核心、创意为导向，是"视频"和"互联网"的结合，既有视频感染力强、形式内容多样、创意新颖等特点，又有互联网营销的互动性强、主动传播性强、传播速度快、成本低廉等优势。

（4）数据库营销。数据库营销是指企业通过收集和积累大量的消费者信息数据，经过处理后预测消费者的购买倾向，估计消费者购买产品的概率，并利用这些数据对产品进行精确定位，有针对性地制定营销策略，以达到引导消费者购买产品的目的。当前数据库营销已经得到广泛应用，而在 Web 3.0 的条件下，企业可获得更加精确与丰富的消费者数据。主要的数据库营销手段有定向直邮、电子邮件营销、网络传真营销、短消息服务等。

【本章小结】

本章主要探讨了数字技术如何改变营销活动、网络营销的含义、网络营销媒体的类型以及网络营销基础理论，概括了网络营销的产生与发展，简述了我国网络营销的发展历程，以网络营销 1.0、网络营销 2.0 和网络营销 3.0 为主要脉络介绍了网络营销的演进，为后续内容奠定基础。

【概念讨论】

1. 关于网络营销概念，本章给出了几种说法？你认同哪一种说法？请给出理由。
2. 什么是直复营销？

【概念应用】

1. 以小组为单位选择一个电子商务平台或店铺，应用长尾理论对其销售的商品进行分析，给出优化电商平台或店铺的商品推荐策略。
2. 以小组为单位找一个软营销的案例，应用本章所学知识，对其进行分析，总结成功之处和失败之处，并给出解决对策。

【新媒体案例】

女装品牌乐町洞察人群需求，锁定潜力趋势爆款

在当前短视频和直播盛行的电子商务环境中，商家面临着流量和人群分层的新挑战，这要求他们更加精准地把握目标消费群体的需求，以实现有效的人货匹配和快速的市场触达。乐町女装品牌计划在 2024 年"三八"妇女节期间推出新款连衣裙系列，但由于产品非标准化，款式选择具有不确定性，确定消费者偏好和筛选潜力款式成为最大的难题。

乐町通过分析抖音电商平台上用户对连衣裙内容的发布、互动和搜索行为，运用抖

音电商罗盘工具监测和洞察消费者对不同款式连衣裙的需求情况，从而对未来产品趋势进行预测。分析结果显示，"复古波点"、"甜美减龄"、"暗黑精灵"和"舒适显身材"款式有较高的销售潜力。基于此，乐町依据平台的趋势报告数据，对选款和库存策略进行了调整，追加了 37 400 件与趋势相符的新款连衣裙（以下简称趋势款），特别是"甜美减龄"和"暗黑精灵"两款。

在营销策略上，乐町利用短视频和直播在前置营销节点上激发消费者的兴趣，为符合预测趋势的款式投入了更多的直播资源。这一系列的策略调整，使得乐町在"三八"妇女节期间爆款集中度提高了 8%，并且在连衣裙销量 Top10 中占据了 8 个席位。其中，"甜美减龄"和"暗黑精灵"两款风格的产品贡献了 97%的连衣裙销售额，新增的趋势款式占据了 80%。

通过一系列的综合策略，乐町成功地优化了产品推出和库存管理，同时提升了营销效率，实现了对目标消费群体的精准触达，从而在竞争激烈的电商市场中显著提高了业绩。从核心战略看，乐町将内容洞察与商品供需热度以及产品趋势预判相结合，挖掘潜在爆款。在此基础上，结合平台趋势报告，调整组货结构与资源分配，有效实现了人货匹配，提升了经营效率。

【案例讨论题】

结合本章理论知识，分析乐町在新媒体环境中对于洞察人群需求的做法，有哪些值得同类企业借鉴学习的地方。

第二篇　理　论　篇

第三章　网络营销战略开发

 开篇案例

"即时零售+第三方即配"助力"尝新"

2023 年 10 月 31 日，小米 14 系列新型手机在全渠道同步开售，引发了消费者的热烈抢购。仅在开售 4 小时内，便打破了天猫、京东、抖音和快手四大电商平台近一年内所有国产手机的首销全天销量及销售额纪录。随着新手机的发售，全国各地的手机门店迎来了大量线下抢购和体验的"米粉"，以及等待第一时间取货配送的顺丰同城骑士。

如今，消费者能非常便捷地通过线上抢购首发新机型手机，类似于点外卖的服务。小米 14 系列新机的发售继续采用全渠道电商策略，在即时零售领域，除了在各个零售外卖平台上架，小米还特别注重自营渠道如"小米商城"APP 和"小米 Lite"小程序的布局。通过与顺丰同城的即时配送服务合作，小米实现了即时零售私域闭环的构建。

事实上，不仅是小米，此前的 iPhone 15 开售时，也曾在包括自营和第三方平台在内的多个渠道中推广小时达、分钟达的服务。华为荣耀、OPPO 和 vivo 等手机巨头也在积极布局即时零售服务，以提升消费者的购物体验和满足其即时性的购物需求。即时零售，已经成为各大手机厂商打造差异化、赢取消费者青睐的全新突破口。

【案例讨论题】

你如何看待手机领域的"即时零售"的销售模式？

第一节　网络营销战略概述

一、战略、企业战略和营销战略

1. 战略与企业战略

战略（strategy）一词最早是军事领域的概念。"strategy"源于希腊语"strategos"，意为军事将领、地方行政长官。后来演变成军事术语，指军事将领指挥军队作战的谋略。战略是一种长远的规划，是远大的目标，规划战略、制定战略、实现战略的目标的时间是比较长的。企业战略是指企业为了适应未来环境的变化，寻找长期生存和稳定发展的途径，并为实现该途径优化配置企业资源、制定总体性和长远性的谋划与方略。企业战略是对企业各种战略的统称，既包括竞争战略，也包括营销战略、发展战略、品牌战略、融资战略、技术开发战略、人才开发战略、资源开发战略等。

2. 营销战略

营销战略是指根据企业战略规划，在综合考虑外部市场机会及内部资源状况等因素的基础上，确定目标市场，选择相应的市场营销策略组合，并予以有效实施和控制的过程。营销战略有以下七个主要特征。①全局性，主要表现在两个方面：一方面，营销战略作为总体经营活动的方案，追求总体经营效果；另一方面，营销战略要求企业对所有营销活动进行统一规划和协调，确保各部门和渠道的一致性，以实现全局资源的最优配置和协同效应。②长远性，是指营销战略的关注点在于企业的未来，谋求的是企业的长远利益，这主要表现在营销战略目标和效果的长远性。③纲领性，营销战略确定的战略目标和发展方向是原则性和总体性的规定，一方面是营销活动的总体设计，另一方面是对企业未来成功与否进行总体谋划。④稳定性，营销战略是在一定发展时期内指导企业的纲领性文件，必须具有稳定性。⑤客观性，指不是最高领导人的信念或直觉决定。⑥指导性，营销战略是通过分析企业实体的本质性问题，一方面对企业营销活动起指导作用，另一方面对企业整体运营和长远发展具有指导意义。⑦可调性，营销战略是根据外部环境与企业能力的平衡制定的，随外部环境的变化做出相应的调整。

二、网络营销战略

网络营销战略（internet marketing strategy）是指企业在现代网络营销观念下，为实现其经营目标，对一定时期内网络营销发展进行的总体设想和规划。它以互联网为基础，是一种利用数字化的信息和网络媒体的交互性来辅助营销目标实现的新型市场营销方式。网络营销战略的典型目标：为网络营销活动提供一个未来的方向；分析组织外部环境和内部资源及能力；组成网络营销目标的战略方案选择，并创造可持续的差异化竞争优势，包括战略制定并涵盖典型的营销战略方案；识别适合的营销策略；详细说明组织是怎样配置资源和调整结构的，以便执行战略。

三、网络营销战略的影响因素

网络营销战略是一种渠道营销战略，明确了企业应该如何设定特定的渠道目标、形成差异化的渠道主张以及与渠道特征和消费习惯相匹配的特定渠道沟通方法。相对于直接与消费者沟通的渠道战略，网络营销战略决定了网络是在不同的消费者接触点（customer touchpoint）与消费者沟通的。一些组织（如价格低廉的航空公司）首先选择虚拟渠道（如网页和电子邮件营销）向消费者提供服务和沟通；另一些组织则仍然采用以面对面交流、电话或直邮等沟通渠道为重点的战略。多渠道营销战略，是指不同的营销渠道应该如何在基于它们对消费者和公司的相对优势的框架和沟通下，整合并互相支持。图 3-1 指出了网络营销战略的内部影响因素和外部影响因素。

四、网络营销战略的过程

战略过程模型包含战略制定和执行中的所有关键活动。在营销领域里，这些战略制定和执行活动通过营销计划相互协调。图 3-2 是查菲和史密斯提出的用于制定战略性网络营销的全面战略过程模型。SOSTAC 代表情境分析（situation analytics）、目标（objective）、战略（strategy）、战术（tactics）、行动（action）和控制（control）。每个阶段都不是独立的，相邻阶段之间的活动都有重叠，因此在进入下一阶段的时候，可以重新审视和完善之前的阶段。

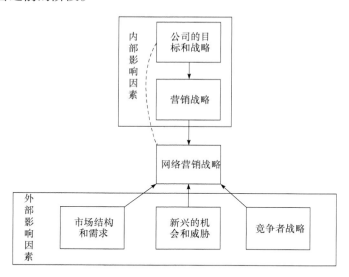

图 3-1　网络营销战略的内部影响因素和外部影响因素

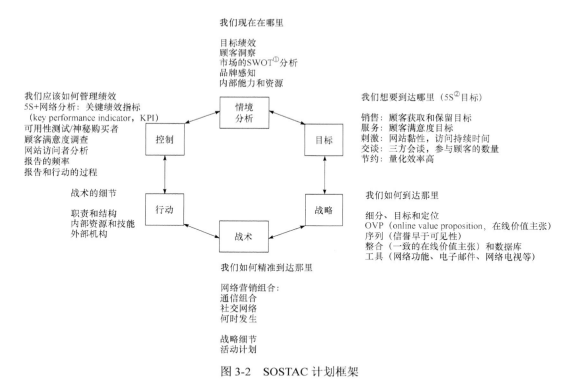

图 3-2　SOSTAC 计划框架

① S（strengths）是优势，W（weaknesses）是劣势，O（opportunities）是机会，T（threats）是威胁。
② 5S 是指销售（sell）、服务（serve）、刺激（sizzle）、交谈（speak）、节约（save）。

第二节　网络营销战略的情境分析

情境分析是对公司现有营销活动效率的一种审计。情境分析通常包括组织内外部因素，如营销环境，能够对战略的开发给予启示。更多特别的情境分析包括公司的内部能力、资源和流程以及市场活动的评价；当前企业运作所处的竞争环境（微观环境），包括顾客需求和行为、竞争者的活动、市场结构以及与供应商和合作伙伴的关系；企业运作所处的大环境（宏观环境）。

一、网络营销的内部审查

评估网络的现有贡献和有效性，包括公司对网络表现与其目标达成程度的分析，所以这项活动与后面的战略目标设定有一些交叉。有效性评估也需要绩效评价或网络解析系统，可以收集和报告数据的有效性，绩效评价主要包括业务效果评价和营销效果评价。

业务效果评价，包括网站对销售和利润的直接或间接贡献，以及对经营目标的支持程度。分析建立、升级和促销成本，也应该作为成本收益分析的一部分。营销效果评价，是指审查潜在顾客、销售额、客户保留成本和顾客忠诚度，包括终身价值、在线市场、品牌提升、消费者服务。对于大型组织，这些评价方法可以评估企业所属的各个不同市场或网站上的产品线，以及营销组合中各因素的使用方式。网络营销效果可以用绩效指标表示，在线形象的关键绩效指标包括如下几种。

（1）独立访问者数量：网站的独立访问者的数量。

（2）总人数：网站的浏览或访问总次数。

（3）重复访问数量：每个个体的平均访问数量。

（4）持续时间：访问者浏览网站的平均时间。

（5）订阅比率：预订电子邮件和新闻邮件的访问者数量。

（6）反馈率：电子邮件的反馈比率。

（7）转化率：访问者转化为订购者或者顾客的百分比。

（8）损耗率：在线购物过程中的顾客流失率。

（9）流失率：订购者撤销订购或不再订购的百分比。

（10）点击率：从第三方网站链接到公司网站的点击进入率（也称点击通过率，click through rate，CTR）。

二、资源分析

资源分析包括评估组织传递其数字服务的能力，具体包括：财务资源、技术设施资源、人力资源、结构、优势与劣势。财务资源，指经营在线业务的成本组成，包括网站开发、促销和维护成本；技术设施资源，包括网站的可获得性和运行情况以及与 ISP（internet service provider，互联网服务提供商）签订的服务层协议，可以对提升消费者体验或提高转化率的不同需求进行评估（如网络检索、消费者定制或客户关系管理设备等），还包括如何管理网站的设施，如网站内容管理、客户关系管理以及网站分析等；人力资源，对于所有的公司来说，通过招募新员工或对营销人员进行再培训管理网络营销活动（如推销、搜索引擎营销、联盟营销、电子邮件营销），都会带来挑战；结构，指企业协调跨部门网络营销的责任分工，以及控制机制是如何制定的；优势与劣势，指分析企业的优势资源与劣势资源。

三、评估机会和威胁

通过结构化的 SWOT 对数字平台的外部机会和威胁进行总结。公司还应该考虑自身在网络营销环境中的优势和劣势。先规划怎样应对威胁、利用机会，然后再制订网络营销计划。图 3-3 给出了典型 SWOT 分析示例。

组织	优势（S） 现有品牌 现有顾客基础 现有分销渠道	劣势（W） 品牌认知 媒介的使用 技术/技能 跨渠道支持
机会（O） 交叉销售 新市场 新服务 联盟/品牌共建	SO 战略 利用优势最大化机会=进攻战略	WO 战略 通过发掘机会降低劣势=为进攻战略建立优势
威胁（T） 顾客选择 新进入者 新的竞争性产品 渠道冲突	ST 战略 利用优势最小化威胁=防御战略	WT 战略 规避劣势和威胁=为防御战略建立优势

图 3-3　典型 SWOT 分析示例

第三节　网络营销战略目标设定

一、网络营销战略目标的类型

销售型网络营销目标，指建造网站，为企业拓宽销售网络，借助网上的交互性、直接性、实时性和全球性为顾客提供方便快捷的网络销售点（network point of sale），目前许多传统的零售店都有网络销售点，如北京图书大厦的网络销售点。

服务型网络营销目标，指为消费者提供网络联机服务，消费者通过网络服务人员可以进行咨询和售后服务，目前大部分信息技术型公司都建立了此类站点。

品牌型网络营销目标，指在网上建立品牌形象，加强与消费者直接联系和沟通，建立顾客品牌忠诚度，为企业的后续发展打下基础，辅助实现企业现行的营销目标，目前大部分站点属于此类型。

　　提升型网络营销目标，指通过网络营销替代传统营销手段，全面降低营销费用，改进营销效率，促进营销管理和提高企业竞争力，目前的戴尔、亚马逊、海尔等站点属于此类型。

二、设定 SMART 目标

　　SMART 是用来评估所设定的目标对于不同战略的驱动作用，或者全面的业务流程改进的适合程度。

　　（1）具体化（specific）：目标对于衡量现实问题和机会来说足够具体吗？

　　（2）可度量（measurable）：一个定量的或者定性的特质是否能够用来建立测评标准？

　　（3）可执行（actionable）：信息能够用来改进绩效吗？如果目标不能够帮助员工改变行为从而改进绩效，那么毫无意义。

　　（4）相关（relevant）：信息能够应用到经理们所面对的特定问题上吗？

　　（5）与时间相关（time-related）：信息受时间的约束吗？

　　通过 SMART 目标，每个人都能清楚了解目标以及达成的过程，SMART 目标是设定和跟踪业务目标及指标的高效方式。

第四节　网络营销战略的制定

一、战略制定的概念

　　战略制定是指确定企业任务，识别企业的外部机会与威胁，确定企业内部优势与弱点，建立长期目标，制定选择战略，以及选择特定的实施战略。战略制定包括备选战略的识别，备选战略的评估指标，最适合公司的交易环境、内部资源和能力的战略的选择。网络营销战略的制定是指确定企业网络营销任务的过程。细分市场、寻求目标顾客、差异化和定位，对于有效的网络营销战略的制定起到了关键的作用。

二、市场/产品开发战略

　　市场/产品开发矩阵（图 3-4）能够帮助企业识别战略，通过确定卖什么（横轴所示的产品维度）和卖给谁（纵轴所示的市场增长）增加销量。特定的目标需要被设定，以便通过这些战略实现销售，因此该决策与目标设定紧密相关。接来我们将详细分析这些战略。

　　1. 市场渗透

　　市场渗透是指使用数字渠道将已有产品在市场销售，企业通过市场渗透战略实现网络销售增长。图 3-4 给出了一些主要的市场渗透方法。

　　（1）市场份额增加。如果企业拥有能有效地将访问者转化为顾客的网站，并精通在线营销沟通技术，那么该网站能有效地增加市场份额，如搜索引擎营销、联盟营销和网络广告。

市场增长	新市场	市场开发战略 使用网络进行目标定位 <li>新的地域市场</li><li>新的顾客细分</li>	多元化战略 使用网络支持 <li>相关业务的多样化</li><li>非相关业务的多样化</li><li>上游整合（与供应商）</li><li>下游整合（与中间媒体）</li>
	现有市场	市场渗透战略 使用网络实现 <li>市场份额增加——在线竞争更有效</li><li>顾客忠诚度提高——将现有顾客移植到在线，为现有产品、服务和品牌增值</li><li>顾客价值提升——通过降低服务成本来增加消费者剩余，提高购买和使用的频率和数量</li>	产品开发战略 使用网络实现 <li>为现有产品增加价值</li><li>开发数字产品（新的传送/使用模式）</li><li>改变支付模式（订金、每次使用付费、捆绑销售）</li><li>扩充产品范围（特别是电子零售商）</li>
		现有产品	新产品
		产品增长	

图 3-4　市场/产品开发矩阵

（2）顾客忠诚度提高。企业为已有顾客提供网络服务，增加现有产品、现有服务和品牌的价值，开发其网络价值主张，提高顾客忠诚度。

（3）顾客价值提升。通过降低服务成本（价格），同时增加采购或者使用频率和数量，如使用自动化营销和个性化技术，提高顾客为企业带来的价值。这些影响因素共同推动了销售，很多公司会提供具有竞争性的在线价格或者折扣以增加市场份额。

2. 市场开发

借助互联网渠道，企业可以利用国际化的低成本广告开拓新市场，如易捷航空和瑞安航空等低成本航空公司，以经济高效的方式进入了新市场。虽然这是相对传统的使用互联网的方式，还需要克服出口贸易壁垒，但对中小企业来说却是个以低成本增加出口贸易的大好机会。

3. 产品开发

许多企业利用网站增加现有产品价值或延伸现有产品，例如，汽车制造商通过网站提供汽车的性能和服务信息，顾客可以下载定制的小册子、预约试驾服务或者是定制某个汽车型号所需要的功能。但是，真正能通过互联网提供的新产品或服务往往是数字媒体或信息产品。例如，Elephant Wi-Fi 发现其新产品 Geo-Sense 能为其覆盖全镇的 Wi-Fi 系统提供支持，成为其新的收入来源。

4. 多元化

多元化领域开发的新产品销往新市场，方案包括相关业务多元化，如低成本航空公司能够使用网站给顾客发送电子邮件，以相对较低的价格借助于它们自己的品牌或者是合作公司对与旅行相关的服务进行促销，如酒店预订、汽车租赁或者旅游保险等；非相关业务多元化，即利用网站促销相关的产品；与供应商开展的前向一体化，即利用生产商或零售商与其供应商之间进行数据交换，从而使公司能更好地控制其供应链；与中间媒体开展的后向一体化，这也是通过与分销商（如网络中间商）的数据交换实现的。

三、运营和收入模式战略

战略制定通常需要公司对新的模式进行评估，因为要在数字时代求得生存就意味着公司必须要持续开展创新，以抵御竞争对手和新进入者对市场份额的争夺。英特尔的安迪·格鲁夫的著名论断"只有偏执狂才能生存"，这其实就是在暗指公司需要对新的收入机会以及竞争对手的创新进行考察和评估。除此以外，拥有交易型网站的公司都将广告作为其商业模式的一部分，能从顾客的反应中获得一些启示。因此，经理也应该考虑"无为方案"。公司不会冒险采用新的商业模式，但是会采用"坐观其变"或"快速跟进"的方法关注竞争对手的一举一动。

尽管网络营销战略需要综合考虑各种情况，但企业可以通过互联网对收入模式进行循序渐进的改变，虽然影响范围不大，但仍然是值得的。例如，交易型电子商务网站（如 tesco.com 和 lastminute.com）可以用官方网站、电子邮件列表，销售广告位或进行联合品牌促销，也可以把获客的权限销售给第三方。企业还可以通过销售互补产品获得佣金，例如，出版商可以通过与电子零售商签订加盟协议销售图书。

四、目标营销战略

在进行网络营销计划时，确定目标市场是一个关键问题，目标营销战略涉及四个步骤。

1. 市场细分

市场细分是指企业通过市场调研，根据顾客对产品或服务不同的需要和欲望，不同的购买行为与购买习惯制订网络营销计划时，需要对战略性市场细分和网络策略细分进行区分。战略性市场细分是指识别对确定网络营销战略有重要意义、具有相似特征的个人或组织。特定细分市场可能需要通过网络媒体渠道、公司官网或电子邮件等方法锁定目标。

2. 目标营销

此步骤需要评估并选择目标细分市场。选择成长性和利润率最具吸引力的细分市场作为网络目标客户群。目标客户群包括高利润顾客群（使用公司网络最多的前 20%的顾客）；大型公司（B2B）；小型公司（B2B）；采购部门的特定成员（B2B）；通过其他媒体很难联系到的顾客；对品牌忠诚的顾客；对品牌不忠诚的顾客。

3. 定位和差异化

确定每个细分市场的定位。在网络营销情境下，企业的市场定位过程包括确定本企业的竞争优势、准确地选择竞争优势、呈现独特的竞争优势。确定本企业的竞争优势，首先需要分析竞争形势、确定主要的竞争对手，其次还要评估目标市场的潜力、了解目标顾客的欲望满足程度，以及目标顾客的潜在需要，最后，还要针对竞争者的市场定位，确定企业应该用什么策略进行应对。准确地选择竞争优势，是把企业各方面的实力与竞争者的实力进行比较的过程，比较的指标是完整的体系，包括经营管理、技术开发、采购、产品、生产、市场营销、财务等方面，发现企业本身的竞争优势和竞争劣势，分析总结相对竞争优势。呈现独特的竞争优势，是指企业通过一系列的营销活动，将其独特的竞争优势准确地传递给潜在顾客，并给顾客留下深刻的印象。首先企业要让顾客熟悉本企业的市场定位，其次企业要一如既往地了解目标顾客，加固与其的感情情结，最后企业要能做到在目标顾客对其市场定位理解出现偏差或有困惑时，能及时进行纠正。

差异化战略的目标是形成相对于竞争对手的差异化优势。在网络营销情境下，差异化优势定位通过在线价值主张进行准确的定义和沟通。开发在线价值主张通常包括以下几个方面。

（1）开发网络内容和服务，包括强化核心品牌及可信度，与访问者进行沟通确定访问者访问在线品牌时，获得了哪些访问线下品牌无法获得的信息，以及竞争对手或中介机构无法提供的优惠信息，等等。

（2）通过不同层次的接触点与线上和线下的消费者进行沟通，传递开发网络内容和服务中涉及的内容和服务相关的信息，沟通的内容可以很宽泛也可以很具体，沟通的渠道可以是网络也可以是报刊。

很多战略计划决策都是围绕在线价值主张以及公司的网络消费者体验制定的。公司通过互动特征开发其在线价值主张案例，首先需识别消费者的需求，其次在获得利润的前提下，定义一个能够满足这些需求的独特价值主张，再次，价值主张借助适当的产品、服务以及渠道进行传递，并且持续不断地传播，最后，最终的目标就是要塑造一个强大的、持久的品牌，向目标市场传递价值。

4. 实施战略计划

实施战略计划是指配置资源并实施计划。在实施战略计划之前，企业需要识别其已有资源，并对其进行配置。具体步骤包括基于顾客资料确定顾客群的人口统计特征、确定顾客群的生命周期组、识别购买价值的行为、识别渠道偏好、识别顾客文字风格偏好。基于顾客资料确定顾客群的人口统计特征，是指基于顾客类型的传统细分，例如，B2C 公司的顾客，包括年龄、性别、地理位置；B2B 公司的顾客，包括公司规模、所属行业等。确定顾客群的生命周期组，是指确定顾客群处于哪个顾客生命周期：首次访问者、再次访问、新注册访问者、注册访问者、购买过一次或 n 次、购买不频繁、购买频繁。识别购买价值的行为，是指营销人员使用数据库分析建立顾客群的响应和购买历史记录数据库，包括最近购买的产品、购买频率、购买价格和产品类别等相关信息。识别渠道偏好，是指为顾客回执渠道链，在数据库中设置识别顾客渠道偏好的标签，选择顾客喜欢的最佳渠道。识别顾客文字风格偏好，是指顾客对营销信息的文字表达偏好，有些顾客喜欢理性的表达、有些喜欢图文结合的情感共鸣，这需要对顾客进行个人特征和反应行为测试。

五、消费者参与和社交媒体战略

博客、视频和新闻报道等每天以数以百万计的数量更新，越来越多的公司通过社交网站如 Facebook、Google、LinkedIn、Twitter（推特）等，发布营销信息。虽然不同的社交媒体有不同的搜索结果，但是在一个消费者全面参与的内容营销战略中，总会存在一些普适性的主题。公司在制定社交媒体营销战略的过程中，首先仔细思考以下 12 个问题会受益匪浅。

问题 1：公司的目标受众是谁？对公司而言，每种社交媒体的典型受众的人口统计特征方面都是不同的。如果对跟随者或竞争对手的顾客样本信息进行研究，就能了解其典型受众，并能定位典型目标受众。

问题 2：公司的目标受众的内容偏好是什么？通过了解目标受众在社交网络上喜欢阅读的内容类型或内容阅读量排名的高低，确定目标受众的内容偏好。例如，小红书的视频会比较受欢迎，Twitter 的图表比较受欢迎，LinkedIn 的求职档案的制作、管理、分享等服务比较受欢迎。

问题 3：公司社交媒体战略的业务目标是什么？5S 中，哪个是公司社交媒体战略业务目标的核心？在一些社交媒体平台如 Twitter，可以通过创造独特的形象促进产品和服务的销售。但是在多数社交媒体社区中，留言互动仍是消费者参与的重要途径，因此构建易于分享和沟通的内容非常重要。

问题 4：公司发布的哪种类型的内容最受欢迎？对消费者需求和竞争对手进行分析，找到公司发布内容的网站，观察并统计哪种形式的内容是最受消费者欢迎的。

问题 5：如何实现公司社交媒体渠道与其他沟通渠道的营销内容的差异化？不同的网络有不同的受众类型，对营销渠道的内容也有不同的偏好。如果能为社交渠道提供强大的服务，即使用户在其他渠道，他们也同样会通过社交渠道进行购买。

问题 6：如何对公司的社交媒体渠道进行整合？这是一个复杂的问题，消费者在使用社交媒体平台的时候，还会使用其他渠道，如网站、电子邮件、应用程序和广告等。因为在社交媒体中用户生成的内容能吸引用户参与，因此公司需要把用户生成的内容整合在其网站或者是电子邮件的营销信息中。

问题 7：公司是否制定了内容更新频率和内容更新日历？公司需要刺激消费者对常规内容产生兴趣，但是常规内容的更新频率如何确定呢？是一天数次更新，还是一周有几次更新？如何将这些内容与其他内容建立连接，比如博客？内容有多种类型，有些内容创作速度很快，但有些内容创作速度很慢，因此公司有必要制定内容更新日历，以保证内容对消费者的吸引力。

问题 8：公司如何收集内容？即使只需要更新 140 个字符，创作内容也需要时间。创作的内容需要与公司网站或公司博客的内容信息保持一致，这就需要更长的时间，而且要充分保证内容质量，才能吸引消费者参与和分享，同时为品牌带来很好的口碑。

问题 9：公司如何管理发布和互动的内容？每种社交平台都需要有人对内容进行更新，同时还需要有人在其他渠道进行回应和互动。公司需要对该项工作的执行方式进行决策，如是由公司相关部门完成，还是外包。

问题 10：是否需要使用管理发布过程的软件？软件虽然不能为使用者创造内容，但是却能够让流程更合理。

问题 11：追踪社交网络活动对于业务的影响？每种平台都有工具可供营销人员进行评估。

问题 12：如何实现社交网络的最优化？如果仅仅是追踪而不进行思考和改进，那么追踪就不具有任何价值。认真地思考和洞察有利于公司进行测试、学习以及调整营销活动。

六、多渠道分销战略

分销渠道是指产品从制造商或者服务提供商流动到终端顾客的流程。任何分销渠道的中心都是不同组织间的产品流动和信息流动，主要是商品从生产点转移到消费点。根据构成供应链的参与者，供应链可以有很多种不同的结构，而结构将决定产品是不是能在正确的时间运送到正确的地点。供应链的参与者包括零售商、供应商、中间媒体、第三方物流方案提供者、提供运输服务的运输公司、仓库。线上线下组合的不同情况可以分为线下为主、线上和线下混合、线上为主。线下为主是指只提供营销信息，线上线下混合指网上交易与顾客服务相结合，而线上为主是指所有交易和顾客服务都在线上完成。Kumar（库玛）建议公司应该确定使用互联网的作用，是对其他渠道的补充还是取代。如果是补充，就需要确定如何进行线上渠道和线下渠道的组合，如果是取代，就需要考虑互联网可能会从根本上改变公司与顾客沟通的方式，还会改变产品或服务的销售方式。

七、网络沟通组合和预算

确定网络沟通的预算以及不同的沟通技术组合，如搜索引擎营销、联盟营销、电子邮件营销和网络广告等，做出决策需要营销人员首先确定沟通的重点，使用基于绩效驱动因素或是关键成功因素的计分卡，例如，获取和保留成本、将访问者转变为购买者并进而转变为重复购买者的转化率、流失率。计分卡由以下三个部分组成。

（1）吸引。访问者数量、访问者获取成本和访问者广告收入（如媒体网站）。

（2）转化。顾客基础、顾客获取成本、顾客转化率、每个顾客交易次数、每次交易收入、每个顾客带来的收益、顾客产生的毛利润、顾客保留成本、顾客的操作成本、顾客流失率、营销花销前的顾客操作收入。

（3）保留。这部分使用与顾客转化那部分相类似的方法。

基于活动的电子沟通是另一种沟通方法，该方法通常与特定事件相关联，如官方网站的创建、重建、产品的发布或更迭等。利用网络渠道开展广告宣传的公司也在尝试做出改变，需要招聘掌握新媒体技能的员工，需要对已经树立的品牌形象做出一些改变才能在网络上获得成功。

第五节 战 略 实 施

一、网络项目的评估

关于组织能力更深入的话题是有关不同信息系统的营销应用的决策，有各种不同的网络营销方案可供评估，但有限的资源将决定只有一些应用方案是实用的。

这些可供选择的方案可以通过风险收益的对比来加以评价。对潜在的电子商务应用有如下评估。

（1）关键运营：公司保持竞争力的关键。例如，为分销商或代理商建立的伙伴关系管理外部网。

（2）支持：提供改进的性能，但是对战略并不是至关重要的。例如，客户关系管理系统为顾客提供个性化的内容。

（3）高潜力：对实现未来的成功可能很重要。例如，客户关系管理系统提供客服管理。

（4）战略：对未来的运营战略至关重要。例如，客户关系管理系统中的销售信息生成系统，对公司开发新业务至关重要。

二、在线生命周期管理网格

为了实现目标，网格中一些常见的网络营销战略被应用到各种组织中，有如下几种。

（1）在线价值主张战略。明确获取和保留在线顾客的价值主张，包括鼓励顾客参与营销活动，还要明确价值创造计划，例如，在合作伙伴网站上发布企业白皮书。

（2）在线目标顾客群接触战略。该战略目的是与相关在线受众进行沟通以实现沟通目标。沟通方式包括活动沟通（如网络广告、公共关系、电子邮件、病毒式营销活动）和持续沟通（如搜索引擎营销、赞助或伙伴合作协议）。

（3）线下目标顾客群触达战略。该战略目标是促使潜在顾客使用在线渠道，如访问网站并进行相关交易。其战略是通过直邮、社交媒体网站购买、公共关系赞助，与选定的顾客细分群进行线下沟通。

（4）线上销售效率战略。该战略目标是促进网站访问者的参与并使其成为潜在顾客（如通过注册电子新闻信件或实现一次购买），从而让他们购买产品并实现购买交易价值最大化。

（5）线下销售影响战略。该战略目的是实现新顾客或现有顾客的线下购买。该战略定义了通过网站和电子邮件的在线沟通，如何影响线下销售（如通过电话、信件订购或店内购买）。

表 3-1 中各列分别为网站访问者获取、机会转化、销售转化和顾客参与等关键绩效领域。前四行分别是更详细的指标，如追踪指标和绩效驱动指标，还有更高级别的指标，如以顾客为中心的关键绩效指标和以商业价值为中心的关键绩效指标。最后两行是实现目标的典型战略和战术，显示的是目标与战略之间的关系。该框架主要关注的是转化率。

表 3-1　网络零售商的在线生命周期管理网格

指标、战略及战术	网站访问者获取	机会转化	销售转化	顾客参与
追踪指标	独立访问者、新访问者、转化量	机会数量	销量	电子邮件列表质量、电子邮件相应质量
绩效驱动指标	跳出率、转化率、新访问者开始报价、品牌或直接访问	潜在顾客的宏观转化率和微观转化率	销售转化率、电子邮件转化率	活跃顾客百分比、采购的重复转化率

续表

指标、战略及战术	网站访问者获取	机会转化	销售转化	顾客参与
以顾客为中心的关键绩效指标	每次点击和销售的成本、品牌认知度、转化积极性	每名潜在顾客成本、顾客满意度	单位销售成本、顾客满意度、平均订单价值	终身价值、顾客忠诚度指数、每名顾客购买的产品
以商业价值为中心的关键绩效指标	受众分享、广告占有率	在线产品需求占总数的百分比	在线产生的销量占总销量的百分比	保持销量增长及销量
战略	线上目标顾客接触战略、线下目标顾客群触达战略	潜在顾客生成战略	线上销售效率战略、线下销售影响战略	保留率和顾客增长战略
战术	持续沟通组合、活动沟通组合、在线价值主张	可用性、个性化、入站联系战略	可用性、个性化、入站联系战略、商品触发电子邮件	数据库/列表定位、出站联系战略（电子邮件）、个性化

【本章小结】

本章主要介绍了网络营销战略，首先介绍了网络营销战略的概念、影响因素及过程，其次介绍了网络营销战略的情境分析，概括了战略目标如何设定，最后讨论了网络营销战略的制定和战略实施。

【概念讨论】

1. 什么是网络营销战略？
2. 什么是网络营销战略过程？

【概念应用】

关于网络营销战略，你见过的有哪些企业成功的案例，从战略的角度进行解析。

【新媒体案例】

京东商城网络零售业务的营销战略

近年来，京东商城在快速发展的过程中重点进行零售业市场营销战略的创新和优化，将营销战略从最初阶段只重视高质量增长，调整成为注重可持续发展，以推动零售业市场营销工作的可持续发展。在此过程中，京东商城网络零售业市场营销战略主要为以下几种。

1. 差异性的战略

京东商城为进行差异化竞争、提升物流服务质量、降低物流方面的成本，制定了差异性的战略，自主建设物流服务体系，为用户带来非常良好的体验。

2. 低成本的战略

京东商城对供应链流程进行控制，保证物流配送质量，减少运营的成本，节约用户等待货物的时间，形成了更多营销过程中的额外价值。

3. 支付方式创新的战略

消费者在支付的过程中可以使用支付宝、微信、网银、信用额度（京东白条等）、QQ 钱包、百度钱包、现金等形式进行支付。与此同时，京东商城为提高零售业务在市场中的竞争优势，在支付方式方面还设置了公司转账类型、邮局付款类型、货到付款类型、在线支付类型和分期付款类型等支付渠道，能够提升消费者支付的便利性。

4. 其他类型的战略

除此之外，京东商城所制定的零售业务营销战略，还涉及以下几点。

（1）个性化定制的营销战略。京东商城的个性化定制战略可面向国际化层面、时尚化层面和个性化层面进行布局，设计了"线上设计师"的系统，为消费者提供服装定制和个性化定制的服务，强化和国内外设计师之间的合作力度，吸引国际化著名品牌和国内知名品牌的入驻。

（2）"3F"战略①。此类战略主要是工业品下乡、农村金融、新鲜电商（农产品从农场到餐桌）的营销措施，在我国很多县城设置了服务中心平台，完善和优化农村地区的电商物流配送基础设施，改善消费者的购物体验。同时还进行了乡村合作点推广人才的招聘，能够为农民群众网络购物提供良好的体验。

（3）科技研发的战略。京东商城在网络零售市场营销的过程中，制定了相应的科技研究开发战略，自主性开发信息系统和购物平台，全面收集特定性商品之前的销售数据信息、平台点击量数据信息、标签数据信息和浏览次数数据信息等，准确分析消费者在消费方面的数据，全面分析平台消费者的需求情况，针对性进行营销。

【案例讨论题】

根据案例，试讨论京东商城网络零售业务战略聚焦于哪里能保证其获得竞争优势。

---

① "3F"战略是指工业品进农村战略（factory to country）、农村金融战略（finance to country）和生鲜电商战略（farm to table）。

第四章 网络消费者购买行为

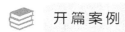 开篇案例

小鱼的一次网购经历

2024 年 3 月，小鱼在网络上看到一个博主推荐的一套睡衣，睡衣看起来不仅美观，而且价格合理，于是她在购物平台上迅速下了订单。收到货物后，小鱼穿了一次，但她的母亲（从事服装行业）指出这件睡衣的质量并不好。为了防止未来再购买到质量不好的产品，小鱼向母亲咨询了关于睡衣材质和大概的进货价格。母亲详细解释说，这种睡衣虽然手感柔软，但实际上并不是棉质，而是由 98%的聚酯纤维制成，这种材质缺乏吸水性和透气性，并且容易黏附绒毛。母亲还强调，因为质量不好，她们实体店不会销售这种材质的衣服。经过一段时间的穿着体验，小鱼发现睡衣果然开始起球，证实了母亲的判断。在确认了睡衣材质的劣质后，小鱼决定将这件被博主推荐的睡衣丢弃，以防影响身体健康。

【案例讨论题】

从小鱼这次的网购经历中，你想到了什么？

第一节 网络消费者

一、网络消费者的概念

网络消费者是指通过互联网在电子商务市场中进行消费和购物等活动的消费人群。网络消费者以互联网为工具满足自身的消费需求。

二、网络消费者的特征

1. 注重自我，追求个性

网络用户以年轻人为主。他们有独特的思想和喜好，有独立的见解和想法，个性化明显。网络营销的双向沟通、实时、超越时空、便捷等特点，给网络消费者追求个性、张扬、自我提供了技术基础，使个性化定制信息需求和个性化商品需求，成为未来的发展方向，面对消费者的个性化需求，企业赢家将目标市场细分到单个的消费者及企业，提供一对一服务，从而实现个性化营销。

2. 头脑冷静，擅长理性分析

网络信息传递的快速性，为网络消费者充分了解商品和品牌信息提供了便利，使消费者通过网络收集产品，并以此进行理性分析和判断。在网络购物过程中，消费者不会受到销售人员的影响和干扰，从而可以冷静地做出购买决策。

3. 喜好新鲜事物，有强烈的求知欲

网络消费者兴趣广泛，对新闻、股票市场、网上娱乐产品及品牌信息等领域均有浓厚的兴趣，并对未知商品始终保持着旺盛的好奇心。因此，企业应积极为网络消费者提供具有知识性、趣味性或娱乐性的信息，以吸引他们的注意力。

4. 品味越来越高，耐心越来越少

网络消费者以年轻人为主，他们好胜心强，但耐心相对较差。在搜索信息时，他们通常非常关注所花费的时间。一旦网络连接速度较慢，他们便会立即离开当前页面或站点。此外，网络消费者对限量版商品普遍具有强烈的好胜心理，愿意投入时间和精力进行抢购，抢购成功对他们而言成为一种隐形的炫耀。因此，企业应仔细分析网络消费者的这一特点，在网页、APP 或网店设计中，优化页面加载速度和转化效率。

5. 追求便利和享受

消费者进行网购，除了满足实际购物需求外，还能获取大量信息，并享受传统商店无法提供的乐趣。网络消费者按需求分为两类：一类是工作压力较大、紧张程度较高的消费者，他们以方便性购买为目标；另一类是拥有较多自由支配时间的消费者，他们通过消费寻找乐趣。因此，企业应采取不同的营销策略，满足不同类型消费者的需求，从而吸引更多消费者。

6. 注重个人隐私安全

随着网络用户个人信息泄露事件频发，网络消费者越发关注个人隐私信息和重要支付记录的安全问题。购物支付环节是对信息安全性要求最高的环节，如果该环节出现问题，便会失去消费者的信赖，引发信任危机，导致交易失败。因此，企业必须加强网络交易和支付过程中的安全性管理，保护消费者的个人隐私记录，并通过多方合作为消费者提供安全的购物环境。

三、网络消费者的类型

网络消费者是指通过互联网在网络市场中进行消费的人群。关于网络消费者类型的划分，有以下几种方法。根据购买目的划分为六种类型。①简单型消费者，这类消费者需要方便、直接的网上购物，零售商必须为他们提供真正的便利。②冲浪型消费者，这类消费者在互联网获取各种信息，进行工作、娱乐和购物等活动。③接入型消费者，这类消费者是刚接触互联网的新手，他们很少购物，更多地进行网上聊天和发送免费问候卡。他们对网页简介、常见问题解答、名词解释和站点结构等链接更感兴趣。④议价型消费者，这类消费者倾向于购买便宜商品，淘宝网和拼多多超过一半的消费者属于这一类型。他们在购物时看到"大减价""清仓处理""限时抢购"等字眼，会很容易被吸引。⑤定期型消费者，这类消费者通常被网站内容所吸引，常访问新闻网站和商务网站。对于这一类型的消费者，网站必须确保内容足够吸引人，否则很难提高浏览量和转化率。⑥运动型消费者，这类消费者喜欢运动网站和娱乐网站。当前网络商店面临的挑战是如何吸引更多消费者，并努力将网站访问者转化为消费者，提高转化率。

Econsultancy 根据网络消费者的在线购买行为，将其划分为追踪者、搜寻者和探索者三类。追踪者明确知道自己想要购买的产品，通过在线商品网站寻找商品，确定价格、是否有现货、运输时间、运费以及售后服务。搜寻者不太明确自己需要的具体产品类型，他们需要对购买行为进行判断，并会求助他人帮助其做出判断，然后再做出购买决定。探索者尚未决定要购买哪类产品，在购买前存在许多不确定的需求，赠品、购买指南、畅销产品名册和促销信息等，都能推动这类消费者做出购买决定。

四、网络消费者的购买动机

动机是指推动消费者进行活动的内部原动力，也就是内在的驱动力，即激励消费者行动的原因。网络消费者的购买动机是指在网络购买活动中，能使网络消费者产生购买行为的某些内在的驱动力，其分为两大类：网络消费者的需求动机和网络消费者的心理动机。

1. 网络消费者的需求动机

网络消费者的需求动机是指人们由于各种需求，包括低级的和高级的需求而引起的购买动机。虚拟社会中人们联系的实质是人们希望满足虚拟环境下三种基本的需要：兴趣、聚集和交流。

1）兴趣

分析畅游在虚拟社会的网络消费者，可以发现消费者之所以热衷于网络漫游，是因为他们对网络活动有极大的兴趣。这种兴趣的产生主要来自两种内在驱动力，一是探索的内在驱动力，消费者出于好奇心理，喜欢探究秘密，驱动自己沿着网络提供的线索不断地向下查询，希望能够找出符合自己预想的结果，有时甚至到了不能自拔的境地。二是成功的内在驱动力，当人们在网络上找到自己需要的资料、软件、游戏，或者低价的品牌产品并完成购买时，自然会产生一种成功的满足感。

2）聚集

虚拟社会为具有相似经历的消费者提供了聚集的机会。这种聚集不受时间和空间的限制，并形成富有意义的个人关系。通过网络而聚集起来的群体是一个极具民主性的群体。在这样一个群体中，所有成员都是平等的，每个成员都有独立发表自己意见的权利，这使得在现实社会中经常处于紧张状态的人们，渴望在虚拟社会中得到解脱。

3）交流

聚集的消费者自然会产生一种交流的需求。随着这种信息交流频率的增加，交流的范围也在不断扩大，从而产生示范效应，带动对某些种类产品和服务有相同兴趣的成员聚集在一起，形成商品信息交易的网络虚拟社区。在这样的虚拟社区中，参与者大多是有目的的。所交流的问题集中在商品质量的好坏、价格的高低、库存量的多少、新产品的种类和功能等。消费者所交流的是买卖的信息和经验，企业可以参考这些信息，最大限度地占领市场、降低成本、提高劳动生产率，这些主题是消费者永远的交流话题。

2. 网络消费者的心理动机

网络消费者的心理动机是由人们的认识、感情、意志等心理而引起的购买动机。网络消费者购买行为的心理动机主要体现在理智动机、感情动机和惠顾动机三个方面。

（1）理智动机。这种购买动机是建立在人们对网上商城推销的商品的客观认识的基础上的。网络购物者大多数是中、青年，具有较高的分析和判断能力。他们的购买动机是在反复比较各个在线商城的商品之后才做出的，对所要购买的商品的特点、性能和使用方法早已非常了解。理智购买动机具有客观性、周密性和控制性的特点。理智购买动机趋势下的网络消费者的购买动机，首先关注的是商品的先进性、科学性和质量高低，其次才注意商品的经济性。这种购买动机的形成，基本上受控于理智而较少受外界气氛的影响。

（2）感情动机。感情动机是由人的情绪和感情所引起的购买动机。这种购买动机还可以分为两种形态。一种是低级形态的感情购买动机，它是由喜欢、满意、快乐、好奇等情绪而引起的。这种购买动机一般具有冲动性、不稳定性的特点。另一种是高级形态的感情购买动机，它是由人们的道德感、美感、群体感所引起的，具有较强的稳定性、深刻性。由于在线商城提供异地送货的业务，大大促进了这类购买动机的形成。

（3）惠顾动机。这是基于理智经验和感情之上的，对特定的网站、图标广告、商品产生特殊的信任与偏好，促使消费者持续、习惯性地访问并购买产品的一种动机。这种动机可能源自搜索引擎的便捷性、广告标志的显著性和网站内容的吸引力，或是由于某一知名品牌的地位和权威性，以及产品质量在网络消费者心中建立的良好信誉。当消费者形成惠顾动机后，他们在做出购买决策时，会优先考虑这些已确立的购买目标，并在购买过程中排除其他同类产品的干扰。具有惠顾动机的消费者通常是某一网站忠诚的访问者，他们不仅频繁访问该网站，而且对其他网民具有较大的影响力和宣传效果，甚至在企业产品或服务出现问题时，也能表现出一定程度的宽容。

五、网络市场对消费者和企业角色转变的影响

从 1969 年互联网在美国诞生直到 1990 年 WWW 协议建立，以及 1990 年首个网络浏览器诞生，互联网一直都只被用于科学研究，随后不到 10 年的时间，互联网风暴席卷了全球。互联网络的迅猛发展离不开消费者和企业等社会组织的积极推动，同时互联网络的蓬勃发展也使得消费者和企业等社会组织的角色发生了巨大转变。

1. 消费者角色的转变

互联网络的不断发展以及网上资讯与产品的不断丰富与繁荣，促成了消费者在观念意识、消费心理和购买行为上的巨大转变。

（1）消费者观念的转变。在传统营销中，消费者始终处于被动地位。互联网信息的开放性使消费者获取产品与服务专业知识的渠道更加广阔，并极大地降低了信息获取成本。上网的便捷性与全天候、跨地域等优势，不仅提高了消费者信息收集的效率，同时降低了传统营销中的很多风险。消费者积极主动地参与到营销活动中，主动收集获取与商品和服务有关的信息，这种积极的分析、比较、评价能使消费者产生心理上的购物满足感与成就感。

（2）消费者心理的转变。在传统营销中，消费者总是被集群化服务。在网络时代，消费者的个性化消费需求与消费行为开始成为主流。社会物质和产品的多样化以及生产技术水平的不断提高，为个性化消费提供了坚实的基础。同时，消费者也渴望从个体心

理的角度挑选和购买商品与服务，开始定制自己的准则，并向商家提出挑战。消费者还追求购物乐趣和体验，以排解压力、消遣时间、寻找生活乐趣、满足心理需求。

（3）消费者行为的转变。互联网是一个庞大的数据库，包含的信息非常广泛。消费者已经开始积极主动地借助互联网，使用各类 APP。自 2019 年以来，我国个人互联网应用继续保持稳步发展。其间，受新冠疫情影响，全国大中小学开学推迟，教学活动改至线上，2023 年数字教育市场规模为 4133 亿元，同比增长 14.17%。消费者已经能够运用网络完成各种重要活动。

2. 企业角色的转变

在网络时代，网络技术的发展和应用改变了信息的分配与接收方式，改变了人们的生活、工作与学习，企业也积极地利用新技术变革经营理念，重组经营组织，改变经营方式，改善经营方法。

（1）网络营销成为企业整体营销战略的重要组成部分。互联网的开放性使企业与消费者之间有效地实现了双向自由互动的信息沟通。互联网为消费者提供了一个全天候、跨越地域限制、快捷、低成本的信息反应渠道。消费者可以方便地向企业反馈，提出建议和个性化需求。企业根据这些反馈发现产品的不足，不断改善产品，调整价格，整合沟通与传播模式。

（2）供给个性化。互联网技术的发展，实现了企业和消费者之间的直接沟通。企业在产品与服务技术允许的前提下，可以满足每一位顾客独特的个性化需求。供给个性化正在成为一种趋势，个性化服务定制、个性化产品定制已经悄然兴起。

（3）市场反应快速化。企业开展竞争环境与消费者行为监测的网上市场调查，以快速把握市场环境的变化，迅速对企业营销做出有效的调整与改变。这些反应包括企业快速、高效地对产品改进、升级换代以及开展新产品开发研制；改善营销沟通方式和营销整体宣传模式，形成线上线下有效互动的整合宣传攻势；调整价格策略和销售渠道模式，方便购买，增加销售。同时还要积极开展网上公共关系，积极推进整合公共关系战略，获得更多的消费者，增强社会公众对企业的认识、了解与信任，争取广泛的支持。

第二节　网络消费者购买决策过程

网络消费者的购买决策过程，也就是网络消费者购买行为的实现过程。网络消费者的购买决策过程，可分为五个阶段，包括唤起需求、收集信息、比较选择、购买决策和购后评价五个阶段。如图 4-1 所示。

图 4-1　网络消费者的购买决策过程

一、唤起需求

网络消费者购买决策过程的起点是唤起需求。消费者的需求是在内外因素刺激下产生的，当其对市场上出现的某种商品或服务产生兴趣时，就会产生购买欲望。这是消费者做出购买决策不可缺少的基本前提。在网络营销中，唤起需求的动因主要是视觉和听觉。文字的表述、图片的设计、声音的配置、动画的设置是网络营销诱发消费者购买的直接动因。企业进行网络营销时，要注意了解与自己商品有关的现实需求和潜在需求，了解这些需求在不同的时间、空间的程度和水平，了解诱发这些需求的刺激因素，从而巧妙地设计促销活动，吸引更多的消费者浏览企业网页或网站，诱发消费者需求欲望使他们做出购买决策。在唤起需求阶段，营销的主要任务如下：一是了解引起与企业商品有关的现实需求和潜在需求的驱使力，即引起网络消费者购买企业商品的原因；二是设计引起网络消费者对商品产生需求的诱因，刺激消费者的需求，从而促使消费者做出购买行为决策。

二、收集信息

当网络消费者的需求被唤起后，在网络消费者心中往往会形成一个初步的购买行动计划安排，其中，便包括收集各种相关资料，了解市场供求行情。收集相关资料的渠道，主要有内部渠道和外部渠道两种。内部渠道是指消费者个人所存储、保留的市场信息，包括购买商品的实际经验、对市场和品牌的观察和认知、个人购买活动的记忆等（经验渠道）。外部渠道则是指供消费者从外界收集信息的通道，包括个人渠道、商业渠道和公共渠道等。

1. 经验渠道

经验渠道是内部渠道的主要形式，指消费者亲自使用商品而得到的相关信息。例如，购物平台促销信息、品牌认知、常购商品的价格、产品的关键功能等。经验渠道是消费者通过长期购买和使用相关产品，存储在消费者的大脑中的经验信息记忆，在消费者需求被唤起时，这些存储的经验信息记忆不需要外部的刺激，能够直接促使消费者迅速做出购买决策。

2. 个人渠道

个人渠道主要来自消费者的亲戚、朋友、邻居、熟人和同事的购买信息和体验。这种信息和体验对消费者的购买决策起着决定性作用。企业在进行网络营销时，绝不可忽视这一渠道的作用。新媒体营销渠道带来了商家与消费者的直接对话，这也是网络KOL的核心作用，他们可以有效缩短网络消费者收集信息的时间。

3. 商业渠道

商业渠道主要是指企业通过有意识地开展活动，把商品信息传播给消费者。网络营销中的信息传播，主要依靠网络广告和搜索系统中的商品推荐，包括在信息服务商网站上所做的广告营销、中介搜索系统中的条目、平台推荐，以及企业网站主页上的广告和商品介绍等。例如，"京东6·18""双十一天猫购物狂欢节"等。

4. 公共渠道

公共渠道是指大众传播媒体，在网络营销中主要指互联网和移动网络。网络消费者主动收集信息。一方面，网络消费者可以根据自己掌握的信息，通过网络进行跟踪查询；另一方面，网络消费者可以不断地在网上浏览，寻找新的购买机会。在信息收集阶段，企业的主要网络营销任务是了解不同信息来源对网络消费者购买行为的影响程度，关注在不同文化背景下消费者收集信息的差异性，有针对性地制定合理的信息传播策略。

三、比较选择

消费者的要求是企业所提供的产品与服务能很好地满足其需求。企业的要求是消费者具有实际支付能力并产生购买。消费者将不同渠道收集到的各种信息资料，进行比较、分析、研究，了解各种商品的特色和性能，多角度评价产品的功能、可靠性、稳定性、式样、价格和售后服务。消费者对于一般消费品和低值易耗品易于做出比较选择，但对高档耐用品，一般会慎重选择。在选择商品时，消费者主要考虑的因素有以下几点。

商品属性是指商品能够满足网络消费者需求的特征，包括商品的功能、价格、质量、款式等。品牌信念，是指网络消费者对某种品牌商品的看法。属性权重，指网络消费者对商品有关属性给予的不同权数。效用要求，指网络消费者对某种品牌商品的各种属性的效用和功能方面的要求。售后服务，是指商品售出以后，企业所提供的各种服务活动。面对属性相同、品牌声誉相同的产品，消费者会优先考虑售后服务更有保障的商品。

四、购买决策

购买决策是指消费者谨慎地评价某一商品或服务的属性，并选择、购买能满足其特定需求的商品或服务的过程。购买决策是网络消费者购买活动中最主要的环节，可以直接促成网络消费者购买行为的实现。网络消费者在决定购买某种商品时，一般会主要考虑三个条件，第一个条件是对企业有信任感，第二个条件是对支付和物流有安全感，第三个条件是对商品有好感。所以树立企业形象、改进货款支付方式和物流方式、提高安全性、不断提高商品质量、提供更加优质的售后服务，是网络营销企业必须重点抓好的工作，只有这样才能增强消费者的购买信心，促使其尽快做出购买决策。

五、购后评价

购后评价是指消费者在购买商品以后，产生的某种程度的满意或不满意所引发的一系列行为表现。消费者购买商品后通过使用商品，会对商品的性能和质量进一步了解，通过与预期的性能和质量进行比较，并以此判断购买决策的合理性。购后评价对消费者今后的购买动向起着决定性作用，商界流传着这样一句话：最好的广告就是满意的消费者。网络市场更能体现满意的消费者的重要性，因为网络的开放性、广泛性能使顾客评论得到迅速且大范围的传播，进而影响其他消费者的购买行为。

在购后评价阶段，企业的网络营销任务包括采取有效措施，降低或消除网络消费者的购后失调感；采用广告宣传等促销手段时要实事求是，正确引导网络消费者，使其形成合理的期望值，提高消费者的满意度；建立与网络消费者的长期沟通机制，积极主动地与消费者联系和沟通。

第三节　影响网络消费者购买行为的因素

网络消费者购买行为是指网络消费者在寻找、购买、使用、评估和处理满足其需要的产品或服务的过程中，所表现出来的反应或行动。网络消费者购买行为受到诸多因素的影响，可以分为内在因素和外在因素两大类。

一、内在因素

影响网络消费者购买行为的内在因素包括心理因素和个人特征。

1. 心理因素

网络消费者购买决策受到五种主要心理因素的影响：动机、知觉、学习、信念和态度。

（1）动机是指人产生某种需求，而又未得到满足时，心理上就会产生不安和紧张状态，成为一种内在的驱动力，心理学上称为动机。有了动力就需要寻找或选择目标。当目标确定后，就要进行满足需求的活动。当需求得到满足后行为结束，人的心理紧张消除。然后又会有新的需求并产生新的动机，从而引起新的行为。

（2）知觉是指消费者将由外部输入的各种各样的刺激加以选择使其有机化，并作为首尾一贯的外界映象进行解释的过程。消费者对同一刺激物会产生不同的知觉，原因在于知觉具有选择性的特征。知觉的选择性是消费者对同时作用于感觉器官的各种刺激，有选择地做出反应的倾向。它使消费者的注意力指向少数重要的刺激，或刺激的重要方面。

（3）学习是指由后天经验引起的个人知识结构和行为的改变，消费者的行为大都来源于学习。学习就是驱使力即动机、刺激物、提示物进行反应和强化的结果。对网络营销人员来说，关于学习的理论实际价值在于，可以通过把学习与强烈驱使力联系起来，在网络营销过程中运用各种形式的刺激性暗示和提供积极强化印象等手段，促使网络消费者产生对本企业产品的需求。

（4）信念是指消费者对某些事物所持有的描绘性思想。例如，消费者认为联想计算机有着较多的存储功能、坚实耐用、价格低廉。消费者根据自己的信念进行行动，当消费者对某种商品的品牌树立了信念，那么其他企业同类产品的宣传，就不会影响他们的决策。

（5）态度是指消费者对某些事物或观念，长期持有的认知上的评价、情感上的感受和行为上的倾向。消费者的态度是指消费者对某一客体、属性和利益的情感反应，即通过学习对某件商品、品牌或公司形成的一致的喜好或不喜欢的反应倾向。例如，网络消费者可能会持有"购买最好的计算机"的态度，并认为联想公司制造的计算机是世界上最好的。这种消费者对联想公司计算机的印象最为深刻，因为他们在态度上与这一品牌具有完全的一致性。

2. 个人特征

网络消费者的年龄、性别、所处的家庭生命周期、个性、职业、经济状况、生活方式以及自我观念等是影响网络消费者购买行为的主要个人特征因素。

1）年龄

不同年龄段的消费者对产品的需求和偏好有所不同。例如，年轻人可能更倾向于购买时尚和科技产品，而中老年人可能更关注健康和保健品。

2）性别

性别也会影响消费者的购买行为。研究表明，男性消费者可能更倾向购买电子产品和体育用品，而女性消费者可能更偏好美容和时尚产品。

3）家庭生命周期

家庭生命周期是指以家长为代表的家庭生活的全过程。按年龄、婚姻、子女等因素，家庭生命周期可以分为未婚期、新婚期、满巢期（Ⅰ、Ⅱ、Ⅲ期）、空巢期（Ⅰ、Ⅱ期）和鳏寡期八个阶段。①未婚期，指单身的青年人，消费支出以服装、娱乐为主，是新产品促销的重要目标市场。②新婚期，指没有子女的年轻夫妻，这是人生的一个消费高峰期，购买产品种类多。③满巢Ⅰ期，指年轻夫妻且家中有一个 6 周岁以下的孩子，这个时期孩子的启蒙教育、营养开支较大。④满巢Ⅱ期，指年轻夫妻且家中有 6 岁以上的孩子，这个时期家庭经济状况较好，孩子的教育支出逐渐增多，有自己喜爱的品牌产品。⑤满巢Ⅲ期，指年轻夫妻且有经济未独立的女子，这个时期家庭经济状况非常好，可能有小房换大房、家用电器更新、家具更新等需求。⑥空巢Ⅰ期，指未满 60 周岁的中年夫妻，子女经济独立，大部分已组成自己的新家庭，夫妻二人经济条件较好，是旅游产品、保健品的主要购买者。⑦空巢Ⅱ期，指年龄在 60 岁以上的老年夫妻，消费支出主要在医疗、保健方面，经济条件好的家庭外出旅游增多，因此这个阶段的家庭是旅行社比较重要的目标市场。⑧鳏寡期，指单身独居的老人，消费支出主要是医疗保健品、健身器材，此外，单身老人再婚问题、护理问题也是值得网络营销企业关注的方面。

4）个性

个性指个人稳定的心理品质，包括人格倾向性和人格心理特征。人格倾向性是指人的需要、动机、兴趣和信念等，决定消费者对现实生活的态度、趋向和选择。人格心理特征指人的能力、气质和性格，是决定消费者行为方式的个人特征。

5）职业

不同职业的消费者对产品的需求也不同。例如，教师可能经常购买书籍和教育资源，而模特可能更关注时尚和美容产品。

6）经济状况

消费者的经济状况会直接影响其购买能力和消费水平。经济状况较好的消费者可能更倾向于购买高端产品和服务。而经济状况不好的消费者可能更倾向于购买性价比高的产品和服务。

7）生活方式

生活方式是指在一定社会制度下，社会群体及个人在物质和文化生活中，所展现的各种活动形式和行为特征的总和，包括劳动方式、消费方式、社会交往方式及道德价值观念等。

8）自我观念

自我观念是个人对自己存在状态的认知和理解，包括三个方面。一是认知，是对自己品质、能力、外表、社会意义等方面的认识；二是感情，包括自尊、自爱和自卑等；三是评价意志，是指自我评价。自我概念可分为现实的我、理想的我、动力的我和幻想的我。由于自我观念的不同，人们的购买行为有很大的差异性。

二、外在因素

网络消费者的购买行为还受到许多外在因素的影响，主要包括价格因素、商品因素、购物时间、挑选的便捷性、购物的安全性与可靠性、参照群体等。

1. 价格因素

价格不是决定消费者购买的唯一因素，但却是影响消费者购买商品的重要因素。商品的需求弹性一般比较大。价格与需求量之间表现为反比关系，同样的商品，价格越低，销售量越大。在互联网环境下，消费者对网络商品或服务有免费和低价的心理预期。

2. 商品因素

网络市场不同于传统市场，网络消费者需求也有别于传统市场的消费者需求。因此网上销售的商品，一般考虑商品的新颖性和个性化、产品购买的参与程度等。

（1）商品的新颖性和个性化。追求商品的时尚、新颖和个性化是许多消费者，特别是网络青年消费者的重要购买动机。他们尤其重视商品新的款式、格调、社会流行趋势或对个性化需求的满足度，对商品的使用程度和价格高低并不太在意。这类消费者一般经济条件比较好，是个性化产品、新式高档消费品、新式家具、时髦服装的主要消费者。

（2）产品购买的参与程度。一般来说，要求消费者参与的程度比较高，且要求消费者现场购物体验的产品，不适合在网上销售。但这类产品可以采用网络营销推广的功能扩大产品的宣传，辅助传统营销活动，也可以采用O2O模式整合线上线下资源。

3. 购物时间

这是指购物时间的限制和购物时间的节约。时间限制包括购物场所的营业时间或消费者自身的时间安排，如网络虚拟商店一天24小时营业，随时接待客人，没有任何时间的限制。而时间的节约则指通过高效的购物方式减少花费在购物上的时间，如利用网购平台快速找到所需商品。

4. 挑选的便捷性

在网络购物中，消费者可以货比多家，商品挑选的余地大大扩展，而且消费者可以从两个方面进行商品的挑选。一方面，网络为消费者提供了众多的搜索途径，消费者可以通过网络方便快速地搜寻全国乃至全世界的相关商品信息，挑选满意的品牌和满意的产品。另一方面，消费者也可以通过公告、贴吧，告诉千万个商家自己所需要的产品，吸引千万个商家与自己联系，从中筛选符合自己要求的商品或服务。另外，网上丰富的支付手段，给消费者带来了支付的便利。

5. 购物的安全性与可靠性

影响消费者网上购物的另一个重要因素，就是安全性与可靠性。对于现阶段的网络营销来说，最重要的问题还是安全问题。网络消费者一般需要先付款后收货，与一手交钱一手交货的现场购物方式不一样，有一种失去控制的感觉。安全与可靠的购物环境，才能增强消费者网络购物的信心，才能满足消费者安全的基本需求。

6. 参照群体

参照群体也称相关群体，是对个人的信念、态度和价值观产生影响，并作为其评价事物尺度的群体。它既可以是实际存在的，也可以是想象存在的，网络信息传播的便捷性和广泛性，使消费者更容易受别人的影响，如购物过程中其他消费者的评论对网络消费者具有重要的影响力。

参照群体可以分为直接参照群体和间接参照群体。直接参照群体也称成员群体，是某人所属的群体或与其有直接关系的群体。直接参照群体又分为首要群体和次要群体，首要群体是人们经常面对面直接交往的群体，如邻居、同学、家庭、同事等，多为非正式群体；次要群体是人们不经常面对面直接交往的社会组织，如企业、机关、学校、消费者协会等。间接参照群体是指某人的非成员群体，可分为厌恶群体和向往群体。厌恶群体也称隔离群体，是指网络消费者厌恶、回避、远离的群体，向往群体也称渴望群体，是指网络消费者渴望成为其群体中的一员，模仿其群体成员的消费模式与购买行为的群体。

参照群体对网络消费者购买行为的影响，主要体现为参照群体为网络消费者展示出新的行为模式和生活方式；参照群体促使消费者行为趋于某种一致化，从而影响网络消费者对某些产品和品牌的选择；参照群体影响网络消费者对某些事物的看法和对某些产品的态度。

【本章小结】

本章首先主要详细分析了网络消费者的概念、特征、类型以及购买动机，其次介绍了网络消费者购买决策过程，最后分别从内在因素和外在因素两个方面，分析了影响网络消费者购买行为的因素。

【概念讨论】

1. 什么是网络消费者？
2. 网络消费者购买决策过程包括哪些阶段？

【概念应用】

1. 请根据你的亲身体验，对比网络消费者与传统消费者，分别总结出其特点。
2. 请尝试把你最近一次的网络购物体验，用网络消费者购买决策过程进行描述。

【新媒体案例】

当代大学生的网络消费

根据《中国互联网络发展状况统计报告》，截至 2022 年 6 月，我国网民规模为 10.51 亿人，其中网络购物用户规模达 8.41 亿人，20～29 岁网民占比为 17.2%，这一年龄段包含了我国的大学生群体，说明大学生在网络消费中具有举足轻重的地位。通过分析大学生网络消费的特征，对于拓展大学生消费市场，扩大内需具有现实意义。

1. 大学生网络消费情况分析

根据 506 份大学生调查问卷，网络月均消费在 500 元以下的有 55 人，占有效问卷的 10.87%；在 500～749 元的有 225 人，占有效问卷的 44.47%；在 750～1000 元的有 171 人，占有效问卷的 33.79%；在 1000 元以上的有 55 人，占有效问卷的 10.87%。

2. 大学生网络消费特征

（1）根据淘宝特价版的数据，使用特价平台购物的男女生比例是 7：3，且在受访大学生中，有 67.8%的学生对"货比三家，买最需要和性价比高的商品"表示认同，大部分同学会选择拼单、拼团购买商品，关注网购平台的促销活动。

（2）大学生选择网购的原因除了网购比实体店更加便宜外，还包括网购比实体店购买更加节约时间，足不出户就能买到心仪商品。

（3）根据调查结果，大学生网络消费存在性别差异。大学生在网络购物过程中，有 32.8%的大学生曾在经济拮据的情况下选择使用网贷平台分期付款，其中有 88.9%的大学生使用或曾经使用过蚂蚁花呗，且女生的使用人数大于男生。除此之外，男女生的消费行为也存在差异，女生网购物品中 75%为服装鞋帽和护肤品，而男生网购物品中 73.2%为电子产品和球鞋。

（4）调查结果显示，60%的大学生每天浏览购物网站的时间在 30～60 分钟。大学生获取信息的来源除了传统电商平台上的商品介绍，还包括各类社交媒体（如小红书、抖音）上各种 KOL 的种草意见。

【案例讨论题】

结合案例试总结当代大学生的网络消费特征并谈谈你的看法。

第五章 网络市场调研

小米在印度市场的快速崛起

小米是中国领先的智能手机品牌之一，在印度市场也实现了快速增长并拥有了较大的市场份额。然而，在这个竞争激烈、多元化且复杂的市场中，小米如何能成功打开局面？其实，市场调研是关键因素之一。在进入印度市场前，小米进行了深入的市场调研，分析印度消费者对智能手机的需求、功能偏好、购买行为和使用习惯，并且研究了印度市场的竞争格局、法律法规、文化差异和社会变化。基于这些调研结果，小米制定了一系列快速崛起的策略，主要包括以下几个方面。

首先，调整产品组合，推出符合印度消费者需求的智能手机，如增加电池容量、适应不同网络制式、融合本地语言和应用等，并提供多样化的颜色、款式和尺寸选择。

其次，调整价格策略，结合不同城市和地区的消费水平和购买力，制定合理的价格区间和折扣优惠，并采用互联网销售模式，以降低运营成本、减少中间环节，提升价格竞争力。

再次，优化渠道策略，选择符合印度消费者生活方式和消费场景的店铺设计，如线上平台、线下体验店、合作伙伴等，并提供便捷、高效的店内服务，打造智能手机销售中心。

最后，通过社交媒体、移动支付和会员计划等方式，调整了促销策略，加强与印度消费者的互动和沟通，提升品牌知名度和忠诚度，并推出针对印度节日和文化特色的主题活动和限量产品，增强品牌吸引力。

通过网络营销策略组合，小米在印度市场取得了巨大成功。Counterpoint 的印度智能手机月度追踪研究显示，2023 年印度智能手机出货量达到 1.52 亿部，在全球超过 200 个国家和地区中排名第一。小米也因此成为印度消费者心目中的高性价比智能手机品牌，赢得了较高的品牌美誉度和客户满意度。

【案例讨论题】

请分析小米在印度市场快速崛起的过程中，网络市场调研对其成功的影响。

第一节 网络市场调研概述

一、网络市场调研的含义

互联网是一手数据收集的沃土，原因之一是消费者对传统市场调研方式的合作热情逐渐减退。据统计，电话调查的拒绝率在 40%～60%，电子邮件的未回复率在 28%左右。低回复率导致样本的代表性较低，进而影响市场调研的结果。

Leo Burnett（李奥贝纳）是一家广告代理商，该公司为了测试面向儿童市场的广告效果，将 50 所小学的学生作为调查对象。Leo Burnett 公司的工作人员在网上刊登广告，然后向学生们发送电子邮件，引导他们访问刊登广告的网页，完成最佳广告评选的调查。该测试中，800 多名小学生为 Leo Burnett 公司寻找最好的广告创意提供了帮助。

著名的现代营销学之父菲利普·科特勒认为，市场调研是企业针对特定的市场环境，对所需调查的资料数据进行系统设计、搜集、分析和报告的一系列活动。

网络市场调研指企业利用互联网和网络技术，结合数字科技手段，对所需的市场信息进行系统的搜集、整理、分析和研究，并据此形成网络市场调研报告的过程。与传统市场调研一样，网络市场调研也是针对一定阶段、一定区域内的市场竞争状况、产品特色、顾客需求及购买行为变化、营销策略效果、未来市场的机会和成长潜力等一系列问题的调查和分析研究。

简单地说，网络市场调研是指利用互联网工具系统地进行营销信息的收集、整理、分析和研究的过程。网络市场调研包括网络间接调研和网络直接调研。

二、网络市场调研的特点

1. 网络信息的时效性和共享性

网上信息传递速度极快，能够瞬间触达网络用户。此外，网上调查具有开放性，参与网络市场调研的网民不受时间和空间的限制，保证了网络信息的及时性和共享性。与传统市场调研相比，企业可以更方便地利用统计分析软件处理和分析网络调查的数据资料，在极短的时间内获取调研结果。

2. 网络市场调研的便捷性与经济性

在传统市场调研中，企业通常需要安排专门的调研人员以及投入大量的调研资金，并受时间和地域范围的限制，调研结果的处理过程也极为烦琐，从填表到结果分析都需要漫长的时间。网络市场调研不受这些条件的限制，企业无需大量资金投入，只需通过自己的网站问卷调查平台或电子邮件发出电子调查问卷，收集用户填写的问卷，利用统计分析软件即可得到调研结果。从填表收集数据、检验数据到数据处理，都由计算机自动完成，大大提高了调研的便捷性，降低了调研的成本。调查者只需将网络调查问卷转为 HTML 文件，不需要花费打印、整理和收发邮件的时间，完成一份网络调查问卷一般只需三天时间。

3. 网络市场调研的交互性和充分性

网络交流的优势在于网络的交互性，即信息发送者和接收者能够充分互动。被调查对象可以就问卷相关问题提出自己的建议和看法，企业可以纠正调查问卷设计中的偏颇之处，也可以选择用户进行在线交流，了解更深层次的信息。

4. 调研结果的可靠性和客观性

企业网络市场调研的用户通常是对企业或企业产品感兴趣的顾客，这些被调查对象一般是在自愿原则下参与调查的，其反馈的信息代表了当前市场发展以及消费者的购买意向和行为趋势，调研结果具有可靠性和客观性。例如，调查中会设计一些预设的问题，这些问题的设计取决于受调查者对前一个问题的回答，并且由计算机自动生成。假如被调查者对第 9 个问题的答案是 C，调查软件便会立即跳过三个问题，直接询问第12 个问题。这种技术降低了回复过程的复杂性，并为被调查者节省了时间。

5. 网络市场调研不受时间、地域限制

网络市场调研不受传统市场调研的时间和空间限制，可以进行实时调查，也可以根据需要选择恰当的时间段展开调查，能够更有效地把握市场动向。

6. 网络市场调研的可检验性和可控制性

在网上调查收集数据时，可以有效监测和控制所采集的数据的质量。调查问卷附有全面规范的指标解释，以消除调查过程中的口径偏差，并可以通过对被调查对象的身份认证技术，如实名认证，减少数据采集过程中的舞弊行为。通过计算机设置的检验条件和控制措施，还可以对调查问卷进行全面复检，保证其检验控制过程的公正性。

三、网络市场调研的内容

网络市场调研能使企业尽早掌握目标消费者的最新需求、目标市场的变动情况和竞争状况，为营销决策提供依据。网络市场调研的主要内容如下。

1. 对消费者的调查

随着市场营销模式的转变，人们正逐渐走出传统"价值链"系统的思想误区，市场正在由以供应者为中心的卖方市场，向以消费者为中心的买方市场过渡。尤其是在越来越重视个性化服务的环境下，针对消费者进行的市场调研，已经受到越来越多企业的关注。对消费者的调查，包括消费者对商品的满意度及消费爱好、倾向等项目的调查。在传统市场调研中，对用户的消费行为、消费倾向等项目的调研，通常采用观察法，即调查人员到现场观察被调查者的行为，收集市场信息。网络消费者的需求特征，特别是需求及其变化趋势的调查，是网络市场调研的重要内容。企业进行网络市场调查的目的，主要是了解消费者的需求状况，把握需求变化趋势，同时识别消费者的个人特征，如地址、性别、年龄、职业、偏好等。

2. 对企业的产品及其竞争对手的调查

在企业新设计出的产品和新推出的服务投放市场之前，企业需要了解其产品或服务对顾客需求的满足程度及不足。企业一般会通过发放网络调查问卷或通过电子邮件向顾客发送调查问卷等方式分析掌握这些信息。例如，调查顾客在新产品外观、性能设计方面的个性化意见，或者调查顾客对已有产品和服务的消费体验，找出产品的核心竞争力及不足。企业使用网络市场调研的主要目的之一是在竞争中取胜。为此，企业需要首先明确谁是竞争对手，其次需要收集并分析竞争对手的市场占有率、竞争策略、宣传手段、网络营销战略定位等信息，这些信息可以通过以下途径进行调查。

（1）访问竞争对手的网站。访问竞争对手的网站，与本企业网站进行对比，找到机会与不足，还可以通过分析竞争对手发布的各种产品更新及促销信息，调整企业的网络营销目标及策略。

（2）访问社交媒体平台。企业可以利用百度、Google 等搜索引擎收集竞争对手的信息，也可以利用博客、微博、微信等收集竞争对手的信息。

（3）分析网络用户评论。企业可以收集竞争对手用户的在线评论信息，运用工具进行抓取和分析，了解用户对竞争对手的评价，分析竞争对手的知名度和美誉度。

（4）访问第三方网站。企业可以利用政府、行业协会等公共网站，收集竞争对手的信息，也可以通过浏览竞争对手上下游企业（供应商等利益相关者）的网站，了解竞争对手。

3. 对市场客观环境的调查

对市场客观环境的调查包括相关政策、法律、法规等内容的调查。企业的经营活动离不开市场环境。因此，企业为了赢得或保持竞争优势，需要收集市场客观环境方面的信息。这些信息包括国家在法律、经济、行政管理等方面的相关政策和法律法规，要特别重视导向性政策信息的收集和研究利用。另外，还包括地方政府及有关管理部门颁布的市场管理条例。进行这类信息的网络市场调研，可以利用搜索引擎搜索政府及商贸类组织等机构的网站。

四、网络市场调研的优势及劣势

1. 网络市场调研的优势

网络市场调研比传统调研问卷回收率高、速度快、成本低。调研人员借助专业调研网站，可以便捷地回收调研问卷，快速地同时对数以千计的调研对象进行调查。问卷结束时，调研人员就可以汇总、审核、共享调研数据。而对调研企业来说，网络调查问卷设置完毕，十个调研对象和十万个调研对象的成本几乎是相等的，而且与传统调研相比，网络调研的成本很低。此外，网络市场调研更具有趣味性、互动性和吸引力，更容易得到调研对象的配合与支持。

网络市场调研既可以开展定量研究，又可以开展定性研究。企业可以通过网络市场问卷调查，实现对调研问题的定量研究。同时，企业还可以利用网络会议、网络焦点小组访谈等形式，进行定性研究。网络焦点小组访谈是指通过网络聚集的一组人，与训练有素的主持人讨论产品、服务或组织，获得消费者态度和行为的定性洞察。

2. 网络市场调研的劣势

网络市场调研的覆盖范围是有限的。虽然互联网在我国已经很普及，但是仍未达到全民普及的程度。从消费者角度看，有些消费者并不适应网络市场调研的方法，所以网络市场调研的普及需要一个过程。

网络市场调研无法控制样本。网络市场调研渠道所带来的调研对象的总体结构不完整、样本数量与代表性难以保证、被调查对象的网上身份难以核实等弊端，可能导致网络市场调研结果不准确。为了克服以上问题，一般网络市场调研要和深度访谈、观察法等组合使用。

第二节　　网络市场调研的步骤

与市场调研相似，网络市场调研也有规范的程序，其步骤如图 5-1 所示。

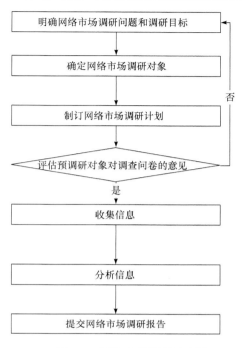

图 5-1　网络市场调研的步骤

一、明确网络市场调研问题和调研目标

企业进行网络市场调研，首先要明确所调研的问题，并确定调研目标。企业所处的环境以及发展时期不同，需要对不同的问题进行调研。企业要了解自身发展及竞争实力状况，调研问题应涉及企业知名度、产品品牌、产品满意度及品牌形象等；企业要进行新产品开发或策划上市，调研问题应涉及顾客满意度和市场潜力；企业要调整网络营销策略，调研问题则应涉及行业环境变化。明确网络市场调研问题后，需要根据网络营销战略，进一步明确网络市场调研目标。

二、确定网络市场调研对象

调查对象是根据调查目的和任务确定的一定时空范围内的要调查的总体，它是由客观存在的具有某一共同性质的许多个体单位组成的整体。进行网络市场调研时，企业需要根据自身市场的实际情况，选择企业的产品消费者、竞争者、合作者及行业中的中立者展开调研。

三、制订网络市场调研计划

在确定网络市场调研问题、目标和对象后，企业应针对信息源、调查方法、调查手段、抽样方案等方面，制订有效的网络市场调研计划。

（1）确定信息源。企业首先要明确原始信息，是进行一手资料收集还是二手资料收集，或者是两种信息一起收集。其次要选择搜索引擎、企业网站、问卷调查平台或第三方交易网站，对数据和信息进行选择性的收集。

（2）确定调查方法。企业在确定网络市场调研方法时，应该注意遵守调查礼仪和网络规范，根据企业自身的需要，做出合理选择。可用的网络市场调研方法有新闻组、邮件列表、讨论组和网络论坛的专题讨论调查法；使用电子邮件、企业网站、问卷调查平台发送或上传问卷的问卷调查法；还有通过对预先选择的多个可比调查组进行方案列举，并观察其在变量改变时所产生的统计变化特征的实验法等。

（3）确定调查手段。企业进行网络市场调研，可以选择网络问卷的手段，还可以通过交互式计算机辅助电话访谈系统，或者与网络市场调研软件系统相结合的手段。

（4）确定抽样方案。主要确定抽样单位、抽样规模和抽样方法。抽样单位也就是确定抽样目标总体，抽样规模指抽取样本的数量，抽样方法包括概率抽样和非概率抽样两类方法。概率抽样是指在调查总体样本中的每个单位都具有同等可能性被抽中的机会，抽样单位随机选择，因此又称随机抽样。非概率抽样是指依赖调研人员的个人判断选择个体样本。在调查成本和调查时间允许的情况下，应尽可能采用概率抽样，这样能使调查得到有代表性的样本，调查结果的可信度比较高。

（5）确定联系方法。联系方法指接触到调查对象的各种形式，如利用企业网站、博客、微博、微信、电子公告牌、电子邮件、网络社区等。

四、评估预调研对象对调查问卷的意见

企业设计好调查问卷后，需要进行预调研。预调研是指为了识别和消除潜在问题，对一个小样本组的被调查者进行问卷的测试。预调研的被调查者和真实调查中的被调查者都应该从相同的人群中抽取。预调研的样本容量一般为 15～30 人。如果预调研涉及几个步骤或阶段，样本容量可以逐渐增加。问卷的每个方面都应该进行预调研，包括问题的内容、措辞、顺序、形式和版式，以及问题难度和说明等。参与调研的用户对相关问题发表自己的意见，并对偏颇和不足提出修改建议。企业及时对这些意见进行评估，调整问卷，预调研可以反复进行多次，直到问卷没有问题，就可以进行正式调研。

五、收集信息

利用网络调研平台、企业网站、论坛、聊天室和电子邮件等工具都可以发放问卷、回收问卷，网络调研平台提供了便捷的问卷回收功能，如问卷星提供样本服务，通过性别、年龄、地区、职业、行业、财产等多种样本属性，精确定位目标人群，设置甄别选项，过滤掉非调研对象。企业利用互联网收集问卷信息是非常便捷的，企业可以直接进行问卷投放和收集存储。调查过程中，企业不仅可以通过电子邮件直接发送问卷的回馈信息，还可以收集问卷的各种链接的调查信息。

六、分析信息

收集信息后，企业要围绕网络市场调查目标对相关信息进行加工提炼。企业在进行数据加工时，可以借助数据分析技术，如综合指标技术、动态分析技术、概括技术等，

或者利用统计分析软件，如 SPSS 或 SAS。网络市场调研人员需要具备较高的数据分析能力，以保证分析结果的质量。

七、提交网络市场调研报告

网络市场调研报告是指为某一特定受众制作的书面或口头演示的报告，包括网络营销调研的过程、结果、建议及结论。报告的内容包括前言部分（封面、提交信、授权信、内容目录、表目录、图目录、附件目录、展示目录、执行总结）、主体部分（调研问题、调研方法、调研设计、数据分析、调研结果、调研局限和声明、结论和建议）、附录部分（问卷和图表、统计分析结果、清单）等。

1. 前言部分

封面，应该包括报告的题目、调研人员或调研公司的相关信息（姓名、地址和电话）、客户的名字以及报告的完成日期。报告的题目应指明调研项目的性质。提交信，是为了将报告转给客户，并总结调研人员在完成项目中总的体会，但不涉及调研结果。信中还应明确客户未来需要采取的行动，如调研结果的实施或应当进行的进一步的调研。正式的报告一般包括提交信。授权信，是客户在调研项目开始前写给调研人员的，其授权调研人员开始执行调研项目，并确定项目的范围和合同的期限。通常使用提交信便可以代替授权信，但有时在报告中有必要包括一份授权信的副本。内容目录，该部分通常列出标题和相应的页码，在大多数报告中一般只列出主要的标题和子标题。内容目录之后紧接着的是表目录、图目录、附件目录和展示目录。执行总结，是报告中极其重要的部分，因为高层管理人员通常只阅读报告的这一部分。执行总结应准确地描述调研问题、调研方法和调研设计，该部分应包括主要结果、结论和建议。执行总结应在报告完成之后撰写。

2. 主体部分

调研问题，报告的这一部分提供所调研问题的背景，强调与决策者和行业专业人士进行的商讨，并讨论二手数据的分析和定性分析的结果及被考虑的各个因素。另外，这一部分还应清楚地阐述管理决策问题和营销调研问题。调研方法，该部分讨论解决所调研问题的概括性方法。这一部分还应包括对指导这一研究的理论基础、所采用的分析模型、调研问题、假设和影响调研设计的因素的描述。调研设计，此部分应该详尽说明调研是如何进行的，应包括所采用的调研设计的类型信息需求、二手数据和原始数据的收集、量表技术、问卷设计和预调研、抽样技术等，应尽量采用非技术性、易于理解的方式简要概述，技术性的细节可包含在附录中。数据分析，该部分描述数据分析方案并论证所采用的数据分析策略和技术的合理性，用简单、非技术性的语言对数据分析技术进行描述。调研结果，该部分通常是报告中篇幅最长的部分，可能由几章构成。一般来说，调研结果不仅会在总体层面上进行展示，还会在子群体（细分市场、地理区域等）的层面上进行展示。例如，医疗服务的营销调研报告可以用四章阐述调研结果，第 1 章概括总体结论，第 2 章检验不同地理区域之间的差异，第 3 章阐述营利性和非营利性医院的差异，第 4 章阐述不同床位数量的医院之间的差异。调研结果的阐述应与营销调研问题和所确认的信息需求直接相关。主要的成果在正文中讨论，细节则用图表说明。调研局限和声明，该部分是指由于时间、预算及其他组织性限制，所有的营销调研项目都不可避免地存在一定的局限性，此外调研设计可能因各种误差而受到影响，导致结果具有一定的局限性，因此，后续可能需要进一步讨论和分析的内容。调研人员应以严谨的态度和公正的视角撰写该部分内容，确保对调研的局限性进行充分的说明。结论和建议，该部分是调研人员在总结统计分析结果的基础上，根据所调研的问题，利用调研结果得出主要的结论和建议。在调研结果和结论的基础上，调研人员可以向决策者提出建议。有时调研人员的研究只涉及一个领域而无法从客户的公司层面做出更全面的理解，在此情况下调研人员无须提出建议。当提出建议时，所提内容应该具有可行、实际、可操作，以及可直接用到决策制定中等特点。

3. 附录部分

附录，常常也被称为"专业附录"，附录中通常包含复杂的、详细的或专业中的信息。这些信息对正式报告而言并不重要，附录中通常包含问卷、图表、统计分析结果、清单、数据收集工具、访谈形式等。对研究人员而言，很少有人阅读附录的内容。事实上，相对于报告正文，附录的大部分内容都被视为参考内容。

网络市场调研报告的撰写是整个网络市场调研的最后阶段，网络市场调研人员利用科学的统计技术和分析方法，把整理后的调查结果和结论，以正规的网络市场调研报告的形式提交给使用信息的部门，为各部门的网络营销决策提供依据。

第三节　网络市场调研的方法

网络市场调研的方法主要包括网络直接调研法和网络间接调研法。

一、网络直接调研法

网络直接调研指的是为了特定目的，在互联网上收集一手资料或原始信息的过程。网络直接调研的方法有四种：在线专题讨论法、网上问卷调查法、网站流量分析法和网上实验法。

（一）在线专题讨论法

在线专题讨论法（在线专题小组法）可通过网络论坛、网络社区或群组进行。该方法是一种定性调查方法，其试图从少数参与者中收集比较深层次的信息，通常营销调研人员都会在使用调查研究方法设计调查问卷之前，通过在线专题小组法来预先了解一些重要的消费者的产品体验和消费行为，这将有助于更好地设计调查问卷。这种定性分析方法在近几年的多个领域中得到更加广泛的应用。

1. 会前准备

（1）讨论人员：参与者，在线专题小组每次只能包括 4~8 名参与者，而传统的专题访谈小组，通常包括 10~12 人。

（2）主持人：主持人负责引导讨论和主持会议，必须充分熟悉讨论的主题内容，从而提出各种有关的问题。

（3）记录员：应以观察者的身份参加小组讨论，不参与讨论发言，但必须做记录或录音，记录员也应了解讨论的主题，观察和注意非语言方面的信息。记录员记录的内容，包括专题小组讨论日期、起止时间和地点、讨论参与者的情况（包括参与者人数、年龄、性别）及讨论主题相关的资料、讨论参与者发表的意见、讨论过程（讨论气氛、参与情况、有无干扰等）、讨论主题与问题、讨论平台或软件。

（4）讨论时间：1.5 小时左右。

（5）讨论次数：取决于研究的需要、人力、物力等。

2. 讨论过程

（1）开始前准备：主持人、记录人准备所需工具，如录音或录像设备、记录纸笔、测试平台连接设备等。

（2）开场白：正式讨论之前的一个简短介绍，主持人向参会者说明讨论的目的和主题，技术员进行自我介绍与职责介绍，小组成员进行自我介绍（只有人们彼此熟悉，他们才会在讨论时不感到拘束，能够畅所欲言，针对任何一个问题都可以自由发言）。

（3）热身讨论：主持人询问参与者一些不太敏感，而且有可能感兴趣的问题，使参与者积极讨论，逐步引入讨论主题。

（4）专题讨论：此部分为专题小组讨论的核心。在主持人的带领下，所有参与者围绕主题的一系列问题展开讨论，以此设计纲要要求的信息达到讨论的目的。

（5）小结：归纳总结大家讨论的意见，询问是否还有不同的观点，如有，还需要进一步讨论进行补充和修正。

（6）结束语：在所有参与者没有什么再需要说明和解释的情况下，对讨论的问题做简要总结，感谢大家参加讨论并提供信息。

3. 会后总结

专题小组讨论结束后，主持人和记录员及时交流意见和看法并写出报告，内容包括以下几个方面。

（1）一般项目：时间、地点、人物。

（2）讨论过程与讨论中出现的问题。

（3）获得的信息与得到的结果。

（4）是否后续还需要进一步讨论。

4. 在线专题讨论法的优点

在线专题讨论法和传统专题小组讨论法相比，还是有一些优势的。首先是不受空间限制。互联网使得居住在不同地理区域的人聚集在一起，如来自五个不同国家的消费者可以组成在线专题讨论小组，讨论在线购物的经历。其次是参与讨论的专家观点不受其他专家干扰。参与者在网上同一时间输入答案，因此不受其他人观点的影响，这种现象称作集体思考（头脑风暴）。最后，调研人员可以利用多媒体刺激小组讨论。调研人员可以运用互联网向参与者展示动漫广告、示范软件等多媒体内容，刺激和促进组内讨论。

5. 在线专题讨论法的缺点

与传统的专题讨论法相比，在线专题讨论法仍有一些缺点。首先是参与在线专题讨论的专家少，在线专题讨论每次只能包括 4～8 名参与者，传统的专题访谈小组通常包括 10～12 人。原因是如果参与的人过多，研究人员就很难控制和解决网络环境下，回复同步性及会话内容的重叠问题。其次是无法保证真实性。传统专题讨论法参与者的面部表情对调研工作非常有帮助，但是在线专题讨论无法对参与者的非语言沟通进行观察，无法通过面部表情判断其言语的真实性。在没有亲眼看到的情况下，很难相信调查对象如实地反映了他们的真实情况。最后是无法控制偏激词。根据一项对面对面交流、电话交流与在线专题讨论小组访谈等方法的比较研究的结果，调研对象在网络环境下，通常会比其他情形下更倾向于使用偏激词，其原因是打字和说话是不同的。

（二）网上问卷调查法

1. 网上问卷调查法的概念

网上问卷调查法是将问卷在网上发布，被调查对象通过互联网完成问卷调查。网络公司调查结果显示，在线调查研究是目前使用最广泛的市场调研方法。95%的市场研究人员使用在线调查研究方法，35%的人认为这是最有价值的决策工具。大部分企业采用拦截取样法开展网上问卷调查。这是一种自由选择的调研方法，当用户浏览网站或在网上购物时，会自动弹出调查问卷，用户可以选择参与调查或放弃参与调查。这种方法与离线拦截式市场调研方法相似，即调研人员在公共场合随机地拦住调研对象，询问预先设计好的问题。BizRate 公司是一个比较典型的开展拦截式调研的企业，该公司在客户网站上放置调研问卷，选取随机的网络购物者作为调研对象，帮助客户网站改进营销模式。

2. 网上调查问卷的发放途径

网上调查问卷的发放主要有两种途径，一是将问卷放置在 WWW 站点上，供访问者填写；二是通过电子邮件方式发给被调查者，完成后将通过电子邮件返回。

第一种途径是企业把设置好的问卷放到网站上。许多企业会在自己的网站上放置调查问卷，回复人将答案输入自动回复系统。有的是单选，有的是下拉菜单，还有的是空白区域，方便调查参与者回复开放式的问题。有时，网上问卷调查的目的比较简单，例如，了解网站注册率。有时网上问卷调查的内容可能更深入，例如，New Balance（新百伦）公司随机选取公司网站的访问者，对网站内的各功能的重要性和运作方式进行评估，如客户服务、导航便捷度、产品选择和价格、网站安全、购物等。

第二种途径是调查人员把设计好的调查问卷以电子邮件的形式发送给被调查者，引导被调查者登录该网站并参与完成调查。据统计，最高的回复率一般都来自该网站电子邮件列表的成员，这些成员包括实际客户或者潜在客户。总体看，网上调查问卷的回复率通常接近或超过传统调查方式，有时回复率竟可高达40%。

3. 网上问卷调查法的优缺点

与传统调查方式相比，网上问卷调查法有许多优点，也有不少缺点，具体见表5-1。

表 5-1　网上问卷调查法的优缺点

优点	缺点
快速、经济	存在样本选择问题或普及性问题
包括全球范围细分市场中不同且特征各异的网络用户	存在测量有效性问题、自我选择偏差问题
受调查者自己输入数据，有助于减少调研人员录入数据时可能出现的差错	难以核实回复人的真实身份
对敏感问题能诚实回复	重复提交问题
被调查者的主观偏见较少	轻率地、不诚实地回复
任何人都能回答，被调查者可以决定是否参与，可以设置密码保护	互动不足的问题
易于制作电子数据表格	被调查者习惯性地把调研的邀请邮件视为垃圾邮件

与传统调查方式相比，网上问卷调查法既快捷又经济，这是网上问卷调查法最大的优势。调研人员不需要向被调查者支付劳务费，也不需要支付邮资，他们只需要利用互联网，就可以瞬间把调查问卷传递到世界各地。许多调研人员认为，网上问卷调查法可以减少差错，通过连环问题的设置，网上问卷调查系统会自动筛选出无效问卷，降低回复过程的复杂性，同时节省了被调查者自行跳转问题的时间。许多调研人员发现被调查者在没有工作人员在场的网络环境下都表现得比较诚实，不会隐瞒和逃避问题，会更加直率地回答关于个人隐私的敏感问题。

由于网上问卷调查法发放途径给了被调查者自由选择是否参与调查的权利，而且现在大部分系统都支持设置密码保护，能够很大程度上保证调研结果的有效性和真实性。另外网上问卷调查法一般都借助问卷发放平台或者问卷发放系统，后台很容易对问卷进行统计，并方便地制作电子数据表格。例如，问卷星可以方便地生成统计饼图或柱形图，为调研人员节省了烦琐的统计步骤和时间。

与传统调研相比，网上问卷调查法最大的缺点是样本选择问题或普及性的问题。在网络环境下，并没有一个完全的网络用户清单，调查人员很难确定总体样本量，因此当面临随机抽样的问题时，会存在困难。一般情况下，企业拥有绝大多数的客户的电子邮件地址，在实际操作中，调研人员以此为总体样本，然后从中抽取概率样本，发送网上问卷。BizRate 公司开展网上问卷调查时，预先设定网站的访问者，用固定的时间间隔确定调研对象，并发送调查问卷，以此解决抽样问题。

网络问卷调查法目前还有许多度量上的技术问题。被调查者使用的浏览器、计算机或手机显示器的大小不同，屏幕分辨率也有很大差异，有时网上调查问卷的内容并不能正确地显示。网上问卷调查法的另一个缺点是无法控制回复者的身份。一般来说，收到邮件的人通常会亲自回复邮件，但是如果调查问卷的网址被公开，可能会导致其他非调查对象也能填写问卷，这就造成了难以衡量的自主选择性偏差。同样，回复者的真实性的问题也是一个难题。网络环境使得网上问卷的被调查对象可能是未成年人，这样很难进行修正，由此造成调查结果偏差。

关于重复提交调查问卷的问题，以前采用的方法是找到相近时间提交的类似回复，然后删除。现在的问卷平台可以做到设置每个 IP 只填写一次，但是这样做一旦出现错误需要修正时，就会比较麻烦。

关于调查问卷被视为垃圾邮件的问题时有发生。一般情况下，调研人员都会认真地在邮件中说明恳请回复者完成网络调查问卷。此外，如果被调查者都是公司的客户，调查问卷被视为垃圾邮件的概率会低得多。

（三）网站流量分析法

1. 网站流量分析的概念

网站流量分析，是指在获得网站访问量基本数据的情况下，对有关数据进行统计、分析，从中发现用户访问网站的规律，并将这些规律与网络营销策略等相结合，从而发现目前网络营销活动中可能存在的问题，并为进一步修正或重新制定网络营销策略提供依据。

网站流量分析可以通过安装相关的网络追踪器实现，还可以通过在企业网站安装相关的流量统计工具实现，这样可以跟踪访客的网上活动。例如，访客登录到公司网页后，先点击哪些内容，每次点击后进行内容浏览的时间是多少；喜欢看哪类的商品，看商品的时候最关心的是商品的哪些方面，是价格、服务、外形还是其他人对商品的评论；是否有就相关商品和公司进行沟通的愿望；等等。

2. 网站流量分析法的主要分析指标

（1）页面浏览量（page view，PV）是指某页面或网站被显示的次数。页面通常是具有唯一 URL 的内容。全站页面浏览量是各页面浏览量的总和。换一种说法，页面浏览量就是向网站分析工具发送请求的次数。因此，如果设定为在点击 AJAX 或者 Flash 时发送请求，即使没有显示新的页面，页面浏览量也会增加。

（2）访问次数（又称会话数、总访问者数、访问数）。访问次数是指在一定期间内用户访问网站的次数。同一个用户访问网站 2 次，访问次数就是 2，从访问网站到离开之间的一连串的行为（会话）都只算作 1 次访问。大多数网站分析工具把 30 分钟内用户在页面间的跳转认为是同一次访问，超过 30 分钟就算作新访问的开始。另外，也可采用以页面为单位的访问次数。在会话（一连串的行为）内访问页面的话，该页面的访问次数是 1，不访问就是 0。在一次会话内，3 次访问该页面则访问次数为 1，此时的页面浏览量为 3。具体计算时间情况见图 5-2。

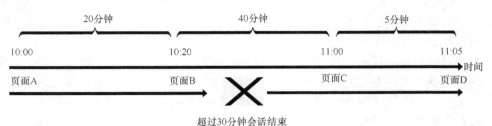

图 5-2　访问次数的计算

（3）访问者数（又称唯一身份访问者数、独立用户数、独立浏览者数）。访问者数是指访问网站的用户数量。同一个用户无论访问多少次，访问者数都是 1。可以采用全网站的访问者数，也可以采用特定网页的访问者数。访问者数是在特定的期间和背景下计算的。计算访问者数时要明确访问期间（日、周、月等）。根据设定期间的不同，即使是同样的访问记录，访问者数也会有变化。例如，同一个用户在 1 个月内访问了网站 3 次，分别在 2021 年 7 月 5 日、2021 年 7 月 6 日、2021 年 7 月 19 日，那么根据期间的不同，访问者数也会有不同，如表 5-2 所示。

表 5-2　不同设定期间：访问者数（2021 年 7 月）　　　　　　单位：人

访问日期	每月访问者数	每周访问者数	每日访问者数
2021 年 7 月 5 日	1	1	1
2021 年 7 月 6 日	0（同一个月访问，不计算）	0（同一周访问，不计算）	1
2021 年 7 月 19 日	0（同一个月访问，不计算）	1（新的一周，所以要计算）	1
访问者数	1	2	3

（4）新访问者/回访者。新访问者/回访者这一指标，表示了用户是第 1 次（新访问者）访问网站还是访问网站次数达 2 次以上（回访者）。可以用新用户数/回访者数表示，也可以用新访问者比例（即新访问者数/访问次数），或者回访者比例（即回访者数/访问次数）来表示。使用比例表示时，一定要使用相同的单位，通常使用的是访问次数。另外，在无法识别用户的情况下，每一次访问都会认为是新访问者的访问。而且，即使以前访问过网站，如果没有导入网站分析工具，那些访问也无法被统计。使用该指标时，要意识到回访期间的概念，回访期间是指一个设定好的期间，该期间内的再次访问，会被认为是回访。为了便于统计和比较，不建议更改回访期间。

（5）转化。转化表示网站内设定的任意目标（通常是达到特定的页面）是否达成的情况，可以用转化数表示，也可以用转化率表示。转化数是目标达成的次数，转化率是指网站的访问次数中达成转化次数所占的比例。在计算转化数和转化率时，请注意单位。例如，某用户 6 次访问某网站，其中 2 次完成购买，那么就认为他有 2 次完成了转化（即到达购买完成页面），转化数=2 次，转化率=2/6×100%=33.3%。

（6）跳转/退出/跳出。跳转/退出/跳出这三个指标可以按照同样的思路计算，单位是访问次数。跳转是指从一个页面移动到另一个页面。跳转数是指从页面 A 跳转到页面 B 的次数，跳转率是指页面 A 的总访问次数中，跳转到页面 B 的次数所占的比例。退出是指当前页面成为会话中最后阅览的页面，退出数是指页面 A 成为用户最后浏览的页面的次数，退出率则是退出数/页面 A 的访问次数。因为访问网站的人最后一定会退出，所以无法减少退出数。全站的退出数与访问次数相同。跳出指的是并不从进入页面跳转到其他页面，而是只阅览一个页面就退出的情况。跳出属于退出的一部分。跳出数是指仅浏览页面 A 后就退出的次数，跳出率是跳出数/页面 A 的访问次数。全站的跳出率是跳出数/访问次数。

从定义可以看出，实际上退出数包含跳出数。虽然无法减少退出数，但是企业要考虑如何减少重要页面的退出数。例如，在商品详情页面或者结算页面的退出，就不利于转化的达成。如果这些页面的退出率很高，就需要寻求能降低用户退出率的策略。还有一些页面，即使退出率很高，也并不需要关注。例如，购买商品后显示的页面或者

FAQ（frequently asked questions，常见问题）回答页面。

（7）停留时间。停留时间是表示在某一页面或者全站停留的时间的指标。其分为页面停留时间与访问停留时间（网站停留时间）两种。页面停留时间是由进入相应页面的时刻与进入下一页面的时刻的差求得。访问停留时间是指从进入网站到离开网站经过的时间。大多数网站分析工具无法获取从网站退出的时刻，因此每个工具都有各自计算退出页面停留时间的方法。有的工具和 Google Analytics（谷歌分析）一样记为 0 秒，也有的工具设定为特定的时间，有关退出页面的停留时间请向所使用的工具的供应商确认。

指标（1）～（3）是网站分析中特别重要的指标，需要牢记掌握它们之间的区别和计算方法。请尝试计算下题。

图 5-3 中表示了某一日的访问者 X、Y、Z 三人与他们各自浏览的页面 A～D，连起来的部分表示同一个会话（最上面的访问者 X 的访问在中途断开）。问题：请依据图 5-3 回答，页面 A～D 的综合浏览量、访问次数、访问者数；页面 A 的综合浏览量、访问次数、访问者数。答案：图中对应的各指标值为全站页面浏览量为 19，访问次数为 4，访问者数为 3；页面 A 页面浏览量为 6，访问次数为 3，访问者数为 2。

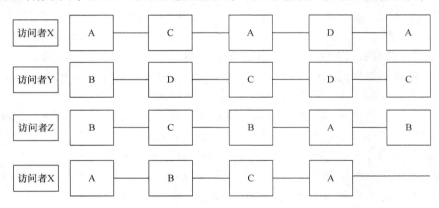

图 5-3　某一日的浏览者和他们访问的页面

解析：首先，计算全站对应的各指标值。全站的页面浏览量是被浏览的页面数的总和，因此要计算每个访问者访问的页面总数。访问次数把一次会话中一连串的行为只算作 1 次访问，因此共计 4 次，访问者 X 在访问中途会话断开。访问者数就是访问网站的人数，也就是访问者 X、Y、Z，也就是 3 个人。其次，计算页面 A 对应的各指标值，页面 A 的页面浏览量是页面 A 被浏览的次数，因此共计 6 次。访问次数就是计算页面 A 的访问次数。要点是同一个会话中 2 次以上的访问，也都只计为 1 次访问。注意到这一点，就很清楚页面 A 的访问次数是 3 次，访问者数就是访问页面 A 的人数，即访问者 X 与访问者 Z，也就是 2 个人。

指标（4）～（7）是四个特殊指标，这四个指标对于把握网站和发现问题是不可或缺的，需要牢固掌握。需要指出的是，页面停留时间并不是一定越长越好，而是需要根据页面的特征判断。例如，对于只有导航的首页会希望访问者能不假思索地向下一个页面跳转，因此页面停留时间短一些更好，而阅读材料的页面则希望访问者能将文章读到最后，因此页面停留时间长一些更好。无论如何，如果能够明确地将停留时间长短作为评估标准，这会是一个很有效的指标。

大多数网站分析工具只能显示页面停留时间的平均值，因此，无法确认停留时间的分布。另外，必须注意停留时间并不等于用户实际浏览网站的时间。用户可能使用多标签浏览器打开了页面后就不管了，也可能让浏览器保持打开的状态就离开了。

3. 主要的网站流量分析工具

国内主要的网站流量分析工具是百度统计，国外主要的网站流量分析工具是Google Analytics。

1）百度统计

百度统计是百度推出的一款免费的专业网站流量分析工具，能够告诉用户访客是如何找到并浏览用户的网站以及在网站上做了些什么，有了这些信息，可以帮助用户改善访客在用户的网站上的使用体验，不断提升网站的投资回报率。目前百度统计仅开放给百度推广的客户和百度联盟成员，用户可以在百度统计首页登录查看，也可在登录百度推广或百度联盟后在推广或联盟系统中直接点击进入，根据页面提示安装代码后即可使用。

目前百度统计提供的功能包括流量分析、来源分析、网站分析等多种统计分析服务，更多统计分析服务将在后续推出。用户正确添加代码后，进入百度统计，即可看到含有丰富数据的概况页，该页面为用户提供用户网站最重要的流量报告，方便用户从全局了解网站流量情况。然后用户进入各个报告，可以从以下角度细致了解网站的流量情况。

流量分析：用户可以通过百度统计查看一段时间内用户网站的流量变化趋势，及时了解一段时间内网民对用户网站的关注情况及各种推广活动的效果。百度统计可以针对不同的地域对用户网站的流量进行细分。

来源分析：用户可以通过百度统计了解各种来源类型给用户网站带来的流量情况，包括搜索引擎（精确到具体搜索引擎、具体关键词）、推介网站、直达等。通过来源分析，用户可以及时了解到哪种类型的来源能带来更多的访客。

网站分析：用户可以通过百度统计查看访客对用户网站内各个页面的访问情况，及时了解哪些页面最吸引访客以及哪些页面最容易导致访客流失，从而帮助用户更有针对性地提高网站质量。

转化分析：用户可以通过百度统计设置用户网站的转化目标页面，如留言成功页面等，及时了解到一段时间内的各种推广是否达到了用户预期的业务目标，从而帮助用户有效地评估与提升网络营销投资回报率。

2）Google Analytics

Google Analytics 是著名互联网公司 Google 为网站提供的数据统计服务，是一款功能全面而强大的分析软件包。2005 年 11 月，Google 发布了 Google Analytics 免费版，这在网站监测领域引起了轰动。它不仅可以对目标网站进行访问数据的统计和分析，还提供多种参数供网站拥有者使用。免费 Google Analytics 账户有 80 多个报告，可对使用者的网站访问者进行跟踪，并能持续跟踪营销广告系列的效果，包括 AdWords 广告系列、电子邮件广告系列等。Google Analytics 可以为企业回答如下问题：哪些关键字真正起作用、哪些广告词最有效，以及访问者在转换过程中从何处退出。

Google Analytics 是一款具有活力的用户友好型分析工具，已获得了全球数百万企业的信任（支持 40 多种语言）。同时，作为企业级产品，Google Analytics 已获得例如宝洁、维萨、通用电气、索尼、丰田、推特和英国广播公司等在内的众多品牌企业的信任。2011 年 9 月，Google 发布了 Google Analytics Premium 版本，每年收费 15 万美元。Google 拥有一个包含 200 多个已认证的 Google Analytics 合作伙伴网络，也被称为 GACP（Google Analytics certified partner，谷歌分析认证合作伙伴）网络。Google Analytics 提供的基本功能包括流量来源、搜索关键词、访客信息、着陆页面等。

流量来源：这里可以细分数据来源，如果企业投放了广告，可以精确到是哪个关键字或者哪条广告为企业带来的客户，以及客户在站内的行为。流量来源主要有自然搜索、推荐进入、直接进入。自然搜索是访客在搜索引擎中进行词条搜索，然后在自然搜索结果（即非广告性质的免费搜索结果）中点击链接进入网站；推荐进入是访客在其他网站上找到企业的网站链接，然后点击进入（类似附属网站、合作伙伴网站、贸易协会网站列表等网站）；直接进入是访客记得企业的网站，在浏览器中直接输入网址进入（或者在浏览器中点击收藏书签进入）。

搜索关键词：针对访客的搜索关键词，主要的搜索引擎（Google、Bing、雅虎等）一般会显示两种类型的搜索结果——自然搜索结果和付费搜索结果。付费搜索结果就是指位于搜索结果页面的顶部或侧边栏的广告列表（参见每次点击成本广告），而自然搜索结果就是搜索获得的结果，也就是说，对于结果的展示是无法收取费用的，它们是免费提供的。

访客信息：企业看到的是过滤掉个人信息的访客信息。访客的地理位置，可以具体到 25 英里（约 40 公里）的范围；访客的人口统计资料（性别、年龄段、所属利益集团）；是新访客还是回头客；在网站上的停留时间以及浏览的网页数量；访问频率及最近访问情况（多久访问一次以及最近一次访问是什么时候）；访问使用的设备，手机或平板电脑或台式电脑。如果访客使用的是手机或平板电脑，那么生成的报告就会非常详细，可以具体到手机的出厂时间和型号。

着陆页面：访客访问网站期间所浏览的第一个页面，也称为入口页面。所有通过点击 AdWords 广告进入到网站的访客都有在着陆页的 URL 上留下额外的参数（gclid 参数）。因此，首先要在展示广告的 Google 浏览器上进行搜索，点击广告进入网站，然后查看着陆页面的 URL。如果 URL 没有显示 gclid 参数，那么 Google Analytics 就不会将此次访问标记为来自 AdWords 的访问，而是会将其当作来自 Google 自然搜索（免费搜索）结果的访问。AdWords 的推荐源都是可以自动跟踪的。

Google Analytics 的特色功能包括以下几种。

行业基准：基于选择的网站类别，Google Analytics 为用户提供了和同类别网站的对比分析。首先通过左侧菜单 Visitors 进入，选择 Benchmarking，选择自己网站的类别。每个类别下都分成大、中、小型，对比是针对相同类别、相同规模的网站进行的。参与对比的参数包括六种：IP、PV、IP 和 PV 比值、回头客、页面停留时间以及跳出率。

跳出率：在 Visitors 的 trending 下可以查看网站的跳出率。跳出率指单页访问次数或访问者从进入（目标）页离开网站的访问次数百分比。跳出率越高说明网站对访客的吸引力越不足。

导出格式：Google Analytics 提供.pdf、.xml、.csv、.tsv 四种格式的统计数据导出，用户只需要在任一统计结果页点击顶部的 Export 选择想要的格式即可。Google Analytics 的界面设计很直观，导出的 PDF 报告格式设计精美。通过点击"Add to Dashboard"按钮，用户能便捷地将所需统计的数据添加到仪表板，把最关心的统计数据在首页展示。

电子商务转化率：电子商务转化率报告显示产生购买行为的访问次数的比率。按时间跟踪转化率是一种有效方式，可以用来确定营销活动和网站在将访问者转化为客户方面的效果是好还是差。值得注意的是，由于转化率在不同公司（即使在同一行业内）存在较大差异，因此作为评估公司营销活动和网站效果的标准最有效。

（四）网上实验法

实验法是指从影响调查问题的许多可变因素中，选出一个或两个因素，将它们置于同一条件下进行小规模的实验，然后对实验结果进行分析，确定实验结果是否适合大规模推广。它是研究产生问题的各因素之间的因果关系的一种有效手段。

网上实验法（又称在线实验法、网基实验法）是选择多个可比的主体组，分别赋予不同的实验方案，控制外部变量，进行实验。企业开展网上实验的目的是测试因果关系，通常可用于验证实验室和现场研究的结果，也可开展一些只能在网上进行的实验。网上实验的材料也可以在传统的实验室情境下使用。网上实验法可以通过在网络中所投放的广告内容与形式进行实验。例如，企业可以设计几种不同的广告内容和形式在网页或者新闻组上发布，也可以利用电子邮件传递广告。广告的效果可以通过服务器端的访问统计软件随时监测，也可以利用查看客户的反馈信息量的大小来判断，还可借助专门的广告评估机构来评定。

例如，调研人员可以在网上比较测试备选网页、展示广告和促销活动，这种测试一般称为 A/B 测试。A 组看到一则广告或一个网页，B 组则看到另一则广告或另一个网页。企业可以利用网上实验法的调研结果，提高回复率和在线销售额。企业还可以将两个定价方案以电子邮件的形式，发送给平均分成两组的客户，每个定价方案中包含一个链接，分别链接到两个不同的网页。调研人员可以根据两个网页的点击率，判断哪个方案的拉动作用更大。如果消费者在搜索引擎网站上搜索一款产品，企业可以随机地将一半消费者链接到一个网页，将另一半消费者链接到另一个网页，观察哪个网页实现的销售额更高。

Forrester 调研公司对 71 家企业开展在线测试，结果显示 71%的被试者从 A/B 测试方法中受益，有的订单增加，有的网站访问量提高。从调研中发现：71%的企业运用网上实验法测试网站的效用，如网站设计、网站导航能力；58%的企业测试网站带来的收益，如网络促销活动；42%的企业测试顾客满意度和参与度；42%的企业测试访问者细分和目标定位；100%的企业测试固定的网站，23%的企业测试移动网站。

网上实验法的优点是方便、快捷、成本低廉，能收集到较大范围地区和人口的数据资料，在认知心理学和社会心理学领域已经有较广泛的应用。相比实验室实验，网上实验的不足在于对实验条件的控制更弱。比如，无法确定被试者的年龄、种族和性别等方面的特征，以及他们是否认真参与实验。

二、网络间接调研法

网络间接调研指的是网上二手资料的收集。二手资料的来源主要分为企业内部资料来源和网上查找的外部资料来源。

内部资料是可在组织或机构的内部得到的资料。例如，公司的销售量或顾客光顾情况、营销活动、价格信息、分销商报告和反馈、顾客的反馈信息等。企业可以利用销售业绩处理软件（如 Salesforce）构建销售信息系统。销售人员利用该系统输入实际客户或潜在客户的信息，通过登录产品与客户数据库，浏览客户记录。一个完整的客户记录应该包括所有的客户接触点（即与公司接触的渠道）数据，包括网络订单、电子邮件沟通、在商店购买的产品，以及优惠券兑换等。联邦快递公司使用互联网自动收集客户信息，客户能通过公司的网站预约取件人取包裹，可以跟踪货物转运地点和装运过程、查明邮资、填写快递清单，公司还提供多语种的对方签收凭证。以上的所有信息，都能为营销管理者提供决策依据。

外部资料，如政府出版物、公共图书馆、大学图书馆、贸易协会、市场调查公司、广告代理公司和媒体、专业团体、企业情报室等。网上查找资料主要通过两种方法：利用搜索引擎、BBS、电子邮件等方式；访问相关的网站，如各种专题性网站、相关的网上数据库。

（一）利用搜索引擎、BBS、电子邮件等

搜索引擎一般按照分类、网站和网页进行搜索。按照分类只能粗略查找，按照网页可以精确查找，但是结果较多，不容易筛选。因此搜索使用最多的是按照网站查找。在按网站搜索时，需要把搜索的关键词与网站名和网站的介绍进行比较，显示出匹配度高的结果。例如，要查找网络市场调研类的网站，可以在搜索栏输入"网络市场调研"并确认，系统会自动找出满足要求的网站。如果找不到满足要求的网站，可以尝试按照网页方式查找。

BBS 是互联网上的一种电子信息服务系统（如经管之家、小木虫）。它提供公共电子白板，每个用户都可以在上面发布信息、留言、发表意见或回答问题，也可以查看其他人的留言。电子公告牌按照 BBS 成员的要求和喜好，分成不同的主题。利用 BBS 收集资料主要是到相关的网站了解情况，如美国微软曾经一个月内访问其 Windows 的竞争产品 Linux 的 BBS 多达 15 000 次，了解 Linux 的发展情况，成为访问率最高的访问者。

用电子邮件收集信息，有两种形式。一种形式是收集公众给企业发送的电子邮件；另一种形式是到有关网站进行注册，订阅大量免费或收费新闻、专题邮件。值得注意的是，网上的信息有不精确性。对企业来讲，调查需要讲求信息的真实性和准确性，因此

从互联网获取的外部资料的可靠性是一个需要认真研究的问题。例如，互联网上举行过一次运用网络进行市场调查的研讨会，有人提出网络是否可以回答这样的问题"埃德蒙顿的人口是多少？"对此问题用网络检索工具查找的结果有 72 万人、68 万人、61 万人。显然，使用互联网搜索的调研人员，需要注意信息来源的权威性。

（二）访问相关网站收集资料

1. 公共数据网站

随着各国电子政务建设工程的推进，许多国际组织提供统计数据信息，许多政府机构提供各自领域的网络信息及数据，美国的许多大学通过图书馆提供大量信息，教师也都把研究成果展示在网上。许多行业协会也把行业及专业相关的信息在网上展示。常用的公共数据网站见表 5-3。

表 5-3 提供数据或数据分析的公共数据网站

序号	网站名称	提供的数据信息	网址
1	世界贸易组织网站	提供国际贸易数据	https://www.wto.org
2	国际货币基金组织网站	提供社会问题与社会项目信息	https://www.imf.org/external
3	美国专利商标局网站	为企业提供商标与专利数据	https://www.uspto.gov
4	萨赫尼的网站	提供个人网络营销见解、发表的学术论文、学术专著、网络营销解决方案	https://www.mohanbirsawhney.com
5	戴夫·查菲的网站		https://www.davechaffey.com
6	国家统计局网站、国家数据网	《中国统计年鉴》数据、《全国经济普查公报》数据、《国民经济和社会发展统计公报》数据等；国家数据网主要免费提供月度、季度、年度、普查区域、部门、国际社会和经济统计数据	https://www.stats.gov.cn https://data.stats.gov.cn
7	中国互联网络信息中心	全国未成年人互联网使用情况研究报告、中国网民搜索引擎使用情况研究报告、中国网民搜索行为调查报告、国家信息化发展评价报告	https://www.cnnic.net.cn
8	国家知识产权局网站	《知识产权统计简报》、专利执法统计、《世界五大知识产权局年度统计报告》	https://www.cnipa.gov.cn

1）世界贸易组织网站

世界贸易组织（World Trade Organization，WTO）是一个独立于联合国的永久性国际组织，总部位于瑞士日内瓦。WTO 数据门户载有与其问题有关的统计指标，可用的数据包括商品贸易和服务贸易统计数据、外国子公司统计数据、市场准入指标数据（约束、适用和优惠关税）、非关税信息以及其他指标数据。

2）国际货币基金组织网站

国际货币基金组织（International Monetary Fund，IMF）根据 1944 年 7 月在布雷顿森林会议签订的《国际货币基金组织协定》，于 1945 年 12 月 27 日在华盛顿成立，其总部设在华盛顿特区。国际货币基金组织的职责是监察货币汇率和各国贸易情况，提供技术和资金协助，确保全球金融制度运作正常。截至 2024 年 10 月，IMF 已拥有 190 个成员，其致力于促进国际货币合作、推动国际贸易、提高就业率和实际收入水平、维护汇率稳定，并协助成员解决国际收支失衡问题。IMF 通过分析研究政策建议、贷款规划以及能力建设，来促进全球经济的稳定与繁荣。为了适应不断变化的全球环境，IMF 持续审查和更新其工作方式和工具，以满足成员当前及未来的需求。IMF 力求确保国际货币体系的稳定，包括各国和公民之间交易所依赖的汇率体系及国际支付体系的稳定性。IMF 的执行董事会代表所有成员，负责讨论各国经济政策对国家、地区和全球的影响，批准 IMF 对成员提供的融资，并监督其能力建设项目的执行。

3）美国专利商标局网站

美国专利商标局（United States Patent and Trademark Office，USPTO）成立于 1802 年，是美国商务部下的一个机构，主要负责为发明家和他们的相关发明提供专利保护、商品商标注册和知识产权证明。美国专利商标局是掌握全国专利和商标申请以及核准手续的重要机关。美国专利商标局数据库包括授权专利数据库和公开专利数据库两部分。授权专利数据库收录了 1790 年 7 月 31 日至今授权的美国专利，全部免费提供说明书全文，其中 1975 年前的专利只提供 TIFF 格式图像说明书，1976 年后还提供了 HTML 格式专利全文。公开专利数据库对 2000 年 11 月 9 日起递交的专利申请进行公开，从 2001 年 3 月 15 日开始正式出版专利申请说明书。全部免费提供图像格式和 HTML 格式全文。

4）萨赫尼的网站

萨赫尼教授是全球公认的战略营销和创新领域的学者、教师、顾问和演讲者。他的研究和教学兴趣包括数字世界中的营销和媒体、以过程为中心的营销、协作营销、有机增长和以网络为中心的创新。他被公认为思想领袖。《商业周刊》将他评为电子商务领域最具影响力的 25 位人物之一。Crain's Chicago Business 将他命名为 "40 位 40 岁以下" 的一员，该组织由芝加哥地区的年轻商业领袖组成。他是世界经济论坛的成员。他的网站免费公开自己的网络营销学术论文、视频和书籍。

5）戴夫·查菲的网站

戴夫·查菲是一位网络营销培训师和营销研究的顾问。他在克兰菲尔德大学（Cranfield University）和华威大学（The University of Warwick）以及直销学院担任电子营销讲师。查菲描述了营销的未来，被英国皇家特许市场营销协会（The Chartered Institute of Marketing，CIM）评为全球最有名的 50 位营销大师之一。他著有数本畅销的数字营销书籍，包括《网络营销：战略、实施与实践》《电子商务管理：战略、执行与实务》和《数字营销原理：战略、实施与实践》。为帮助教育学生并使营销人员了解网络营销的最新、最佳实践，从而帮助企业将在线营销整合到他们的企业中并获得最大的机会，查菲与他人联合创办了 Smart Insights，它是一个在线出版商和网络营销学习平台，提供可操作的模板、指南和电子学习资源，帮助企业在网上取得成功。该网站不仅提供经典营销模型和网络营销模型（如何应用 RACE①、SOSTAC 等）的免费材料和

---

① RACE：reach，达到；act（全称 interact），行动；convert，转换；engage，从事。

书籍，并且提供免费的案例分析资料。

6）国家统计局网站

中华人民共和国国家统计局于 1952 年 8 月成立，是为了适应社会主义经济建设的需要而成立的。国家统计局是国务院直属机构，主管全国统计和国民经济核算工作，拟定统计工作法规、统计改革和统计现代化建设规划以及国家统计调查计划，组织领导和监督检查各地区、各部门的统计和国民经济核算工作，监督检查统计法律法规的实施。定期免费公布的数据资料包括《中国统计年鉴》数据、《全国经济普查公报》数据、《国民经济和社会发展统计公报》数据，同时提供数据指标解释和解读。国家统计局的数据发布后，3 个工作日左右更新国家统计局网站的全部进度指标数据；年度数据分 3 次更新主要指标数据，在《国民经济和社会发展统计公报》发布和《中国统计摘要》出版 5 个工作日左右分别更新主要数据，在《中国统计年鉴》出版后更新快速查询主要数据，并于 2 个月后加载年鉴光盘。

国家统计局的下属网站国家数据，创建于 2008 年，2013 年新建，免费提供月度、季度、年度、普查区域、部门、国际社会和经济统计数据。网站允许企业用户注册后上报数据，并为企业用户免费提供真实、完整、及时的统计资料。网站服务包括定期数据发布、数据导出、表格制作、图表绘制、指标解释等功能，还提供一键下载海量数据和数据挖掘功能。国家统计局通过官方微博"@中国统计"、微信公众号"统计微讯"和移动应用"数据中国"发布数据更新。

7）中国互联网络信息中心

中国互联网络信息中心是经国家主管部门批准，于 1997 年 6 月 3 日组建的管理和服务机构，行使国家互联网络信息中心的职责。该机构负责管理维护中国互联网地址系统、国家网络基础资源的运行管理和服务、国家网络基础资源的技术研发和安全以及互联网发展研究并提供咨询。从 1997 年 11 月开始，每年大约 1 月和 7 月两次发布《中国互联网络发展状况统计报告》，其是中国互联网络信息中心发布的最权威的互联网发展数据的报告之一，截止到 2024 年 3 月，中国互联网络信息中心已经发布了 53 次《中国互联网络发展状况统计报告》。所有报告都可以免费从中国互联网络信息中心下载。另外，中国互联网络信息中心还免费提供《全国未成年人互联网使用情况研究报告》《中国网民搜索引擎使用情况研究报告》《中国网民搜索行为调查报告》《国家信息化发展报告》等。

8）国家知识产权局网站

国家知识产权局是国家市场监督管理总局管理的国家局，负责保护知识产权工作，推动知识产权保护体系建设，负责商标、专利、原产地地理标志的注册登记和行政裁决，指导商标、专利执法工作等。国家知识产权局网站免费提供统计数据，包括 2016 年以来的《世界五大知识产权局统计报告》（中英文）、1989 年以来的历年《中国专利调查报告》，每月提供 2018 年以来的《国家知识产权局业务工作及综合管理统计月报》，按月、季、半年、年提供《知识产权统计简报》。

2. 企业及个人数据网站

许多企业的网站提供了大量关于公司使命、产品、合作伙伴等数据信息。

1）阿里云数据中台

阿里云数据中台（https://dp.alibaba.com）是阿里巴巴集团推出的全域数据应用产品，能处理海量数据，并提供秒级响应速度，同时提供统一的数据服务。阿里云数据中台能处理 PB 级别的数据，为用户提供数据仓库、数据分析、海量数据统计、数据挖掘、商务智能和模型训练等领域的解决方案。数据已融入阿里的生态，正以最新的形式、最具创意的应用，迸发出强劲的生命力，为阿里巴巴集团的生态系统注入全新动力。2014 年 10 月，阿里巴巴集团携手量子恒道，依托 OneData 体系和之前推出的生意参谋，重新整合升级生意参谋平台。2015 年 9 月生意参谋平台推出市场行情、数据作战室等重要功能，为店铺和企业提供全新数据分析功能。功能主要包括流量来源、收藏加购数据、不同活动支持分天分小时的实时对比、购物津贴等营销工具转化情况，精准提升转化率，默认同步最近一年平台的活动，以及"双 11""双 12"最长三年的数据，能够持续沉淀，其他活动最长可保留记录 400 天。这样可以让店铺和企业的核心指标清晰呈现，有效帮助店铺和企业实现精准营销。

2）百度智能云

百度智能云（https://cloud.baidu.com）于 2015 年正式运营，是基于百度多年技术沉淀的智能云计算品牌，致力于为客户提供全球领先的人工智能、大数据和云计算服务。百度智能云为金融、城市、医疗、客服与营销、能源、制造、电信、文娱、交通等众多领域的领军企业提供服务，包括中国联通、国家电网、南方电网、浦发银行、成都高新减灾研究所、央视网、携程、四川航空等诸多客户。百度智能云的智能大数据平台领先的数据资产管理和数据处理能力，提供全托管、可视化、一站式的数据服务，助力企业智能化运营。智能大数据平台提供计算集群服务、数据仓库、分析引擎、日志服务、联合建模、消息服务等。

计算集群服务，可以助力客户快速具备数据分析和挖掘能力；数据仓库，以较低的成本提供在大数据集上的多维分析和报表查询功能；分析引擎，把结构化数据导入到数据仓库中，运用相关工具进行实时分析和可视化展示，提供自动运行维护和调整优化，减少客户自行管理基础设施的开销，并完全兼容开源接口，实现业务零成本迁移；日志服务，为一站式实时日志分析服务，提供日志数据采集传输、检索分析、实时消费与转储等功能，帮助用户轻松应对服务运维管理、商业趋势洞察、安全监控审计等业务场景；联合建模，基于安全隔离域、联邦学习等技术能力，通过多方数据安全"融合"及建模分析计算，提供从数据分析、模型训练、评估到应用部署的全流程服务，满足风险控制、精准营销和用户冷启动等多场景业务需求，实现数据价值安全合规流动共享；消息服务，全兼容分布式、高可扩展、高通量的消息托管服务，用户可以直接享用 Kafka 带来的先进功能而无须考虑集群运维，并按照使用量付费。

3. 咨询网站

1）艾瑞咨询

艾瑞咨询（https://www.iresearch.cn）全称为上海艾瑞市场咨询股份有限公司（iResearch），成立于 2002 年，是一家专注于网络媒体、电子商务、网络游戏、无线增值等新经济领域，深入研究和了解消费者行为，并为网络行业及传统行业客户提供市场调查研究和战略咨询服务的专业市场调研机构。艾瑞咨询已经成为网络经济时代中国最优秀的专业市场调研公司之一。艾瑞智云产品服务体系，通过9亿网民线上线下行为洞察商业本质，为多个场景提供数据服务。艾瑞咨询主要提供的信息产品包括研究报告、研究咨询、数据服务、艾瑞睿见等。研究报告主要包括媒体营销、网络服务、教育、人工智能、B2B 等多个行业的产业研究报告和季度数据报告；研究咨询包括互联网、影视、广告公司、金融等行业的解决方案，还包括品牌研究、营销及广告研究等研究服务；数据服务包括移动 APP 指数、PC Web 指数、网络广告指数、移动设备指数、海外APP 指数以及微信小程序指数等各类指数；艾瑞睿见主要提供第三方网民网络行为监测、第三方视频内容监测、第三方竞品广告投放监测、第三方小程序行为监测、网络购物市场监测以及第三方 KOL 市场监测等。

截至 2023 年 12 月，艾瑞咨询已经服务超过 200 家企业，涵盖互联网、电信无线、广告公司、投资公司、政府以及各类传统企业，如汽车行业、IT 家电行业、金融行业、消费品行业等，积累不同行业客户研究服务经验，并根据各行业客户需求及特点提供更具针对性的研究咨询解决方案服务。

2）赛迪网

赛迪网（http://www.ccidnet.com）成立于 2000 年 3 月，是中华人民共和国工业和信息化部直属单位中国电子信息产业发展研究院旗下具有影响力的网络媒体。赛迪网通过新媒体手段，构建了以互动媒体为基础，提供专业市场研究报告及咨询服务的平台，主要产品包括市场研究报告、投资可行性报告、行业数据统计、企业营销策略、企业战略咨询等。其主要的媒体信息服务包括舆情监测，以及微博、微信和自有媒体的推广传播策略。舆情监测是指企业可以通过平台提供的专属舆情监测 APP 系统，根据客户需求，用手机或者移动端就可以随时随地对其自身及竞争对手企业的传播状况进行监测、收集和统计分析，以便收集更多有利信息，未雨绸缪；微博、微信推广传播是指为客户量身策划设计微博、微信传播场景、活动以及特色传播服务，帮助客户运营官方微博、微信，增强传播力度，扩大用户关注度；自有媒体推广传播是指聚集自有媒体资源帮助客户进行行业垂直传播服务，以专业的视角建议客户如何有效利用自有媒体，为客户量身定制自有媒体推广传播策略。

三、网络市场调研的抽样方法

网络市场调研的抽样方法可以分为概率抽样和非概率抽样两类。

概率抽样是指按照随机原则对总体进行任意抽取。如网址、IP 地址或其他个体特征，概率抽样中个体被抽到的机会相对均等，样本在抽样总体中的分布相对均匀，这样可以避免出现偏差，概率抽样主要有简单概率抽样、等距抽样、分层抽样和整群抽样等。

非概率抽样是调查者根据自己的主观判断抽取样本的方法，它不是严格按照随机抽样原则抽取样本，没有大数定律的存在基础，也就不能确定抽样误差，从而无法正确地说明样本的统计值在多大程度上适用于总体。非概率抽样主要有方便抽样、判断抽样、配额抽样和推荐抽样等。

在实际网络市场调研中，受客观条件的限制，并不能按照随机原则进行均等机会的抽样。所以调研人员根据实际需要，采取概率抽样、非概率抽样，或二者相结合的方式进行抽样。

1. E-mail 地址抽样

在拥有大量 E-mail 地址的情况下，可以在 E-mail 地址中进行简单概率抽样或等距抽样，并通过 E-mail 发放问卷。如果拥有每个 E-mail 地址相关背景信息，还可以通过信息对总体进行分层或分群，采用配合抽样或整群抽样的方式，按一定配合条件或分群情况进行随机抽样。这种方法与按地址或固定电话号码随机抽样的传统方法所达到的效果是一样的。

2. 固定样本抽样

固定样本抽样是把已经同意参加各类调查的受访者放入固定样本库，在固定样本库中抽取样本，并给予参与调查成员一定回报的抽样方法。每个成员在自愿的基础上统一接受调查，邀请并提供背景信息和 E-mail 地址等联系方式。成员有选择加入样本库或退出样本库的权利。具体可以按一定的条件甄别，如性别、年龄、所在地区和收入等要求，在成员中进行随机抽样。如果固定样本库的样本招募是随机的，通过电话随机访问，则抽样就具备完全的随机性；如果固定样本库的样本招募是非随机的，则抽样就不具备完全的随机性。

3. 弹出窗口式抽样

弹出窗口式抽样是指通过软件技术采用弹出窗口的方式对网站访问者进行抽样的方法。如果要对网站的访问者进行计数，可以预先设定好间隔，如每隔 100 个访问者弹出一个窗口，邀请访问者参加调查。这种方法类似于传统的街头拦截，但是由于是通过软件进行自动控制，比街头拦截更具随机性。

4. 预先电话抽样

预先电话抽样，一般是预先使用电话进行随机抽样，然后通过电话直接邀请或通过 E-mail 邀请受访者登录指定的网站参加调查。这种方式通过密码进行控制，只有获得了邀请的受访者才能参加调查，这样既实现了完全的随机性，又充分发挥了网络调查的优势。

5. 完全公开式抽样

完全公开式抽样是在企业网站问卷调查平台，或其他网站公开调查问卷，并广泛发布链接，使受访者主动参加调查的方法。参加调查的受访者大多是对调查主题感兴趣、有特定意见或者有较多空闲时间的个体，而不是通过随机过程被选中的个体。这种非随机性导致样本可能无法充分代表总体，因而随机性较差，且难以保障受访者身份的真实性及填写问卷行为的恰当性，更无法对所调查的内容进行保密。

每种抽样方法都各有优缺点，企业在制订抽样方案时，应根据市场调查的问题性质、调查的目的和条件、调查对象特征、统计要求，以及各种抽样方法的特点，选择适当的抽样方法。

【本章小结】

本章首先介绍了网络市场调研的含义、特点、内容、优势及劣势。其次介绍了网络市场调研的步骤：明确网络市场调研问题和调研目标、确定网络市场调研对象、制订网络市场调研计划、评估预调研对象对调查问卷的意见、收集信息、分析信息、提交网络市场调研报告。最后，介绍了网络市场调研的方法：网络直接调研法和网络间接调研法。

【概念讨论】

　　1. 什么是网络直接调研法？
　　2. 什么是网络间接调研法？

【概念应用】

　　根据课堂内容，对比网络直接调研法和网络间接调研法的优缺点。

【课程思政案例】

法国队夺冠，华帝退全款

一、活动开始时间

　　2018 年 5 月 30 日。

二、案例荣誉

　　2019 年大中华区艾菲奖金奖案例。

三、案例企业

　　华帝股份有限公司、广州之外创意营销策划有限公司。
　　案例网址：https://effie-greaterchina.cn/case/show-1082.html。

四、案例背景

　　华帝股份有限公司始终秉承着"品质、创新、服务"的品牌理念，致力于为消费者提供高品质的厨电产品。2018 年 5 月 30 日，华帝董事长潘叶江在《南方都市报》公开发布了一则公告，宣布华帝正式成为法国国家足球队官方赞助商。这一举措旨在借助世界杯这一全球盛事，提升华帝品牌的国际影响力。

　　2018 年 5 月 30 日，华帝股份有限公司董事长潘叶江在《南方都市报》公开发布了一则公告，即"为庆祝华帝正式成为法国国家足球队官方赞助商，并迎接'6·18'到来，经过公司慎重考虑，华帝作出以下决定：若法国国家足球队在 2018 年俄罗斯世界杯夺冠，则对于在 2018 年 6 月 1 日 0 时至 2018 年 6 月 30 日 22 时期间，凡购买华帝'夺冠套餐'的消费者，华帝将按所购'夺冠套餐'产品的发票金额退款。特此通知！"5 月 31 日刊登在报纸上的公文正式露面，立即成为各网络大媒体当天的头条和热点新闻。

　　北京时间 7 月 15 日，俄罗斯世界杯决赛打响，法国队对阵克罗地亚队。京津地区那些购买了厨电品牌华帝"夺冠套餐"的消费者，他们关心的是如果法国队夺冠，自己能否获得相关商品的退款？2018 年中国备受瞩目的体育赛事——世界杯，与全球年中购物盛事——"6·18"部分时间重叠。在颇具热度的世界杯赛事与全球年中购物节的强势营销背景下，各大品牌纷纷投入巨资赞助世界杯，各大电商平台亦大力进行促销，营销大战一触即发。华帝作为中国厨电行业的头部品牌，在中国如此复杂的市场背景下，在资金紧缺的情况下，如何利用仅作为一支球队的赞助商的身份突出重围。华帝抓住消费者的博弈心理，推出"法国队夺冠，华帝退全款"活动，此举一经推出就受到了极大的关注，也引发了热烈的讨论。我们看到，无论法国队最终是否夺冠，华帝都将成为此次营销活动的赢家。

五、网络营销活动

1. 营销目标

"6·18"是华帝电商重要的促销节点。在"6·18"和世界杯期间，通过整合营销，传播华帝电商全品类产品，促进站内外引流转化。引爆华帝品牌关注度和影响力，刺激消费者购买。

2. 营销受众

（1）25～34 岁的中国消费者。25～34 岁的中国消费者大部分是即将组建或刚刚组建家庭，对厨电等产品有一定的需求，华帝此次举办的活动可以吸引这部分人的关注。

（2）所有关注世界杯的消费者。华帝成为世界杯法国国家足球队的官方赞助商，在足球世界杯期间，一定会受到关注世界杯的消费者的关注。在极高关注度的情况下，此次营销活动的目标受众范围非常广。

3. 营销创意

法国队夺冠，华帝退全款。

4. 创意实施

公文引爆媒体，扩大影响力。董事长签名公文正式登《南方都市报》，宣布："法国队夺冠，华帝退全款"活动开始。社交媒体造势，激发自传播：以微博为主，微信为辅，由微博大 V 进行曝光，引发围观和热议，引发自传播。长效媒体扩散，持续提醒：通过分众媒体框架广告和户外广告的投放，扩大受众覆盖面，实现多次曝光，增强传播效果。明星互动，一起狂欢：代言人林更新发布微博"华帝退全款，送一千张电影票"，引发粉丝热议与转发。世界杯一旦开幕，将成为最大热点，华帝抢在世界杯开幕前两周，发布退全款活动公文，提前引爆关注；世界杯结束，法国队成功夺冠，华帝第一时间宣布"庆祝法国队夺冠，华帝退全款启动"。

5. 营销费用

（1）付费媒体：2018 年 6 月至 2019 年 5 月，1201 万～3000 万元。

（2）自有媒体：企业官方微信公众号、企业官方微博、企业线下门店、企业电商平台。

（3）免费媒体：口碑传播。

6. 营销效果

（1）世界杯期间，华帝用少于 7900 万元的退款，创造了当月约 10 亿元的销售总额。

（2）2018年7月16日，华帝启动退全款，话题登上百度搜索风云榜第一，百度指数同比增长33 039%。

（3）华帝的关注度和影响力远超世界杯官方赞助品牌。

（4）华帝成为世界杯期间最热话题，全民热议。

（5）多次登上微博热门话题榜、微博热搜榜、知乎热搜等。

（6）引发中国所有主要新闻媒体、全球媒体大量报道。

（7）退全款依然盈利。此次活动销售总额约为10亿元。通过计算，2018年6月1日至7月3日，华帝的营业利润约为4.3亿元，通过营销所带来的营业利润增长约为0.99亿元，足以覆盖"退全款"营销活动支出，多赚了2000多万元。

六、案例问题

问题1："诚信"是社会主义核心价值观的基本内容，你认为此次营销活动中，华帝是如何体现商业诚信的？请设想一下如果华帝不守诚信，可能造成什么样的后果？

问题2：请认真阅读案例，指出华帝股份有限公司此次营销活动采用了哪些网络营销工具、网络营销策略或网络营销理论？

问题3：运用网络营销课程所学知识，对问题2的网络营销策略、网络营销工具进行解释，华帝是如何运用这些网络营销工具和网络营销策略的？

问题4：你认为华帝此次网络营销活动成功的关键点是什么？请思考并讨论"网络营销策略"和"诚信"的辩证关系。

第三篇　策　略　篇

第六章 网络营销策略组合

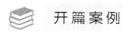 开篇案例

沃尔玛的 4P 营销

沃尔玛成立于 1962 年，已经发展成为世界上最大的零售商，其主要优势之一是精心设计的营销组合。在激烈的零售市场中，沃尔玛依靠其"企业战略"维持持续发展的能力。这家零售巨头的成功归功于其全面的营销组合，涵盖了营销的四大核心元素（4P）：价格、产品、促销和渠道。

价格：产品的价格直接影响其市场竞争力和长期成功。适中的定价带来了稳定的销售利润，而低价策略则吸引了更多的客户需求。沃尔玛通过实施批量销售策略，保持价格在消费者可接受的范围内；采用高效的采购策略，与供应链中成本效益最高的供应商进行谈判，确保商品价格低廉；多样化的商品组合能在特定促销活动不足时，通过其他产品的销售来补偿；运用通用条形码和 SKU（stock keeping unit，存货单位）系统，建立了高效的供应链，从而降低成本并提高操作效率；提供多种支付方式，包括现金支付或为大额购买（如电器或家具）提供分期付款选项。

产品：沃尔玛提供广泛的产品种类，从食品、家具到电子产品等几乎涵盖所有类别。沃尔玛通过大规模采购实现价格优势，将低价优惠转移给顾客，并与供应商保持稳定的合作关系；沃尔玛还推出了自有品牌产品，这些产品在特定的沃尔玛商店独家销售。

促销：沃尔玛的促销策略旨在吸引和启发消费者了解和购买其产品。沃尔玛全年无休地推出各种折扣活动，并使用低价战略的口号，如"省钱，生活得更好""天天低价"等，吸引顾客的注意。此外，沃尔玛还通过电视广告、社交媒体和电子商务平台等多元化的广告媒介进行宣传，并提供快速安全的运输方式，确保在线购物的顾客获得最佳服务体验。

渠道：有效的渠道网络对于任何商业活动都至关重要。沃尔玛通过强大的电子商务平台和精心规划的配送中心网络，确保顾客能够随时在线购买商品，并快速地将产品直接送到消费者手中。先进的 IT 系统帮助沃尔玛有效跟踪产品状态，无论产品是在运输途中还是库存中。此外，沃尔玛在美国等地的战略地理位置及其庞大的送货车队也极大地提高了物流效率，同时沃尔玛的多种商店形式，如沃尔玛超级中心、社区市场等，都具有独特的品牌特色和差异化优势。

【案例讨论题】

你觉得沃尔玛的营销组合中，哪一个对品牌的建设作用最大？

第一节　网络营销产品策略

一、网络营销产品的概念

网络营销中的产品是指能提供给市场以引起人们注意、获取、使用或消费，从而满足某种欲望或需要的一切东西，包括无形服务和有形物品。

二、网络营销产品的层次

市场的差异导致了网络营销产品内涵与传统产品内涵有一定的差异性，主要是网络营销产品的层次比传统营销产品的层次大大拓展了。传统营销中产品分成三个层次：核心产品、有形产品、延伸产品。核心产品是指产品能够提供给消费者的基本效用或益处，是构成产品最本质的部分；核心产品必须通过一定的载体表现出来，这个层次就是有形产品，有形产品包括质量水平、特色、式样、品牌和包装；延伸产品包括附加服务、附加利益，如售后服务、送货、质量保证、安装等。网络营销的产品层次，在传统营销产品层次的基础上又附加了两个层次：期望产品层次和潜在产品层次。网络营销的产品层次如图6-1所示。

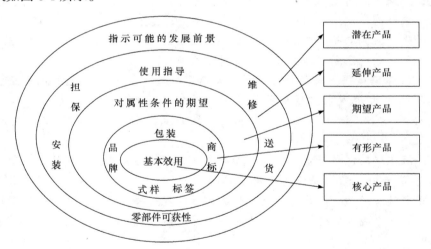

图 6-1　网络营销的产品层次图

（1）核心产品层。网络产品的核心产品层与传统营销中的核心产品层含义是一样的。例如，网络玩家之所以在网络游戏上投入大量的时间和金钱，不是为了点鼠标看动画，而是获得身临其境的愉悦体验，因此企业在设计和开发产品时，要从顾客核心利益的角度出发，值得注意的是，由于网络的开放性和全球性使网络营销也具备全球性，企业在提供核心利益和服务时，要针对全球性的网络市场提供。网游的核心产品是身临其境的愉悦体验；电脑的核心产品是能够学习、玩游戏、交流的功能；衣服的核心产品是保暖、美观；空调的核心产品是提供凉爽或温暖。

（2）有形产品层。有形产品又称形式产品，是指实现核心产品的物理载体，是核心产品的实现手段和外在表现，包括质量、性能、造型、特色、款式、设计、包装等内容。例如，U盘的形式产品是长方体、多边体、可伸缩、可旋转。对于有形产品来说，由于网络营销是跨时空的，消费者通过网络所能看到和感受到的仅仅是图片、文字、视频等产品内容，其真实质量信息匮乏，因此必须提供必要的品质保障。由于消费者对产品的认识和选择更加依赖于品牌，因此品牌在网络时代变得尤为重要。对无形产品而言，在虚拟市场上的表现仍然可以看作形式产品，其主要由品牌特色操作界面、版本、用户运行环境等因素构成。

（3）期望产品层。期望产品层是指购买者在购买产品时，期望得到的与产品密切相关的一整套属性和条件。在网络环境下，消费者需求呈现个性化特征，不同的消费者对产品要求不一样。新的设计和开发必须满足消费者的个性化的消费需求。顾客在购买产品前，对所购产品的质量、使用方便程度、特点等方面的期望值，就是期望产品。为满足这种需求，针对物质类产品，要求企业的设计生产和供应等环节，必须实行柔性化生产和管理。对数字产品而言，其物理特性明显区别于传统的物质产品内容，具有可变性，生产方适时改变数字产品的内容，可以提高数字产品性能和扩充数字产品信息量。同时，这一特征使生产方能按照消费者的需求进行定制和个性化服务。例如，软件商可以通过提供升级软件对现有用户的低版本软件进行升级，新闻网站可以提供在线定制，数字图书馆可以提供定题服务等。

（4）延伸产品层。延伸产品层是指顾客购买产品时所能得到的附加服务和附加利益的总和。延伸产品主要帮助用户更好地使用核心利益和服务，在网络营销中，对于物质产品来说，延伸产品层要注意提供满意的售后服务、进货质量保障等；对于无形产品，如软件、音乐等，重点是保证产品的质量和技术保障。例如，360杀毒软件承诺用户可以享受终身免费使用，这一营销决策吸引了大量的消费者。

（5）潜在产品层。潜在产品层是指由产品的生产者或经营者提供能够满足消费者潜在需求的产品层次，主要是帮助用户更好地使用核心利益的服务。潜在需求是指市场上消费者对某种商品怀有强烈的需求愿望，但由于市场上没有现实的或理想的商品，只能待机购买；或者市场已经有了理想的商品，但由于消费者现实的购买力不足，只能待时购买。

潜在产品层位于延伸产品层之外，是由企业提供能满足顾客潜在需求的产品层次，是用户购买产品时所获得的全部附加服务和利益。它主要包括打补丁、升级服务优惠、安全保障及个性化服务。网络营销企业常常在这一层实施锁定忠诚用户计划。当用户从一种品牌转移到另一种品牌的成本非常高时，该用户就已经面临被锁定。例如，游戏玩家在玩游戏的过程中积累了大量的经验，获得了一定的级别称号，享受了一定的象征财富与力量的装备优惠，如果更换游戏，则需要从头开始，会产生巨大的转移成本，这种锁定和转移成本，在潜在产品层上十分普遍。

三、网络产品的分类

1. 实体产品

实体产品是指网上出售的具有实体特征，且需要物质载体的商品，如服装、鞋帽、家具、日常用品、书籍、报刊、体育用品、玩具、化妆品等。当实体产品以传递一定信息功能为核心时，则该类产品非常适合于网络营销，如图书。通过网络查阅新书目，读者可以迅速捕捉最新的出版信息，而且可以阅读到书中详细的目录、内容简介等，有些图书还提供试读的内容。网络书店提供关键词、作者书名、出版日期等查询信息，可以帮助顾客节省时间，书籍的专用性和物理特性决定了在邮寄过程中不容易破碎或损耗，类似的实体产品，还有音像制品、化妆品、家用电子产品、玩具、计算机硬件等。当然，随着科技的不断进步以及物流行业的不断发展，大件家电也能实现网上购买。

2. 数字产品

数字产品是指可编码为二进制流的交换物，包括电子书刊、软件、计算机游戏、资料库检索和下载等这类产品，主要是借助计算机实现商品的使用价值，离开了计算机和网络，这类商品就不能发挥作用。数字产品在网上销售非常容易，销售量也比较大，但是容易产生版权问题，当前国家正在针对版权进行网络治理，盗版现象越来越少。

3. 服务

服务是指线上服务产品，可以分为普通服务和信息咨询服务两大类。普通服务包括远程医疗、法律救助、飞机票、火车票、入场券的预订，饭店旅游服务，预约，医院预约挂号，网络交友，计算机游戏等。信息咨询服务，包括法律咨询、医药咨询、股市行情分析、金融咨询资料库、检索电子新闻及电子报刊。信息咨询服务的外在形式或载体并不重要，实地购买和网上购买不会有任何的差别，其核心是内容和品牌，这类商品在网上销售的最大优点是方便快捷。

四、谷歌的网络产品

谷歌于 1998 年进入市场，当时已经有了多家搜索引擎服务提供商（远景公司、雅虎、Go To 等），各自有忠实用户。但是，谷歌凭借不断地创新产品，始终处于领先地位。2021 年 Interbrand 公司的全球品牌调查报告中，谷歌被评为全球第四大知名品牌，如表 6-1 所示。

表 6-1　2021 年 Interbrand 公司发布的知名品牌百强榜

序号	品牌名称	序号	品牌名称	序号	品牌名称	序号	品牌名称
1	Apple 苹果	8	Mercedes-Benz 梅赛德斯-奔驰	15	Facebook 脸书	22	CHANEL 香奈儿
2	Amazon 亚马逊	9	McDonald's 麦当劳	16	Cisco 思科	23	HERMES 爱马仕
3	Microsoft 微软	10	Disney 迪士尼	17	Intel 英特尔	24	J.P. Morgan 摩根大通
4	Google 谷歌	11	NIKE 耐克	18	IBM 国际商业机器公司	25	HONDA 本田
5	SAMSUNG 三星	12	BMW 宝马	19	Instagram	26	YouTube 油管
6	Coca-Cola 可口可乐	13	LV 路易威登	20	SAP 思爱普	27	IKEA 宜家家居
7	TOYOTA 丰田	14	Tesla 特斯拉	21	Adobe 奥多比	28	PEPSI 百事可乐

续表

序号	品牌名称	序号	品牌名称	序号	品牌名称	序号	品牌名称
29	UPS 联合包裹服务	47	Volkswagen 大众	65	Danone 达能集团	83	LinkedIn 领英
30	American Express 美国运通	48	AXA 安盛集团	66	Spotify 声田	84	Hewlett Packard Enterprise 慧与
31	GE 通用电气	49	adidas 阿迪达斯	67	3M 明尼苏达	85	HUAWEI 华为
32	Accenture 埃森哲	50	mastercard 万事达卡	68	Colgate 高露洁	86	Kia 起亚
33	GUCCI 古驰	51	Starbucks 星巴克	69	Morgan Stanley 摩根士丹利	87	Johnson&Johnson 强生
34	Allianz 安联保险集团	52	Ford 福特	70	Nintendo 任天堂	88	Panasonic 松下
35	HYUNDAI 现代汽车	53	L'oreal Paris 巴黎欧莱雅	71	LEGO 乐高	89	Heineken 喜力啤酒
36	Netflix 美国奈飞	54	CitiBank 花旗银行	72	Kellogg 家乐氏	90	John Deere 美国迪尔
37	Budweiser 百威啤酒	55	Goldman Sachs 高盛集团	73	Cartier 卡地亚	91	Zoom
38	Salesforce 赛富时	56	eBay 易贝网	74	Santander 西班牙国际银行	92	Tiffany&Co.蒂芙尼
39	Visa 维萨	57	Philips 飞利浦	75	FedEx 联邦快递	93	KFC 肯德基
40	Nescafe 雀巢咖啡	58	Porsche 保时捷	76	Ferrari 法拉利	94	PRADA 普拉达
41	Sony 索尼	59	Nissan 尼桑汽车	77	Dior 迪奥	95	Hennessy 轩尼诗
42	PayPal 贝宝	60	Siemens 西门子	78	Corona 科罗娜	96	MINI 宝马迷你
43	H&M	61	Gillette 吉列	79	Canon 佳能	97	Burberry 博柏利
44	Pampers 帮宝适	62	Nestle 雀巢公司	80	DHL 敦豪	98	Land Rover 路虎
45	ZARA 飒拉	63	HP 惠普	81	Jack Daniel's 杰克丹尼	99	Uber 优步
46	Audi 奥迪	64	HSBC 汇丰银行	82	Caterpillar 卡特彼勒	100	SEPHORA 丝芙兰

资料来源：https://www.163.com/dy/article/GN2EQM7J053159A3.html

谷歌的产品包括互联网搜索、云计算、广告技术，同时开发并提供大量基于互联网的产品与服务，开发线上软件、应用软件，还涉及移动设备的 Android 操作系统以及谷歌 Chrome OS 操作系统的开发等。谷歌公司的产品分类如表 6-2 所示。

表 6-2　谷歌公司的产品分类

谷歌产品类别	谷歌具体产品
互联网及相关业务	谷歌搜索
	谷歌广告

续表

谷歌产品类别	谷歌具体产品
互联网及相关业务	谷歌地图
	谷歌火星
	谷歌月球
	YouTube
	Android
	Chrome
	Google Play
	Gmail
	谷歌地球
	Chrome OS
硬件产品业务	Chromecast
	ChromeBook 笔记本
	Nexus 手机
	谷歌自动驾驶汽车
虚拟现实产品业务	Google Glass

　　网络企业根据其运营目标、自身实力、市场状况和竞争态势对产品组合的宽度、长度、深度、关联度进行安排。从产品组合的调整和优化的角度看，其主要采取调整核心产品的策略和调整延伸产品的策略两大类。

五、网络营销的产品策略

　　1. 调整核心产品的策略

　　在网络营销环境下，为了适应消费者网上购买的需求，一些企业会调整当前企业的核心产品，使产品能实现网上交易。一种方法是开发新的数码产品，另一种方法是为顾客提供数字化价值。企业在进行调整核心产品策略的决策时，需要考虑以下几个问题。

　　（1）企业目前的产品经过数字化调整后，是否能为现有的顾客群体提供附加价值或交易服务？例如，书商能够提供书评、新书目录或试读样章，旅行社可以提供度假胜地的视频等。

　　（2）企业是否可以借助网络重新包装现有的产品，或开发新的网络商业计划，满足新的消费者细分市场的需求？例如，在线书商可以创建电子图书产品，进行出售或出租服务，或者创建线上 DVD 出租服务。

　　（3）企业是否能利用自身能力吸引顾客，创造新的收入来源？是否能对附加产品进行宣传和销售？lastminute.com 是一家来自英国的在线旅游公司，专门提供航班、旅馆和汽车的预订服务。传统旅行社的产品没有 lastminute.com 的包价度假灵活，但他们在独创性方面有优势，lastminute.com 在全力发展包价度假业务，与欧洲旅行社市场争夺份额。2018 年，lastminute.com 包含度假酒店和邮轮的非航班的产品带来的收入，首次超过了只提供航班的产品。动态包价服务是指在线旅行社将航班和酒店结合在一起，推出自己的产品，这类服务销量增长 41%，创收 6830 万美元。

网络市场与传统市场最大的区别，就是一些特殊的产品可以转变为数字产品。例如，音乐可以转变为可下载资源或者流媒体数字链接，书籍可以转变为电子图书，报纸和杂志可以提供在线阅读，软件可以转变为可下载资源或在线订购服务等。

针对以上问题，企业可以思考在网络市场中，如何改变产品范围和产品组合。企业可以选择将部分产品在网络平台销售，如在线时装零售商；还可以选择在网上提供比线下更详尽的产品或服务信息，以满足消费者对信息透明度和信息便捷性的需求。

企业可以选择的调整核心产品的具体策略包括提供个性化定制产品、提供捆绑销售。个性化定制产品是互联网时代带给企业的最大机遇。借助网络渠道，企业的产品可以让消费者参与到产品的设计中，有些优秀的消费者还能发展成为专业消费者。专业消费者（prosumer）是指能参与设计或定制自己所要购买的产品的人。宝马公司在 Z3 型跑车投放市场前，建立了互动网站，用户可以设计自己喜欢的跑车外形。宝马公司的数据库直接与互动网站相连。宝马在最忠诚的顾客群中收集数据信息，并综合顾客群设计的外形特点，安排该型跑车最终的生产。捆绑销售是指将两种或两种以上的产品或服务，捆绑起来销售的方式。例如，低成本的航空公司，如易捷航空、瑞安航空、春秋航空等，都把其核心产品与旅行相关的互补服务进行捆绑，包括航班、酒店套餐、汽车租赁保险等，这样既可以方便消费者，又能增加公司的销售利润。

2. 调整延伸产品的策略

调整延伸产品的策略需要基于对延伸产品的充分了解。当消费者购买了一台新电脑，这不仅是一台拥有显示器和电脑线的有形计算机，还包括所有和电脑相关的延伸产品要素，如说明书、包装、保修证书和后续系统升级等技术服务。戴夫·查菲认为调整延伸产品的内容包括调整认证书、检测书、顾客评价、品质保证书、客户服务、获奖证书、顾客列表、保修证书、退货保证书等。例如，以网店销售的玉镯为例，店铺除了提供高清的视频展示、图片展示，还会提供证书样板，为了满足顾客验真的需求，提供证书的查询方法、各类检验及经营证书等；为了满足顾客对品质的需求，提供 A 货翡翠的鉴别方法；为了满足顾客对尺寸的精准的需求，提供不同的确定方法；为了满足顾客保养玉镯的需求，提供详细的保养说明；等等。

3. 网络新产品开发策略

新产品开发来源于符合市场需求的构思，其构思则来源于预期市场的需求信息和企业内研发与营销人员所提供的信息，以及对用户需求和竞争对手的调查。企业需要通过网络了解用户的需求，通过让用户参与产品的设计、改进、生产等过程，实现产品的定制化，缩短产品上市时间，赢得市场优势。按产品研究开发过程，网络新产品开发主要包括全新产品、模仿型新产品、改进型新产品、形成系列型新产品、新产品线新产品、降低成本型新产品和重新定位型新产品。

1）全新产品

全新产品又叫间断性创新产品、非连续性创新产品，是指企业向市场推出的全新的、从未出现过的产品，这类新产品是其同类产品的第一款，并创造了全新的市场。呼啦圈、电视机在刚刚问世时就属于间断性创新产品。在互联网上出现的第一个网页、制作软件、购物代理、搜索引擎等都属于这一类。例如，基于身体扫描的硬件和软件产品，是李维斯公司开发的个性化裤型服务系统，这对那些不能找到合适衣服，或者希望在衣服设计方面有更多个性化的客户来说，是一个很好的选择，还有利于制造商和零售商提高客户忠诚度，降低库存成本，避免季节性折扣。另一个阶段性创新产品的例子是社交网络，社交网络使网络用户拥有大量的沟通对象，既可以追求娱乐，也可以追求经济利益。关于更多的间断性创新产品，可以关注网络博客 Engadget（engadget.com）。

颠覆性创新是间断性创新的一个分支，指的是对现有市场的一种颠覆性变革，有时也称作颠覆性技术。比较典型的例子是数字音乐下载颠覆了 CD 唱片的市场，电子出版物颠覆了纸质的报刊市场，GPS 定位设备颠覆了纸质的地图市场，微信、Facebook、推特网的出现，彻底改变了人们的沟通方式。正因如此，厂商必须密切关注新技术的发展，虽然这种策略的风险极大，但是成功后的效果却很明显。采用间断性创新产品策略的网络企业，需要懂得客户了解和接受新产品有一个过程，消费者需要从充分熟悉产品到能够驾轻就熟，从而感觉物有所值后才会转变他们的消费行为。

2）模仿型新产品

模仿型新产品又称企业创新产品，是指企业仿制市场上已有的产品，并进行创新，标上自己的品牌而形成的产品，如腾讯 QQ、微博。

3）改进型新产品

改进型新产品是指企业对现有产品进行改进，实现对旧产品的替代，如私人定制。该类产品的产品创新度较低，但市场风险和开发成本也相对较低。改进后的新产品，其结构更加合理，功能更加齐全，品质更加优质，能更多地满足消费者不断变化的需要。企业需要不断改进产品，保持竞争地位，才能增加用户价值。

4）形成系列型新产品

形成系列型新产品，也称产品线延伸产品，是指在原有的产品大类中开发出新的品种、花色、规格等，从而与企业原有产品形成系列，扩大产品的目标市场。

5）新产品线新产品

企业在现有的产品线之外，开发全新的产品线，可以是全新的产品类别或者现有类别中的新品种。新产品线的开发通常是为了开拓新的市场，满足新的消费者需求，或者是企业战略重组的一部分。如果企业以现有的品牌为不同的产品命名，就形成了新的产品线。微软公司推广 IE 浏览器时，就开发了新的产品线，当时由于网景公司已经开发出了浏览器并推广使用，因此 IE 浏览器只能是微软公司推出的新产品线，而不是全新产品。

6）降低成本型新产品

降低成本型新产品，是在现有产品的基础上，通过采用成本更低的材料、改进生产工艺、提高生产效率等方式降低产品的生产成本，从而将产品以更有竞争力的价格推向市场。降低成本型新产品能吸引价格敏感型消费者，提高产品的市场占有率。例如，同一款手机，企业可能会推出成本更低、功能稍逊但价格更低的版本。

7）重新定位型新产品

重新定位型新产品是将现有的产品，重新在不同的目标市场定位，或者提供新的用途。联想推出的笔记本昭阳 R2000 是一款重新定位的产品，专为满足极端工作环境的需求而设计。它对外壳、显示屏、键盘、硬盘和接口等关键部件深入优化，提升了防水防尘、抗振抗压、抗跌落、抗冲击、防潮防霉菌、防电磁干扰和数据安全等性能。昭阳 R2000 还具备独特的排水系统，即使在开机状态下也能 360 度防淋水，确保无渗漏风险；同时，采用主板级主、被动防护措施，全面屏蔽机体部件，防止电磁辐射和信息泄露。此外，昭阳 R2000 还配备了核心部件加热电路，能在低温环境下自动加热，保证在零下 20℃仍能正常运行，从而满足户外使用的严苛要求。

第二节　网络营销定价策略

一、网络营销产品定价概述

1. 互联网对产品定价的影响

（1）价格透明度增加。在互联网环境下，厂商和消费者都可以通过网络了解一种商品的所有售价。厂商可以通过互联网了解相关商品的售价，消费者也很容易获取不同销售商对产品的定价。消费者能够轻松获得各种商品的价格信息，商品价格的透明度非常高。

（2）消费者的议价能力增强。在互联网环境下，消费者掌握比较全面的价格信息，有利于消费者与网络经营企业进行讨价还价。比如，在反向拍卖中，由买方确定新商品的价格，然后卖方确定能否接受该价格。Priceline.com 就是一个这样的网站，用户可以在该网站上面对特定公司（如通用电气公司、卡特彼勒公司）的产品给出报价。在 B2G（business to government，企业对政府电子商务）市场上，政府采购人员发布商品或劳务的需求计划，厂商可以竞相投标，政府采购人员与报价最低的厂商达成交易。在这个过程中，政府采购人员控制整个交易过程。

（3）全球价格趋于集中化。由于消费者可以很容易获取价格信息并进行比较，企业很难利用时空的不同实现价格差异化。因此，在互联网环境下，企业的商品的售价差异并不会很大，是趋于集中化的状态。

2. 网络营销价格的内涵

狭义的价格，是人们为得到某种商品或服务需要支付的货币数量。广义的价格，是指消费者为获得某件商品或某项服务与消费者所做的交换，其中包括货币、时间、精力和心理成本等。心理成本是指消费者在购买商品过程中在心理上付出的代价。

网络营销价格是指企业在网络营销过程中，买卖双方成交的价格。在网络环境下，企业在实施定价策略时，需要考虑以下两个方面：网络时代需求方地位的提升、网络营销产品的定价目标。

1）网络时代需求方地位的提升

网络营销产品价格是由市场供应方和需求方共同决定的。在工业经济时代，由于受市场空间和时间的限制，消费者处于信息不对称的被动地位，从属于供应方来实现需求的满足，并且由于买方获取价格信息比较困难，所以在讨价还价中处于劣势。网络的出现降低了消费者收集信息的成本，市场资源配置朝着最优的方向发展，需求方的地位有所提升，定价策略也因为需求方议价能力的提升，变得有较强的灵活性。

2）网络营销产品的定价目标

价格是一种从属于价值，并由价值决定的货币价值形式，是消费者用来交换拥有或使用产品和服务利益的货币体现。企业在进行网络营销定价时，首先要制定企业的定价目标，其次根据定价目标，确定网络营销产品的价格。企业的定价目标一般有生存定价、获取当前最高利润定价、获取当前最高收入定价、销售额增长最大量定价、最大市场占有率定价等。在进行网络营销活动时，企业应该在传统营销定价模式的基础上，灵活运用价格策略，巩固企业在市场中的地位，增强企业的竞争力。

3. 影响网络营销产品定价的因素

1）产品的网络市场需求

市场需求是影响企业定价的最重要的外部因素，它决定了消费者所愿意为产品付出的保留价格，该价格取决于消费者对产品的价值感受。网络消费者对价格变动的敏感程度决定了这一价格变动对销售额和收入的最终影响。企业的网络营销产品定价，需要根据企业产品组合中产品的价格弹性来确定。一般情况下，与传统商品定价相似，网络营销产品的市场需求越大，消费者对产品价值感受的敏感程度越高，也就是该产品的价格弹性越大。

2）成本因素

网络产品的成本构成和变化倾向与一般的物质产品的截然不同，网络产品的成本结构为高固定成本，低边际成本。企业在生产第一件网络产品时耗费大量资金，但网络产品的再生产只需进行简单的复制，变动成本几乎为零。由此可见，以成本为基础的方法已不适用于网络产品，而客户对特定信息产品的主观评价差异很大，所以企业对网络产品进行定价，必须以消费者对产品的价值感受为导向，而不是以生产成本为导向。

3）竞争

由于网络效应的作用，更新换代的产品或新创的替代品，会持续且快速地进入市场竞争。消费者在对质量相似的产品进行选择时，通常会迅速转向价格更低的竞争企业的产品。因此，企业网络产品的价格决策者必须时刻关注市场竞争态势，实施竞争导向的动态价格。

4）定价目标

网络营销企业的定价目标一般有生存定价、获取当前最高利润定价、获取当前最高收入定价、销售额增长最大量定价、最大市场占有率定价和最优异产品质量定价。企业的定价目标一般与企业的战略目标、市场定位和产品特性相关。企业在制定价格时，主要是依据产品的生产成本，这是从企业局部来考虑的。企业价格的制定更主要是从市场整体来考虑的，它取决于需求方的需求强弱程度和价值接受程度，此外还有来自替代性产品（也可以是同类的）的竞争压力程度；需求方接受价格的依据则是商品的使用价值和商品的稀缺程度，以及可替代品的机会成本。

在网络营销中，市场还处于起步阶段的开发期和发展时期，企业进入网络营销市场的主要目标是占领市场求得生存发展机会，然后才是追求企业的利润。网络营销产品的定价一般都是低价甚至是免费的，以求在迅猛发展的网络虚拟市场中寻求立足机会。网络市场分为两大市场，一个是消费者大众市场，另一个是工业组织市场。前者的网民市场，属于前面谈到的成长市场，企业面对这个市场时必须采用相对低价的定价策略来占领市场。对于工业组织市场，购买者一般是商业机构和组织机构，购买行为比较理智，企业在这个网络市场上的定价可以采用双赢的定价策略，即通过互联网技术来降低企业与组织之间的供应采购成本，并共同享受成本降低带来的双方价值的增值。

二、网络营销产品定价的特点

1. 全球化和本土化相结合

网络营销面对的是开放的和全球化的市场，用户可以在世界各地通过网站进行购买，而不用考虑网站属于哪个国家或地区。面对全球性市场，任何国家和地区的人都可以购买它的产品，定价策略应当趋于统一。但是，如果产品的来源地和销售目的地与传统市场渠道差别非常大，定价时就必须考虑地理位置差异带来的影响。例如，亚马逊公司根据不同市场在不同国家建立地区性网站，采用本土化方法，以适应地区市场消费者的需求变化。

因此，企业面对的是全球性网上市场，但企业不能以统一的市场策略面对差异性极大的全球性市场，必须采用全球化和本土化相结合的原则。

2. 低价位

网上产品定价较传统定价要低是以成本费用降低为基础的。中间环节的减少，使交易费用大大降低，从而使企业有更大的降价空间来满足顾客需求。如果定价过高或者降价空间有限的产品，最好不要在消费市场上销售。如果面对的是工业、组织市场，或者产品是高技术新产品，顾客对产品的价格不太敏感，主要是考虑方便、新潮，这类产品就不一定要考虑低价定价策略。

互联网从科学研究应用发展而来，因此互联网使用者的主导观念是网上的信息产品是免费的、开放的、自由的。在早期互联网开展商业应用时，许多网站采用收费方式想直接从互联网营利，结果被证明是失败的。百度公司是通过为网上用户提供免费的检索站点起步，逐步拓展为门户站点，到现在拓展到电子商务领域，一步一步获得成功的，它成功的主要原因是遵循了互联网的免费原则和间接收益原则。

3. 顾客导向

顾客导向，是指为满足顾客的需求，顾客通过充分市场信息来选择购买或者定制生产自己满意的产品或服务，同时以最小代价（产品价格、购买费用等）获得产品或服务。简单地说，就是顾客的价值最大化，顾客以最小成本获得最大收益。

顾客为了满足自己的需求，通过网络获取信息，与企业进行在线沟通，购买定制生产自己满意的客户让渡价值最大的产品。在整个营销过程中，顾客拥有最大的自主选择权。因此，在网络营销中，定价要考虑顾客的需求，考虑顾客在价格方面的期望。

三、网络营销产品的定价方法

1. 成本导向定价法

成本导向定价法是企业定价首先需要考虑的方法，是指以产品单位成本为基本依据，再加上预期利润来确定价格的定价法，是中外企业最常用、最基本的定价方法。这种定价方法，把所有为生产某种产品而发生的耗费均计入成本的范围，计算单位产品的变动成本，合理分摊相应的固定成本，再按一定的目标利润率来决定价格。其计算公式为单位产品价格=单位产品总成本×（1+目标利润率）。

例如，某电视机厂生产 2000 台彩色电视机，总固定成本为 600 万元，每台彩电的变动成本为 1500 元，确定目标利润率为 25%。则采用总成本加成定价法确定价格的过程如下。

单位产品固定成本为 6 000 000÷2000=3000（元），单位产品变动成本为 1500 元，则单位产品总成本为 4500 元，单位产品价格为 4500×（1+25%）=5625（元）。

2. 需求导向定价法

需求导向定价法，又称为顾客导向定价法，是指根据顾客对产品的价值感受和需求强度来确定价格。网络产品的需求导向定价法包括理解价值定价法和差别定价法。

3. 竞争导向定价法

竞争导向定价法（基于竞争的定价方法），是指企业定价不根据成本和需求来定价，而是以竞争者的价格水平为基础考虑定价。

其主要包括随行就市定价法、拍卖定价法、投标定价法。随行就市定价法指根据竞争态势，跟随行业中主要竞争者的价格，或是行业的评价价格，或市场上普遍采用的价格，来确定自己的价格。拍卖定价法指由一个卖主（或买主）对两个以上竞争的潜在买主（或卖主）出价（或要价），择优成交的定价方法。投标定价法指由买方公开招标，卖方竞争投标，一次性密封递价，到期当众开标的定价方法。

四、网络营销的定价策略

1. 低价定价策略

低价定价策略，是指企业利用网上价格的可比性，把企业的产品以较低的价格投放到网络市场，吸引网络消费者，抢占市场份额，增加网络竞争力和价格优势。低价定价策略主要针对具有弹性需求的产品，主要包括的形式有直接低价定价策略、折扣低价策略、促销低价策略。

直接低价定价策略，是指开始定价的时候，就比同类产品的价格低。例如，沃尔玛公司的在线音乐商店，其音乐价格为每首 88 美分，远低于同类竞争对手的产品。直接低价定价策略一般是制造类企业在网上进行直销时采用的定价方式，如戴尔电脑。

折扣低价策略，是指企业针对网络消费者，给予网络营销产品在原价基础上一定的折扣。这种定价方式可以直接让网络消费者看到产品的降价幅度，可以有效刺激消费者的购买欲望。折扣低价策略包括固定折扣和数量折扣两种方式。固定折扣是指企业针对每一种网络营销产品确定一个相对稳定的折扣率，如九五折、八折、七折等。数量折扣是指企业对大量购买产品的网络消费者给予减价优惠，这种情况在阿里巴巴网站比较常见，比如 100 件以上 90 元，1000 件以上 70 元。类似地，在京东也会有一些数量折扣，比如 2 件八折、3 件七折、满 199 元减 100 元等。

促销低价策略，是指企业为了达到促销目的，通过临时低价的方式，给予网络消费者一定的优惠。企业为了拓展网络市场，而产品价格又不具有竞争优势，则可以采用促销低价策略。另外，有奖销售和附带赠品的销售也属于促销低价策略。

2. 竞争定价策略

竞争定价策略，是指企业依据竞争者的价格，结合企业产品的竞争能力，选择有利于市场竞争的定价。这种策略的特点是，只要竞争者价格不变，即使企业的生产成本与需求发生变化，价格也不变；反之，即使成本与需求不变，但竞争者的价格发生变化，就相应地调整价格。如果企业存在测算成本困难，或者对消费者需求了解不多，可以采用竞争定价策略。

3. 声誉定价策略

声誉定价策略，是指企业利用买方仰慕品牌的心理，制定远高于其他同类商品的价格。网络消费者同样具有崇尚名牌的心理，往往以价格来判断产品质量，认为价高质必优，这种定价策略既补偿了提供优质产品或劳务的商家的必要耗费，也有利于满足不同层次的消费需求。

网络消费者不仅能全面地了解产品的价格，还能全面地了解产品的相关信息。如果企业仅仅依靠低价位吸引网络消费者，就会陷入低层次的市场竞争，这样不利于行业发展和市场培育。在网络环境下，企业形象、声誉、品牌和质量仍然是影响产品价格的主要因素。企业在长期的经营过程中，需要保持良好的品牌形象、过硬的质量和完善的服务，才能在网络消费者心目中形成较高的声望，这样就能带来较大的品牌增值效应。

4. 差别定价策略

差别定价策略，是指企业根据网络消费者的需求，依照消费者的人性化需求或购买特征，把消费者分类，根据不同类别网络消费者的需求偏好确定不同的商品价格。由于差别定价是对不同的消费者制定不同的价格，因此可以实现企业利润的最大化。差别定价策略主要包括个性化定价、版本定价和群体定价三类。下面主要介绍个性化定价和版本定价。

个性化定价，又称定制定价，是指企业在实行定制生产的基础上，利用网络技术和辅助设计软件，根据消费者选择配置或者自行设计能满足自己需求的个性化产品，制定的消费者愿意承担的价格。在互联网环境下，尤其是随着大数据技术的发展，企业可以根据顾客的点击流、搜索习惯，以及注册信息等数据了解用户的需求和消费习惯，根据顾客对产品的评论、购买偏好、购买习惯等调整产品的价格，从而实现更大的收益。例如，海尔商城提供冰箱、厨电、洗衣机、电脑等产品的定制服务。

版本定价，是指企业根据消费者的偏好，提供网络营销产品系列，每一个版本的产品制定一个价格。企业在进行版本划分时，可以从时间延迟、用户界面、图片分辨率、操作速度、格式、容量、完整性、技术和服务支持等角度进行划分。另外，企业在进行版本划分时，还需要遵循以下原则：网络营销产品系列应该尽量完整，同时包括高、中、低档，档次分明，价格、性能差异大，可以同时满足不同层次消费者的选择需求。

5. 免费定价策略

免费定价策略，就是把企业产品和服务以免费的形式提供给客户使用，满足客户的需要。免费定价策略主要包括限制免费策略、部分免费策略、捆绑式免费策略和完全免费策略。

限制免费策略，是指消费者免费获得网络产品后，可以使用该产品的全部功能，但要受到一定的限制。其主要包括限制使用期限和限制使用次数两种方式。限制使用期限是让顾客在下载产品后免费使用一段时间，超过使用期限后，则会提醒顾客购买；限制使用次数则是指顾客超过了规定的使用次数，如继续使用则需要付费。

部分免费策略，是指消费者可以免费使用其中一种或几种功能，如果想获得全部功能，则必须付费购买正式产品。付费主要有两类，一类是必要的付费，获得全部功能需要付费，如华为音乐；另一类是在免费基础上选择性付费，可以较好地满足顾客对某一方面的需求，但如果有进一步的需求，则需要付费获取，比如 QQ 秀。

捆绑式免费策略，是指购买某种产品或服务时赠送其他产品和服务。捆绑策略主要包括软硬捆绑和软软捆绑。软硬捆绑是指将软件安装在特定的机器设备上捆绑销售，软软捆绑是指不同的软件产品打包捆绑销售。

完全免费策略，是指网络产品从购买使用和售后服务所有环节都实行免费，如 360 杀毒软件、360 浏览器等。

6. 拍卖定价策略

网上拍卖是目前发展比较快的领域，经济学认为市场要形成最合理价格，拍卖竞价是最合理的方式。网上拍卖是指由消费者通过互联网轮流公开竞价，在规定时间内出价最高者获得购买商品的权限的一种活动。eBay 网允许商品公开在网上拍卖，拍卖竞价者只需在网上进行登记即可。拍卖方将拍卖品的相关信息提交给 eBay 公司，经公司审查合格后即可在网上拍卖。国内类似的拍卖中介公司是 1999 年 8 月成立的易趣网。

7. 使用定价策略

使用定价策略，是指消费者通过一些特定方式免费得到软件或音频、视频文件，但使用时要付费的定价方式。企业可以根据消费者使用产品的数量、时间或次数进行计费。这种策略可以较好地满足用户对少量功能的需求，如果使用数量多、时间长或次数多的用户可以选择包月的方式降低使用成本。例如，我国的用友网络科技股份有限公司推出网络财务软件，用户在网上注册后可以在网上直接处理账务，而无须购买软件和担心软件的升级、维护等非常麻烦的事情；对于音乐产品，也可以通过网上下载或使用专用软件点播；对于电影产品，则可以通过视频点播系统实现远程点播，无须购买影带。

第三节　网络营销渠道策略

一、网络营销渠道的概念

1. 营销渠道

在生产者和最终用户之间有一系列的营销机构执行不同的功能。这些中介机构就称为营销渠道（marketing channels），也称为分销渠道和贸易渠道。营销渠道指商品或服务从生产者向消费者转移过程的具体通道或路径。

2. 网络营销渠道

网络营销渠道是借助计算机网络，尤其是互联网，将产品从生产者转移到消费者手中所需的中间环节。

网络营销渠道与传统营销渠道一样，以互联网作为支撑的网络营销渠道也具备传统营销渠道的功能。网络营销渠道指企业通过网络平台和工具，推广和营销商品或服务的通道或路径。

二、网络营销渠道的成员

1. 内容赞助商

内容赞助是指网络出版物与品牌企业合作，提供某种形式的赞助内容的形式。而内容赞助商是指与网络出版物合作的品牌企业。许多杂志或报纸采用这种模式，内容赞助的产品形式是网站上的广告空间，其价格随网站用户数量的增加而上升。

2. 信息中介

信息中介是一个在线机构，它把信息整合在一起，再传递出去。市场调研机构是一种信息中介，消费者若愿意与信息中介分享信息，该中介就要给予一定的回报。Comscore 媒体调研公司会向网络专题小组的成员支付报酬。也有一些信息中介，悄悄地收集信息，而不向任何人支付报酬，如 DoubleClick 公司利用网络跟踪器文件，追踪用户的上网信息。有些网站要求用户先完成注册，然后才能下载所需要的文件内容，网站可以把这些用户的信息提供给文件的作者，这也属于信息中介。

产品评价类网站也是一种信息中介，这类网站将用户的评价汇集起来并展示在网页上，可供其他的消费者和相关的企业浏览。网站上有链接，可以点击进入零售商的网站，零售商则为此支付佣金。

3. 中间商

在网络营销环境下，有三种类型的中间商：网络经纪人、网络代理商、在线零售商。

1）网络经纪人

网络经纪人是指为买家或卖家提供评估、分析、谈判等服务，以促成买卖双方成交为目的，并按比例收取服务费的专业人员。在商务活动中，经纪人会向买卖双方中的一方或者双方收取交易费，但在交易和谈判中它并不代表任何一方。有些经纪人还会收取上市费，经纪人所提供的服务帮助吸引客户促成交易的达成，因此是一种增值服务。例如，汽车销售的网络经纪人，方便客户搜索本地汽车交易商的报价，节省了客户打电话和实地走访的时间。这些网络经纪人提供的是整个行业中的一口价，因此客户不必付出与经纪人讨价还价的时间。

2）网络代理商

网络代理商是指利用网络的信息传输价值，实现销售产品的目的的商业机构或个人。代理商是代表买方或卖方参加商务活动的。在商务活动中，代理商可以代表卖方利益，也可以代表买方利益。代表卖方利益的代理商，包括卖方代理、制造商代理、中介代理、虚拟卖场等。代表买方利益的有网络购物代理、反向拍卖、买方团购等。

3）在线零售商

在线零售商是指在网上开设的零售商店，向消费者直销商品的经销商。他们借助网络平台在企业与消费者之间参与商品交易业务、促使买卖行为发生和实现，一般是具有法人资格的经济组织或个人。最初，网络零售商采用自营模式，即制造商直接将产品批发给网络零售商，网络零售商通过网络销售平台将产品销售给消费者，网络零售商决定产品零售价格，这种销售模式中制造商与网络零售商是买卖关系。后来，平台模式被广泛应用于亚马逊、天猫商城等大型电商平台中，该模式表现为制造商与电商平台进行合作，制造商向平台支付一定的平台使用费用，并且有权决定网上代销平台联营产品的零售价格，电商平台只负责代理销售，平台模式中制造商与网络零售商是合作关系。

三、网络营销渠道策略的种类

1. 密集型分销策略

密集型分销策略是指生产者选择尽可能多的分销商。密集型分销渠道也称为广泛型分销渠道，或普通型分销渠道，就是指制造商在同一渠道层级上选用尽可能多的渠道中间商来分销自己的产品的一种渠道类型。使用这种策略，企业可以在尽可能多的经销商处储存货物。消费者需要这些货物时，立即能得到。

2. 选择性分销策略

选择性分销策略是指仅通过少数几家经过精心挑选的分销商。它适用于顾客需要在价格、质量、花色、款式等方面精心比较和挑选后才决定购买的产品。企业能通过对中间商的精选，去掉那些效率不高的中间商，易于节省成本和费用，又较容易控制和与其经常保持联系，能更好地督促中间商完成企业所赋予的营销职能，效果较好。生产商往往先采取广泛分销，以促使新产品迅速上市，而后改用选择性分销，淘汰一部分经营管理差或不守信用的中间商。

3. 独家性分销策略

独家性分销策略是指只选择一家分销商来销售自己的产品的策略。这种策略要求企业在同一地区不能再授权其他中间商，同时，也要求被授权的中间商不能再经营其他企业的同类竞争品。这类分销方式适用于贵重、高价和需提供特殊服务的商品以及一些名牌商品。采取独家分销，对企业来说，可以提高对渠道的控制能力，刺激中间商为本企业服务。

4. 复合型分销策略

复合型分销策略是指企业采用两种或更多营销渠道，采用密集型分销策略、选择性分销策略和独家性分销策略中的两种或三种的营销渠道策略。

四、网络营销渠道冲突的管理

渠道冲突是指组成营销渠道的各组织间敌对或者不和谐的状态。当一个渠道成员的行为与其渠道合作者的期望相反时，便会产生渠道冲突。当企业同时选择电子网络渠道与传统渠道时，就可能在目标、领域以及认知等方面发生不同渠道之间的冲突。网络营销企业需要解决这些冲突。首先，企业需要认识冲突并对其进行分类。网络营销渠道冲突一般包括网络直销渠道与传统渠道之争；网络中间商渠道与传统渠道之争；传统渠道中使用网络渠道的成员与未使用网络渠道的成员之间的争斗，或者其中几种冲突的组合。其次，企业应考虑调整渠道管理策略，如优化渠道布局、增强渠道沟通和协作，以及通过提供额外支持和服务，提升传统渠道成员的竞争力，从而有效管理和缓解渠道冲突。

面对这些渠道冲突，一般有以下解决对策。

（1）优惠：给传统的渠道成员提供一些企业网站上没有的优惠。

（2）差异化：利用产品线差异化，保持传统渠道成员的市场地位。

（3）奖励：运用奖励权利，与传统渠道成员分享销售成果等。

第四节　网络营销促销策略

一、网络营销促销的概念

促销是指营销人员通过各种方式将有关企业和产品的信息传递给目标客户，以促进客户的了解、信任，从而达到刺激需求、促成购买、扩大销售的目的的一系列活动。

网络营销促销是指利用现代化的网络技术向虚拟市场的消费者传递有关产品和服务的信息，以激发其需求，引起其购买欲望和购买行为的各种活动。

二、网络营销促销的特点

（1）新的传递信息的方式。网络营销促销中信息传递是通过现代网络技术进行的，其前提条件是现代计算机网络技术和通信技术的发展。因此，在网络营销时代，促销人员必须能够熟练地应用计算机和网络技术，才能利用这种工具，从事促销活动。

（2）促销在虚拟市场中进行。虚拟市场的载体是互联网，虚拟市场的人群不受时间、空间限制，具有广泛性，促销人员一定要转变观念，突破传统思维，能够客观地对虚拟市场的目标客户，进行信息的沟通。

（3）网络营销促销是全球性的。企业的促销人员，一定要能够在全球竞争的市场上，运用网络技术，熟悉各国的社会文化环境，有针对性地从事促销活动。

三、网络营销促销的形式

1. 网络广告

网络广告是指利用国际互联网这种载体，通过图文或多媒体方式，发布的营利性商业广告，是在网络上发布的有偿信息传播。实际上，它是广告主为了推销自己的产品或服务在互联网上向目标群体进行有偿的信息传达，从而引起群体和广告主之间信息交流的活动。简单地说，网络广告就是在网络上做的广告。通过网络广告投放平台来利用网站上的广告横幅、文本链接、多媒体的方法，在互联网上刊登或发布广告，通过网络传递到互联网用户的一种高科技广告运作方式。

2. 站点推广

站点推广就是企业在网上进行营销活动的阵地，站点能够吸引大量访问者，是企业开展网络营销成败的关键，也是网络营销的基础。站点推广就是通过对企业的网络营销站点进行宣传，达到吸引互联网用户访问的目的，从而实现推广企业及其产品的效果。站点推广主要有两大类方法：一种方法是通过改进网站内容和服务从而吸引用户访问，起到网站推广的作用；另一种方法是通过大规模的网络广告宣传推广站点。第一种方法费用较低，容易吸引到稳定的访客，但是推广速度较慢。第二种方法可以在短时间内迅速扩大站点的用户访问量，但是费用也相对较高。

3. 网上销售促进

网上销售促进是指借助互联网络促进销售的行为和手段。广义的网上销售促进是指整体意义上的网上促销，狭义的网上销售促进，则指促销组合中的营业推广促销手段。网上销售促进包括广告、人员推销、营业推广和公共关系四种促销手段或方式，企业通过合理组合运用各种促销手段，传递和沟通企业与顾客之间的信息，加深顾客对企业本身及其产品的了解，诱导其对本企业及产品产生好感、信任和偏爱，从而促进产品销售。

4. 关系营销

关系营销是美国营销学者巴巴拉·本德·杰克逊于 1985 年提出的，其含义是建立、保持和加强与顾客以及其他合作者的关系，以此使各方面的利益得到满足和融合，这个过程是通过信任和承诺实现的。

广义的关系营销，指企业通过识别、获得、建立、维护和增进与客户及其利益相关人员的关系，通过诚实地交换和服务，与包括客户、供应商、分销商、竞争对手、银行、政府及内部员工的各种部门和组织建立一种长期稳定的、相互信任的、互惠互利的关系，以使各方的目标在关系营销过程中得以实现。狭义的关系营销，指企业与客户之间的关系营销，其本质特征是企业与顾客、企业与企业间的双向的信息交流，是以企业与顾客、企业与企业间的合作协同为基础的战略过程，是关系双方以互惠互利为目标的营销活动，是利用控制反馈的手段不断完善产品和服务的管理系统。

互联网的普及与电子商务的快速发展使互联网技术与关系营销的联系更加密切。2023 年 3 月中国互联网络信息中心发布的第 53 次《中国互联网络发展状况统计报告》显示，截至 2023 年 12 月，我国网民规模达 10.92 亿人，较 2022 年 12 月新增网民 2480 万人，互联网普及率达 77.5%。相关数据显示，我国经济总体回升且向好态势持续巩固，互联网在推进新型工业化、发展新质生产力、助力经济社会发展等方面发挥着重要作用。截至 2023 年 12 月，我国网络购物用户规模达 9.15 亿人，较 2022 年 12 月增长 6967 万人，占网民整体的 83.8%；搜索引擎用户规模达 8.27 亿人，占网民整体的 75.7%；网络直播用户规模达 8.16 亿人，占网民整体的 74.7%；网络音乐用户规模达 7.15 亿人，占网民整体的 65.4%；网上外卖用户规模达 5.45 亿人，占网民整体的 49.9%；网约车用户规模达 5.28 亿人，较占网民整体的 48.3%；网络文学用户规模达 5.20 亿人，占网民整体的 47.6%；在线旅行预订用户规模达 5.09 亿人，占网民整体的

46.6%。

由此可见，互联网技术在关系营销中占据了重要的地位。关系营销主要关注消费者主权，其核心内容是使顾客满意，目的在于和顾客建立长期的合作关系。互联网时代的关系营销主要体现在用户运营与数据分析上。

第五节　网络营销人员、过程及有形展示

4Ps 营销组合，是指产品（product）、价格（price）、渠道（place）和促销（promotion）的组合。互联网情境下，在 4Ps 基础上已经发展成为 7Ps 营销组合，增加了网络营销人员（people）、过程（process）及有形展示（physical evidence），如图 6-2 所示。

使用网络改变营销组合						
产品	促销	价格	渠道	人员	过程	有形展示
质量 形象 品牌建设 属性 变异品 组合 支持 客户服务 使用场合 可用性 保修书	营销沟通 人员推销 销售促销 公共关系 品牌建设 直销	定位 目录 折扣 信誉 支付方式 免费或价值 增值要素	交易渠道 销售支持 渠道数量 细分渠道	个人营销活动 个人顾客接触 招聘 文化/形象 培训和技术 报酬	顾客导向 业务先导 IT支持 设计特点 研究和开发	销售/品牌的员 工接触体验 产品包装 在线体验

图 6-2　网络改变了营销组合

一、网络营销人员

网络营销策略组合中的网络营销人员（以下简称人员），是指组织在销售过程中，以及售前、售后与顾客沟通的过程中，所涉及的员工。

人员在营销过程中尤为重要。人作为社会化动物，需要参与到营销活动中来，因此人员成为 7Ps 营销理论中重点需要关注的对象，7Ps 理论认为，进行市场营销的整个过程，着重需要重视人员的付出。即使有其他各个环节的付出，不能以人员为导向进行营销，那么整个营销过程是失败的。因此作为营销者，不能仅仅考虑产品、价格以及促销等手段的改进，而更需要加强人员方面的付出，从而以人员带动消费，刺激需求。

在营销组合中，人员这一重要因素负责向客户提供连续服务和可接受服务。服务就是人员提供非实物劳动的过程。人员提供服务的能力是影响消费者感受的第一因素。比如，一个性格急躁的医生可能会使人们对医院产生负面印象，而一个温和细心的医生则可能会使人对整个医院产生信任感。同样，营销人员提供服务的水平高低也会影响消费者对企业的认知。

二、过程

过程作为 7Ps 营销战略的重要组成因素，它是指借助企业流程、制度体系以及活动，从根本上实现经济效益的一个过程。在这个营销过程中，具体可以通过产品和服务的设计、定价、促销等一系列流程来实现产品的顺利交换进而达到目标。过程从本质上是企业为实现其任务和目标而发现、分析、选择和利用市场机会的管理过程。把握好营销过程可以实现顺利营销，因此在整个营销时需要非常注重营销过程，把握好营销过程。

在营销组合中，过程管理尤为重要。这里的过程是指客户在最终获得服务之前必经的步骤。企业在同时进行生产和服务时，需要寻求服务的供需平衡，因此必须重视过程管理。同时，由于服务不可储存的特性，企业需要采取差异化措施应对服务需求的高峰和低谷，尽可能高效地满足客户需求。比如，银行的自动存取款机会吸引相对不着急的客户，而需要更复杂服务的客户则会寻求人工台的专家，这样既节省了双方时间，又提高了银行的服务效率。

三、有形展示

有形展示就是将顾客服务以一种看得见的方式展示给顾客，使无形的服务具象化，使服务提供更加便捷，也使营销行为更加高效。

从服务营销学的角度来看，营销中的有形展示可以包括展示中所涉及的环境，还可以是帮助服务的一切产品和设施。若善于管理和利用有形展示，则能进一步把产品的特征展现给消费者，从而建立品牌，促进营销活动顺利开展；若不能对其善于管理和利用，则容易传递错误信息误导客户，影响客户对产品的判断，更有甚者容易摧毁产品品牌。

客户体验服务的时候，一般会受到有形的设施设备的影响，包括客户看到的设备和客户看不到但对提供服务起关键作用的设备。比如，客户去迪士尼游玩，通过选择不同的主题园区，感受各种主题设置下的游乐设施，获得身临其境般的体验。当中对客户体验起关键作用的，则是主题公园的环境和各类游乐设施。

【本章小结】

本章主要介绍了网络营销策略组合，包括网络营销产品策略、网络营销定价策略、网络营销渠道策略、网络营销促销策略。网络营销产品策略部分主要包括网络营销产品的概念、层次、分类、谷歌的网络产品及具体的网络营销产品的策略。网络营销定价策略部分主要包括网络营销定价的概述、特点、定价方法和定价策略。网络营销渠道策略部分主要讲述了网络营销渠道的概念、成员以及网络营销渠道策略的种类和网络营销渠道冲突的管理。网络营销促销策略主要讲述了网络营销促销的概念、特点和形式。最后讲述了网络营销人员、过程及有形展示。

【概念讨论】

  1. 什么是网络营销产品？
  2. 什么是网络营销产品定价？
  3. 什么是网络营销渠道？

【概念应用】

  1. 请用网络营销产品的定义解释三种具体的网络营销产品。
  2. 查阅资料，对比两种相同的网络营销产品定价与传统产品定价的定价策略差异。
  3. 分析某一个具体网络营销产品的网络营销渠道。

【新媒体案例】

"互联网+"背景下"三只松鼠"的产品策略

  2012 年，安徽三只松鼠电子商务有限公司成立，它是一家专注于坚果、干果、茶叶等森林食品的研发、包装及网络 B2C 品牌销售的现代化企业。"三只松鼠"定位是纯互联网食品品牌，以碧根果作为切入点，进入市场后逐渐丰富产品种类，致力于高频消费、市场容量大的休闲食品领域。在"互联网+"的背景下，电商企业竞争激烈。"三只松鼠"的产品主要包括两个方面：实物商品，即消费者购买的零食，以及电商特有的服务——客服。

  （1）目标顾客群体。"三只松鼠"的主要顾客群体为 80 后、90 后，这部分人群在选择零食时，不仅关注味觉上的满足，还重视情感上的需求。"三只松鼠"通过严格把控产品新鲜度，确保食品的口感和味道，并通过客服提供个性化服务，实现了与消费者的情感沟通。通过精心设计的包装与消费者建立情感连接，包装上可爱的动漫松鼠形象，更贴近目标顾客的心理。

  （2）服务策略。客服是电商企业的重要服务环节，"三只松鼠"采取了差异化的客服策略，将顾客称为"主人"，客服人员则以"鼠某某"命名，通过温馨的问候语和轻松的对话风格，使顾客感受到特别的关怀和尊重。这种服务体验迎合了 80 后、90 后的特点，使顾客不仅获得了消费上的满足，还建立了与"松鼠"们的情感共鸣。

  （3）产品品类拓展。通过市场分析，"三只松鼠"发现坚果市场中缺乏优质品牌，特别是高端坚果。"三只松鼠"致力于为"主人"们寻找各种优质的森林食品，倡导天然、新鲜和不过度加工的理念，力求打造全国乃至全球知名的互联网食品品牌。2015年以前，"三只松鼠"以坚果为主要产品，但通过数据分析发现，果干和肉脯类产品增长迅速，团队因此扩大了产品线，目前已涵盖九大产品类别。

  【案例讨论题】

  案例中，"三只松鼠"的网络营销策略有怎样的特点？

第七章 网络广告策略

华为：这个世界上真的有龙吗？

华为作为全球领先的 ICT（information and communications technology，信息通信技术）基础设施和智能终端提供商，为了增强品牌与消费者之间的情感联系，推广其最新智能手机和其他智能设备，精心策划了 2024 年龙年春节广告，带领消费者一起踏上寻龙绮遇，这不仅展示了华为在科技领域的领先地位和创新能力，也体现了华为在传播上更以消费者为中心，更自信的品牌形象。

"这个世界上真的有龙吗？"小女孩选择用行动来回答这个问题。广告中以小女孩做导演的想象为主线，以天马行空的梦幻和多姿多彩的现实相互交织创作的龙迅速出圈，龙的传人们的 DNA 也开始纷纷觉醒，最后小女孩拿起笔和平板去实现想象，实现"龙之梦"。故事里每一个被唤醒初心的人，都毫不犹豫地选择站在一起，在 Harmony OS 及全场景产品的助力下，聚力实现同一个名为"龙"的传奇。当相信的力量集结在一起，同心聚力，就是最好的回答。

华为广告以中国传统的龙文化为核心，讲述了一个富有情感和寓意的故事，通过故事中对"龙"的现代解读与寻找，激发消费者的文化自豪感和归属感，利用春节这一重要节日时刻，结合华为产品，在国内外重点社交媒体平台（如 B 站、微博、抖音、Instagram 等）进行广告投放，为消费者创造一个既传统又现代的节日体验空间。广告中展示了华为手机、平板、笔记本、耳机、智慧屏甚至汽车，众多产品联动，极具实用性和创新性，展现出了华为强大的生态。其广告设计具有创意，运用高品质的视觉效果和动画技术，结合传统与现代设计元素，打造视觉冲击力强的广告形象。此外还采用微电影的叙事手法，让广告故事更具吸引力和传播性。

资料来源：【同心聚力，年年有为】踏上寻龙绮遇，迎启瑞意新年. 2024-03-23. https://www.bilibili.com/video/BV1B64y1A7FG/

【案例讨论题】

华为成功的广告营销策略给你什么启示？

第一节 网络广告概述

一、网络广告的概念

网络广告是在互联网上发布的所有以广告宣传为目的的信息。网络广告借助投放平台，利用网站上的广告横幅、文本链接、多媒体等方法，在互联网刊登或发布广告，是通过网络传递到互联网用户的一种高科技广告运作方式。与传统的四大传播媒体（报纸、杂志、电视、广播）广告及户外广告相比，网络广告具有得天独厚的优势，是实施现代营销媒体战略的重要部分。

二、网络广告的起源

1994 年 10 月 27 日是网络广告史上的里程碑。美国著名的 *Hotwired* 杂志推出了网络版的 Hotwired，并首次在网站上推出了网络广告（图 7-1），这立即吸引了 AT&T、Sprint、MCI、ZIMA 等 14 家公司，标志着网络广告的正式诞生。这个广告发布了 12 周，花费了 3 万美元，点击率令人惊讶，达到了 30%。

图 7-1　第一则网络广告
资料来源：冯英健. 2016. 网络营销基础与实践. 5 版. 北京：清华大学出版社

中国第一个商业性网络广告出现在 1997 年 3 月，传播网站是 ChinaByte（即比特网，www.chinabyte.com），广告表现形式为 468×60 像素的动画旗帜广告。英特尔和 IBM 是最早在国内互联网上投放广告的广告主。IBM 为 AS400 的网络广告宣传支付了 3000 美元。虽然这条广告的形式非常单调，但对于我国互联网行业的发展却起到了至关重要的作用。中国网络广告一直到 1999 年初才稍有规模。历经多年的发展，网络广告行业经过数次洗礼已经慢慢走向成熟。

三、网络广告的发展现状

根据国家市场监督管理总局 2024 年 4 月 28 日发布的数据，2023 年，我国共有 1.7 万家事业单位和规模以上企业从事广告业务，实现了 13 120.7 亿元的广告收入，同比增长了 17.5%。互联网广告领域发展迅速，互联网广告发布收入达到 7190.6 亿元，同比增长 33.4%，占广告发布收入总额的比重从 2019 年的 58.7%上升到了 82.4%。与此同时，传统媒体也加速了数字化转型，以电视台为代表的事业单位的互联网广告业务实现了 8.3%的增长。广告行业的发展呈现出明显的集约化趋势，北京、上海、杭州、深圳和广州这五个城市的广告收入就占了全国总量的 74.0%，已成为我国的"五大广告中心"。

2024 年 1 月 8 日发布的《2023 中国互联网广告数据报告》显示，2023 年中国互联网广告行业呈现多元化、创新化和智能化的趋势，在人工智能（AI）技术领域表现得尤其明显。随着 AI 技术的逐渐成熟，互联网广告行业正在经历一场由技术驱动的变革，AI 技术已经渗透到互联网广告的各个环节。AI 技术的应用不仅提高了广告的精准度和效率，还推动了广告内容的创意和个性化发展，广告行业将迎来新一轮的技术升级和业务模式创新。同时，人工智能的发展也推动了互联网广告相关行业产业链的重塑。2023 年，中国互联网广告市场的规模达到了约 5732 亿元人民币，同比增长了 12.66%。中国广告市场在经历了 2022 年的结构化调整和资源优化配置后，再次显示出增长的势头，表明中国互联网广告市场的弹性非常强。

2023 年，中国的互联网营销市场规模达到了约 6750 亿元人民币，与上一年相比增长了 9.76%。广告和营销市场的总体规模合计约为 12 482 亿元，同比增长了 11.07%。与 2019 年的市场规模 4367 亿元相比，中国互联网广告市场在 2023 年实现了 31.26%的增长，而 2019～2023 年的复合年增长率为 7.04%。这一数据与 2016 年至 2019 年期间的三年复合年增长率 23.7%相比，明显放缓。这一变化表明，疫情对中国互联网广告和营销市场产生了显著影响，2023 年的增长在很大程度上是一种恢复性增长。同时，互联网广告和营销市场正进入一个结构性调整的周期，这也是 2019～2023 年复合年增长率显著下降的一个重要内在原因。

在 2023 年，中国的互联网市场竞争格局经历了微妙的变化，字节跳动凭借其旗下的抖音、今日头条等热门应用，已经超越了阿里巴巴集团和腾讯，成为广告收入最高的公司。在全球范围内，字节跳动作为美国前五大互联网公司之一，2022 年的全年营收达到了 850 亿美元，仅次于 Meta 的 1166 亿美元。由于字节跳动持续的增长趋势，预计到 2024 年，很可能会超越 Meta。

2023 年，字节跳动在全年广告收入方面保持了强劲的增长，实现了 23.76%的增长率，成为近八年来第二个广告收入超过 1000 亿元的公司。与此同时，快手和美团在广告业务上的收入增长率也达到了约 20%，而拼多多更是以超过 50%的全年增速，实现了翻倍的增长。

小程序游戏和短剧的兴起，为互联网的发展提供了新的动力。2023 年，中国的小程序游戏市场收入达到了 200 亿元，同比增长了 300%。这一增长得益于小程序游戏多样化的盈利模式，包括内购付费、广告变现和混合变现。作为新兴的互联网广告媒介，小程序游戏和短剧不仅在广告投放方面显示出巨大潜力，而且成为重要的流量入口，改变了传统广告行业的格局，为广告投放者带来了新的机遇和挑战。

从媒体平台类型的收入结构来看，2023 年，电商平台的广告收入达到了 2070.06 亿元，仍然占据着互联网广告市场渠道类型收入的首位。视频和短视频平台①合计的广告收入已经达到了 1433.08 亿元，成为互联网广告主投放的第二大渠道类型，并继续保持高速增长。其中，短视频平台的广告收入同比增长了 23.28%，达到了 1058.40 亿元，与电商平台一起，成为仅有的两个收入规模超过千亿元的渠道类型，合计市场规模占比超过 54%，占据了互联网广告收入的一半以上。

在计价方式方面，各类型市场的占比发生了较大的变化：2023 年，效果类广告的市场份额从 2022 年的 69%下降了 2.7 个百分点至 66.3%，而每千人成本广告的市场份额则提升了 2.6 个百分点至 28.5%。这表明互联网营销正进入一个结构性调整阶段，广告主的投放策略也在随之改变。

为了进一步规范和促进互联网广告行业的健康发展，国家市场监督管理总局于

---

① 视频平台通常以长视频为主，如电影、电视剧、综艺节目等，用户可以观看完整的节目内容，平台如优酷、爱奇艺、Netflix 等。这类平台提供更高质量的内容，用户停留时间长，适合深度观看和沉浸式体验。短视频平台以短视频为主，内容时长一般在几秒到几分钟之间，平台如抖音、快手、Instagram Reels 等。短视频平台更侧重于用户的快速消费和内容的病毒式传播，通常注重娱乐性、创意性和高频率的互动。

2023 年 2 月 25 日发布了《互联网广告管理办法》，并于 2023 年 5 月 1 日起实施，提出了更明确和细化的行业规范要求。此外，国家互联网信息办公室也在 2023 年 4 月 11 日发布了《关于〈生成式人工智能服务管理办法（征求意见稿）〉公开征求意见的通知》，这是国家首次针对生成式 AI 产业发布的规范性政策。

第二节　网络广告的类型

根据美国互动广告局（Interactive Advertising Bureau，IAB）的分类方式，目前常用的网络广告形式包括九个类别：展示性广告、赞助式广告、网络分类广告、引导广告、电子邮件广告、富媒体广告、搜索引擎广告、数字视频广告和手机广告。

一、展示性广告

展示性广告是指在网页上以静态或超链接的方式展示企业广告内容或者企业形象的网络广告形式，该广告形式出现最早，是互联网最传统且多年来一直有较高市场份额的网络广告形式，其主要作用在于提升企业品牌形象和企业品牌认知度。

展示性广告最早的形式称为 Banner 广告，也称标准标志广告或旗帜广告，是目前常见的网络广告形式。

展示性广告有多种规格和表现形式，最常用的是 486×60 像素的标准标志广告。通常称为横幅广告、全幅广告或旗帜广告。另外一种小一点规格的广告称为按钮式广告（button advertising）。按钮式广告的尺寸有四种：125×125 像素、120×90 像素、120×60 像素和 88×31 像素。美国互动广告局制定的 Banner 广告参考标准如表 7-1 所示。

表 7-1　美国互动广告局制定的 Banner 广告参考标准

Banner 广告类别	广告形式和名称	规格/像素
展示性广告	全幅标志广告	468×60
	半幅标志广告	234×60
	垂直 Banner 广告	120×240
	宽型 Banner 广告	728×90
	小型广告条	88×31
	1 号按钮	120×90
	2 号按钮	120×60
	方形按钮	125×125
长方形广告和弹出式广告	大长方形广告	336×280
	中长方形广告	300×250
	长方形广告	180×150
	垂直长方形广告	240×400
	正方形弹出式广告	250×250
摩天大楼形广告	标准摩天大楼形广告	120×600
	宽摩天大楼形广告	160×600

根据 Comscore 公司的研究，广告的尺寸和位置对其可见性和点击率有显著影响。研究发现，728×90 像素的广告可见率最高，为 74%；中型广告的可见率为 69%；垂直 Banner 广告的可见率为 66%。此外，广告位置对点击率的影响很显著。放置在页面顶端的 728×90 像素 Banner 广告，点击率通常低于 0.1%。而放置在文章内容中的 330×228 像素长方形广告，点击率可以达到 0.5%以上。特别是，当 728×90 像素的宽型 Banner 广告放置于网页正文内部时，点击率可能更高。

二、赞助式广告

赞助式广告，也称社论式广告，是把内容和广告整体整合在一起的广告形式。赞助式广告形式多种多样，如内容赞助、节目赞助、节日赞助以及活动赞助等。该广告形式主要是为了提高企业形象或者扩大产品的知名度而采用的。

广告主可以对自己感兴趣的网站内容或节目进行赞助，或在特别时期（如世界杯）赞助网站的推广活动。赞助式广告一般放置时间较长且无须和其他广告轮流滚动，有利于扩大页面知名度。广告主若有明确的品牌宣传目标，赞助式广告将是一种低廉而颇有成效的选择。赞助式广告的形式多种多样，在传统的网络广告之外，给予广告主更多的选择，另外，节日赞助是指网站在特别节目所推出的网站推广活动，如 TCL 赞助搜狐世界杯频道。

三、网络分类广告

1. 网络分类广告的概念

分类广告最早出现在西方，它是报纸发展到一定阶段之后适应市场需求的产物。分类广告，就是在报纸版面位置相对固定的地方刊登的短小广告合集，它把广告按性质分门别类地进行有规则的排列，便于读者查找，也适应了市场经济多层次、多类别广告信息传播的需要。

网络分类广告是一种全新的网络广告服务形式，是传统意义上的分类广告借助互联网这样一个载体的表现，它不仅可以使企事业单位和个人商户在互联网上发布各类产品信息和服务信息，而且可以满足广大网民对消费和服务信息的需求。

一般网络分类广告都放置在专业的分类广告网站或者综合性网站开设的相关频道或栏目，主要借助平台的大流量吸引更多消费者关注，由于网络分类广告按照主题归类，消费者可以自主选择感兴趣的主题，因此不容易在心理上产生排斥。

2. 网络分类广告的发布途径

网络分类广告的发布途径包括专业的分类广告服务网站、综合性网站开设的相关频道和栏目、网上企业黄页、部分行业网站和 B2B 网站的信息发布区、网上跳蚤市场、部分网络社区的广告发布区等。一般情况下，专业性的分类网站通常功能比较完善，分类也比较齐全，用户很容易找到合适的产品类别，发布产品信息。同样，用户搜索信息也很便捷，从而达到网络分类广告的效果。综合性网站的分类广告栏目也能吸引一部分用户的注意力。行业网站和 B2B 综合网站能够直接吸引买卖双方的关注，广告效果也非常好。

四、引导广告

引导广告主要指广告服务商向广告客户提供与广告客户相关的购物查询，或者向广告客户提供消费者信息，如地理位置、联系方式以及行为方式等。这部分网络广告收入一般以消费者的行动（如消费者应用、浏览、参与或者注册）作为广告客户支付广告服务商费用的依据。因此，该广告形式对投资回报率高的企业比较有吸引力。

五、电子邮件广告

电子邮件广告是指企业通过其客户电子邮件资源或第三方电子邮件列表，向特定目标客户群体发送广告邮件的营销手段。企业可以把不同形式的广告邮件，直接发送给目标客户，也可以将广告信息嵌入新闻邮件的订阅内容，或通过软件更新等形式，发送给目标客户。电子邮件广告以其高度的目标性和较低的成本，以及能提供个性化的广告内容，受到企业的青睐。但是，随着即时通信和社会网络营销的日益盛行，电子邮件广告的市场份额有所下降。

六、富媒体广告

富媒体广告并不是一种具体的媒体形式，而是指具有动画、声音、视频或交互性信息传播的方法，包含下列常见的形式之一或者几种形式的组合：流媒体、声音、Flash，以及 Java、JavaScript、DHTML（dynamic HTML，动态 HTML）等程序设计语言。富媒体能够提高广告的互动性，提供更广泛的创意空间。最新的网络媒体技术甚至允许用户在广告界面上直接留下数据，从而有效地促进用户与广告的交互。

七、搜索引擎广告

1. 搜索引擎广告的概念

搜索引擎广告（search engine advertising，SEA）是指广告主根据自身产品或服务的内容、特点，选定相关的关键词，撰写广告文案并自主设定竞价进行投放的广告。当用户搜索关键词时，系统会根据竞价排名的规则向用户展示相关广告。如果多个广告主同时购买了相同或相似的关键词，系统会依据竞价高低和广告质量等因素决定广告的展示顺序。

搜索引擎广告包括关键词广告和网站优化两方面的内容。由于搜索引擎广告是在客户进行搜索时，依据客户的个性化搜索需求显示的网络广告，被认为是性价比较高的网络广告形式之一。这种网络广告形式近年来一直占据重要的市场地位。

2. 搜索引擎广告的表现形式

为了取得更好的网络营销效果，有实力的企业通常采用付费搜索引擎广告和搜索引擎优化的组合策略。付费搜索引擎广告，就是在用户利用搜索引擎检索信息时，在检索结果页面出现的、与用户所检索的信息有一定相关性的广告内容。最早的付费搜索引擎竞价排名开始于 1998 年。GoTo（2001 年更名为 Overture）搜索引擎在 1998 年创建于美国，成功地运作了竞价排名模式，带动了付费搜索引擎营销市场蓬勃发展。关键词广告是搜索引擎服务商的主要盈利模式。百度、谷歌和搜狗是国内影响力较大的搜索引擎。每个搜索引擎都有各自的关键词广告服务，但是在广告投放模式、广告管理方式、每次点击的价格等方面各有不同。下面以百度和谷歌为例介绍搜索引擎关键词广告的表现形式。

1）百度推广

百度推广，最初的名称是竞价排名，是指在搜索引擎检索结果中，根据付费的多少确定排名的位置，付费高的网站信息出现在搜索结果靠前的位置，付费方式是按照每点击付费。但是，有时会出现搜索自然列表与主题不相关的情况，或者误导的情形。

用户使用某些关键词进行搜索时，如果有客户购买了这个关键词，搜索结果中就会出现广告信息和自然列表并存的情形。一般情况下，百度会以文字标注或背景颜色区分付费与免费的检索结果，减少信息误导，如搜索结果下方有"广告"字样。由于百度是中文搜索引擎中市场份额最大的平台，大量的用户搜索量使百度推广获得了更多的关注和点击。同样的广告内容、同样的资金投入，百度推广获得的点击量更多，推广效果更好。

2）谷歌推广

谷歌推广是一种按效果付费的网络推广方式。用少量的投入就可以给企业带来大量潜在客户，有效提升企业销售额和品牌知名度。

八、数字视频广告

1. 数字视频广告的概念

数字视频广告采用数码技术将广告以视频的形式在互联网上展现，可以在网页上投放视频广告，也可以在网络视频分享网站等多种流媒体上投放视频广告。由于该广告表现形式新颖且感官冲击力强、内容丰富、互动性强、实时信息更新快等，不仅带给客户记忆深刻的新奇体验，也可以显著提高客户的眼球吸引力和心理占有率。

2. 数字视频广告的形式

（1）贴片广告，指视频、内容分享类网站中正文内容的片头、片尾或者插片播放的视频广告。其中，贴片分为前贴、中贴、后贴，时长分别为 5 s、15 s、30 s、60 s 甚至更长。前贴是视频播放前出现的广告，中贴是视频播放中途出现的广告，后贴是视频播放结束后出现的广告。

（2）暂停广告，指视频播放过程中按下暂停键期间出现的广告。

（3）角标广告，指视频在播放过程中，悬挂在屏幕右下角播放的动态标识。角标广告以其特色鲜明的优势，赢得了众多客户的认可，其在节目进行中悬挂角标，利用节目收视远远好于广告段收视的特点，获得比中插段位还好的广告效果。

九、手机广告

1. 手机广告的概念

手机广告是通过移动媒体传播的付费信息，旨在通过这些商业信息影响受传者的态度、意图和行为，实际上就是一种互动式的网络广告。

手机广告并非单一的广告形式，而是包括了所有适合在手机上展示或播放的网络广告，包括横幅广告、数字视频广告、数字音频广告、赞助式广告、富媒体广告、搜索引擎广告等，其中微博广告、微信广告等社交媒体广告占比较高。

手机广告由移动通信网承载，具有网络媒体的一切特征，其由于移动性使得用户能够随时随地接收信息，所以比互联网更具优势。

2. 手机广告的形式

（1）短信营销：短信群发广告、短信抽奖、短信促销等，在国内的应用已经非常普遍。

（2）应用广告：通过在手机软件中嵌入广告商提供的控件，以每千人成本、每点击成本、每行动成本来计费。模式较成熟，国外的 AdMob，国内的有米广告、酷果广告、微云、架势、手使客等都是较大的平台。

（3）本地化广告：本地化网站服务（城市门户、地图等）的发展，是一个应用契机。

（4）手机视频广告：以视频方式呈现，但还是受移动网络速度、手机多媒体表现能力、移动的数据业务费率等制约。

（5）终端嵌入：有文字、图片、商标（logo）加文字、动画四种形式。

（6）折扣券：与折扣信息网站结合，发布折扣信息。

（7）间隙广告：在下载手机电影、游戏时插播的广告。

第三节　网络广告的网络营销价值

一、品牌推广

在所有的网络营销方法中，网络广告的品牌推广价值最为显著，是提高企业信息网络可见度及网络可信度最直接的方法之一。同时，网络广告丰富的表现手段，也为更好地展示产品信息和企业形象提供了必要条件，多家机构的网络广告研究都得出相似的结论，即无论是在快速消费品行业还是在耐用品行业，企业投放的广告，如网页展示类广告以及关键词广告，其网络价值不仅在于吸引用户点击、促进销售，对于增加用户的品牌认知也有明显的效果。

二、网站推广

网站推广是网络营销的主要职能，获得尽可能多的有效访问量是网络营销取得成效的基础，网络广告对于网络推广的作用非常明显，现在出现在网络中的"点击这里"按钮就是对网站推广最好的支持，网络广告通常会链接到相关的产品页面或网站的首页，用户对于网络广告的每次点击都意味着为网站带来了访问量的增加，因此常见的网络广告形式对于网站推广都具有明显的效果，尤其是关键词广告、展示性广告、电子邮件广告等。

三、销售促进

用户受到各种形式的网络广告吸引而获取产品信息，已成为影响用户购买行为的因素之一，尤其当网络广告与企业网站、网上商店等网络营销手段相结合时，这种产品促销活动的效果更为显著。网络广告对于销售的促进作用不仅表现在直接的在线销售，也表现在通过互联网获取产品信息后对线下销售的促进。

四、在线调研

网络广告对于在线调研的价值可以表现在多个方面，如对消费者行为的研究、对于在线调查问卷的推广、对于各种网络广告形式和广告效果的测试、用户对于新产品的看法等。通过专业服务商的邮件列表开展在线调查，可以迅速获得特定用户群体的反馈信息，大大提高市场调查的效率。

五、顾客关系

网络广告所具有的对用户行为的跟踪分析功能，为深入了解用户的需求和购买特点提供了必要的信息，这种信息不仅成为网上调研内容的组成部分，也为建立和改善顾客关系提供了必要条件。网络广告对顾客关系的改善也促进了品牌忠诚度的提高。

六、信息发布

网络广告是向用户传递信息的一种手段，因此可以理解为信息发布的一种方式，通过网络广告投放，不仅可以将信息发布在自己的网站上，也可以发布在用户数量更多、用户定位程度更高的网站上，或者直接通过电子邮件发送给目标用户，从而获得更多用户的注意，大大增强网络营销的信息发布功能。

第四节　　网络广告的效果评价

一、网络广告效果评价的概念

网络广告效果包含两方面的含义，一方面是网络广告活动的效果，另一方面是网络广告本身的效果。本节所要讨论的仅限于网络广告效果第一方面的含义，该含义是指网络广告作品通过网络媒体刊登后所产生的作用和影响，或者说目标受众对广告宣传的结果性反应。网络广告效果同传统广告效果一样具有复合性，包括传播效果、经济效果、社会效果。网络广告效果评价，就是利用一定的指标方法和技术对网络广告效果进行综合衡量和评定的活动，网络广告效果的评价包括传播效果评价、经济效果评价和社会效果评价。

广告一旦投放到网络媒体中，广告主最关心的是广告所产生的效果，那么自然会对网络广告刊登一段时间后的效果进行评价。评价结果是衡量广告活动成功与否的唯一标准，也是广告主实施广告策略的基本依据，网络广告效果的评价不仅能对其前期的广告进行客观的评价，对企业今后的广告活动也能起到有效的指导作用，能有效提高企业广告效益，对企业的网络营销活动有十分重要的意义。

二、网络广告效果评价的指标

1. 网络广告传播效果评价指标

对于广告主来说，广告的最终目的是促进商品的销售，但是这个目的不可能一步实现，需要经过几个阶段。网络广告可以利用 AIDA 模式检验广告效果。AIDA 模式可以理解为潜在消费者从接触广告开始，一直到完成某种消费行为的几个阶段，即注意（attention）—兴趣（interest）—欲望（desire）—行动（action）。该模式的每一个阶段都可以作为网络广告传播效果评价的内容，各阶段与评价指标的对应关系如表 7-2 所示。

表 7-2　网络广告 AIDA 模式评价内容与评价指标的对应关系

AIDA 模式评价内容	网络广告传播效果评价指标
注意	广告曝光次数（媒体网站）
兴趣	点击次数与点击率（媒体网站）
欲望	网页阅读次数（广告主网站）
行动	转化次数与转化率（广告主网站）

1）广告曝光次数

广告曝光次数是指网络广告所在的网页被访问的次数，通常用计数器进行统计。在应用广告曝光次数指标时，应注意以下问题。首先，广告曝光次数并不等于实际浏览的广告人数；其次，广告刊登的位置不同，每个广告曝光次数的实际价值也不同；最后，通常情况下一个网页中不可能只刊登一则广告，而是会刊登几则广告，这种情形下，当用户浏览该网站时，会将自己的注意力分散到几则广告中，这样广告主无从知道自身广告曝光的实际价值到底有多大。因此，得到一个广告曝光次数，并不等于得到一个广告受众的注意，只是从大体上进行反映。

2）点击次数与点击率

点击次数是指用户点击网络广告的次数，它可以客观准确地反映广告效果。点击次数除以广告曝光次数，就可以得到点击率。这项指标也可以用来评价网络广告效果，是衡量广告吸引力的一个指标，如果刊登广告的网络曝光次数是 6000 次，而网页上的广告点击次数是 600 次，那么点击率就是 10%。点击率是网络广告最基本的评价指标，也是反映网络广告最直接、最有说服力的量化指标。一旦浏览者点击了某个网络广告，就说明他已经对广告中的商品产生了兴趣。与曝光次数相比，点击率对广告主的意义更大。

3）网页阅读次数

浏览者点击网络广告之后，就会进入介绍商品信息的主页，或者广告主的网站。一个浏览者对该页面的一次浏览阅读，称为一次网页阅读，而所有浏览者对该页面的总阅读次数，就称为网页阅读次数。这个指标可以用来衡量网络广告效果，它从侧面反映了网络广告的吸引力。广告主的网页阅读次数与网络广告的点击次数实际上是存在差异的，这种差异是由浏览者点击了网络广告，而没有浏览阅读点击这则广告所打开的网页造成的。目前受到技术限制，很难精确地对网页阅读次数进行统计，很多时候都是假定浏览者打开广告主的网站后，进行了浏览阅读，因而网页阅读次数可以用点击次数估算。

4）转化次数与转化率

转化的定义为受网络广告影响而形成的购买、注册或者信息需求。转化次数即受网络广告影响而产生的购买、注册或者信息需求行为的次数。转化率则是转化次数除以广告曝光次数得到的结果，网络广告的转化次数包括两部分：一部分是浏览并且点击了网络广告所产生的转化行为的次数；另一部分是仅浏览，而没有点击网络广告所产生的转化行为的次数。通过分析转化次数与转化率，可以了解网络广告对仅浏览而未点击广告的顾客所产生的效果。值得注意的是，点击率与转化率之间并不存在明显的线性关系，但是究竟如何监测转化次数与转化率，目前在实际操作中还有一定的难度，通常情况下可将受网络广告影响而产生的购买行为的次数视为转化次数。

2. 网络广告经济效果评价指标

1）网络广告收入

网络广告收入是指消费者受网络广告刊登的影响，产生购买行为，从而给广告主带来的销售收入。计算公式为

$$网络广告收入 = P \times \sum N_i$$

其中，P 表示网络广告所宣传的商品的价格；N_i 表示消费者 i 在网络广告的影响下，购买该商品的数量。这一计算方式看似很简单，但是要想得到准确的统计数字，具有相当大的难度，主要原因如下。

第一，商品销售因素的复杂性。商品销售是诸多因素共同作用的结果，网络广告只是影响商品销售的其中一个因素，还涉及商品的质量、价格、很多难以统计和计算的消费者消费习惯，以及其他广告形式的促销作用的影响等因素。因此，很难界定有多少销售收入的变化是由网络广告所引起的。

第二，网络广告效果的长期性。网络广告对商品销售的影响是长期的，有些网络广告的影响要经过一段时间才能体现出来，如果不考虑网络广告这个特点，只通过商品销售的数据来评价网络广告的效果，这种方法是不科学、不准确的。

2）网络广告成本

每千人成本（cost per mille，CPM）指广告每产生1000次展示所需的费用，通常基于广告在页面上的曝光次数。其计算公式为CPM=（广告费用/曝光次数）×1000。

每点击成本（cost per click，CPC）指广告主为用户每一次点击广告所支付的成本，其计算公式为CPC=总成本/广告点击次数。

每行动成本（cost per action，CPA）指广告主为每个行动所付出的成本，其计算公式为CPA=总成本/转化次数。

3. 网络广告社会效果评价指标

网络广告的社会效果主要是指在社会文化、教育等方面产生的作用。无论是广告构思、广告语言，还是广告表现，都要受到社会伦理道德的约束，在评价网络广告的社会效果时，会受到一定的社会意识形态下政治观点、法律规范、伦理道德及文化艺术标准

的约束。意识形态不同，约束标准也不同，甚至会完全相反。对网络广告的社会效果进行评价，很难像对网络广告的传播效果和经济效果进行评价那样用几个指标衡量。因为网络广告的社会效果涉及整个社会的政治、法律、艺术、道德伦理等上层建筑和社会意识形态，所以只能用法律规范、标准、伦理道德标准和文化艺术标准来评价。

三、网络广告效果评价的数据获取

1. 访问统计软件

通过服务器端一些专门的软件，可随时监测网民对网络广告的反应情况，并能分析后生成相应报表，这样广告主就可以随时了解在什么时间、有多少人访问过他们的广告页面，有多少人点击过他们的广告图标，或者有多少人访问过他们的网站，目前权威的网络广告监测公司 DoubleClick，用统计软件获得广告曝光点击次数以及关于网民个人情况的一些数据。AdIndex 软件可以跟踪网民对产品品牌印象的变化情况，广告主都希望网络广告在网站上发布时具有针对性，这就需要获得众多网民的 IP 地址和消费习惯。Cookie 技术则实现了这一可能，它可以区别不同地址甚至同一地址不同网名的信息，以此为广告主提供不同类型的统计报表。

2. 查看客户反馈

在投放网络广告后，客户会对广告有一定的反馈，如果反应比较强烈，反馈量大大增加，则说明所投放的广告比较成功，反之则说明所投放的广告不太成功，如可通过观察报表提交量和电子邮件在广告投放后是否大量增加，评价广告投放效果。

3. 委托第三方机构

网络广告效果评价特别强调公正性，所以最好由第三方机构独立进行。第三方机构独立于网络服务提供商和网络内容提供商之外，在一定程度上客观性比较强，减少了网络服务提供商和网络内容提供商作弊的可能，增强了评价数据的可信度。

【本章小结】

本章主要介绍了网络广告的概念、起源、发展现状，网络广告的类型，网络广告的营销价值，以及网络广告效果评价。网络广告的类型包括展示性广告、赞助式广告、网络分类广告、引导广告、电子邮件广告、富媒体广告、搜索引擎广告、数字视频广告和手机广告。网络广告的营销价值包括品牌推广、网站推广、销售促进、在线调研、顾客关系、信息发布。网络广告的效果评价部分主要介绍了网络广告效果评价的概念、指标和数据获取。

【概念讨论】

1. 什么是网络广告?
2. 什么是搜索引擎广告?

【概念应用】

1. 网络广告应用：选择一个你感兴趣的品牌，用所学的知识分析确定目标受众，设计一则网络广告，分别运用不同的营销渠道向该目标受众传递相同的营销信息，比较二者的差别。

2. 搜索引擎广告分析：找一则搜索引擎广告，运用相关知识对其广告类型、广告策略、效果评价等方面进行分析。

【新媒体案例】

冰城×南方小土豆！

2024 年元旦，哈尔滨成为这个冬天最火爆的旅游地点。抖音等短视频平台在其中起到了巨大的宣传推动作用。网友拍摄的视频，展示了哈尔滨的低廉物价、优美风景以及当地人的热情好客和幽默风趣，使哈尔滨迅速成为许多年轻人心中的"第二故乡"。特别是对于生活在南方难以见到雪的人们，哈尔滨的"冰雪王国"极大地激发了他们的旅游热情。

在众多短视频的推动下，不论是"南方小土豆"还是"北方大地瓜"，都被这座冰雪之城深深吸引，决定前往探索。当短视频的播放量突破 50 亿次时，一场南方人涌向哈尔滨的热潮随之而来。

尽管哈尔滨的冬季旅游一直备受欢迎，但 2024 年的情况尤为特别。在元旦前一个月，关于哈尔滨冰雪大世界和旅游的短视频已在各社交平台走红。根据携程发布的《2024 年元旦跨年游旅游洞察》，元旦假期前往哈尔滨的订单量同比增长了 631%，哈尔滨也名列"元旦假期国内热门旅游目的地"。

这并非 2023 年唯一一个因短视频而"挤爆"的城市。回顾 2023 年，包括因"烧烤"走红的淄博、因"村超"走红的榕江以及因"大爷跳水"走红的天津等，多个之前不为人知的城市在网络广告营销的推动下成了"网红打卡点"，受到了广大网友的关注。

【案例讨论题】

1. 试分析城市景点网络广告成功的原因。

2. 试制定网络广告营销策略，延续城市景点热度。

第四篇　工　具　篇

第八章　传统网络营销工具

 开篇案例

天猫上线循环片，情感营销有一套

在营销领域，广泛认同的观点是，讲述故事是提高用户参与度和说服力的最有效方式。相比抽象概念，消费者往往更易被具体而生动的故事所吸引，因此，优秀的品牌故事成为营销的核心。

最近，天猫便利用"时间循环"的创意手法，推出了一部引人深思的短片《重启今日》，旨在为其品牌上新月造势。该片讲述了主角李循环因日常生活的机械重复陷入 2 月 28 日的一日循环。在经历了一系列打破常规的尝试后，最终在一位老人的启发下领悟到，通过日常的小改变，让看似重复的生活焕发新意。影片的前半部分通过戏剧化的悬疑情节吸引观众，而结尾则以温和平实的方式展现生活的哲理：生活虽循环往复，却充满新的可能。

从营销的角度看，天猫通过这部影片以更富情感和温度的方式向用户传达，拥抱新生活无需巨大改变，只需以积极的态度感受生活中的变化这一观念。这种方式间接凸显了天猫"理想生活"的品牌理念，有效地结合了情感诉求和品牌价值，展示了故事在提升品牌认同中的强大力量。

【案例讨论题】

你认为天猫的情感营销是否会成功，为什么？

第一节　搜索引擎营销

一、搜索引擎营销的概念及工作原理

1. 搜索引擎营销的概念

搜索引擎（search engine）是指根据一定的策略，运用特定的计算机程序从互联网上搜集信息，在对信息进行组织和处理后，建立索引数据库，为用户提供检索服务，将用户检索相关的信息按照与搜索关键词的相关度高低排列展示给用户的系统。

搜索引擎营销对增加有效访问量至关重要。当消费者想找一个新的产品服务或娱乐项目时，会很自然地想到搜索引擎。搜索引擎在吸引客户确定所要购买的品牌方面有至关重要的作用，搜索引擎营销已成为网络营销领域竞争最激烈的阵地，在搜索引擎营销中有两种主要的方式值得关注。它们是搜索引擎优化和付费搜索营销。

2. 搜索引擎生成自然列表的工作流程

1）抓取网页

抓取网页的目的是确定用于编制索引的网页，并查看这些网页是否有更新。抓取是通过页面抓取脚本实现的，该脚本又称为机器人或蜘蛛，抓取过程能够获得网页信息，并将检索的 URL 记录下来，供后续的分析及编制索引使用。尽管机器人和蜘蛛给人的感觉似乎是有东西真的访问了网站，但是他们实际上是脚本程序运行在搜索引擎的服务器上，这些脚本程序可以跟踪请求页面上的链接，进而产生包含一系列网址的页面索引。页面索引上的每一个链接都可以跟踪到别的链接。

2）编制索引

索引能让搜索引擎快速寻找到用户搜索请求的信息页面，搜索引擎并不是在页面上搜索关键词，而是将页面信息索引转化为包含特定词的文档一览表。索引信息，包括文档中所存储的搜索阶段，以及页面特征的信息，如文档的标题简短描述、网页评级信任或授权证书、垃圾评级等。对文档中的关键词还可以加入更多的属性，如语义标记、链接锚文本中的显示、相似度和文档中出现的频率或密度以及位置等。其中包含在链接锚文本中的词组，对网页的搜索评级至关重要。

3）排名或打分

此时，索引程序已经生成了包含搜索请求关键词的所有页面一览表，但是还没有按相关性排名。排名过程将最相关的一组文档显示在搜索引擎结果页面中。首先，在一个特殊的数据中心对生成的页面一览表中的文档进行检索。其次，根据多种评级因素对所有文档进行评级并排名。

4）查询请求并提交结果

搜索引擎接受用户查询请求，利用用户的 IP 地址确定用户的位置，并将其查询请求传到相关数据中心进行处理，根据具体的查询内容，服务器对相关网页进行排序并返回相应的文档，将其显示在搜索引擎结果页面上。

3. 搜索引擎评级时考虑的因素

（1）关键词匹配度。关键词匹配度是指搜索关键词与文章中的标题或内容的相符合程度。匹配程度越高，关键词排名越靠前。针对该因素提升网页质量的搜索引擎优化过程被称为网页优化。

（2）网站外链接的数量和质量。网站外部链接也称入站链接或反向链接，是指外部网站指向本站的链接。每当有站外网页链接到目标网页，谷歌就会为该网页加一分。因此，当网页或网站被更多的外部网站链接时，它的评级就会比较高。除此之外，链接的质量也比较重要，因此与关键词相关的链接中，来自知名网站的链接更有价值。这种评分方式也适用于内部链接，内部链接是指本站内部的链接。针对这个因素（入站链接或反向链接）提升网页质量的搜索引擎优化过程被称为外部链接构建和内部链接构建。高质量的内部链接、外部链接是指具有高的权重并且导出链接数量少，而且收录速度快的链接。

4. 搜索引擎营销的基本过程

1）用户使用搜索引擎获取信息的流程

用户使用搜索引擎获取信息的一般流程是选择搜索引擎；设定关键词或者关键词组合进行检索；对搜索结果进行筛选并点击符合期望的信息；进入信息源网站获得详细的信息。如果用户找到需要的信息，本次搜索结束；用户不满意，返回搜索结果点击新的链接，或者更换关键词继续搜索；如果还是没有需要的信息，用户可能会更换搜索引擎，并重复以上的搜索过程，如图 8-1 所示。

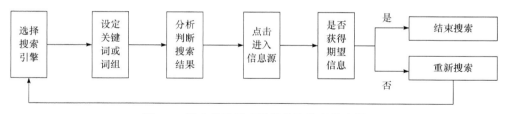

图 8-1　用户使用搜索引擎获取信息的流程

2）企业使用搜索引擎营销的基本过程

（1）企业将信息发布在网站上成为网页或文档形式存在的信息源，包括企业内部信息源及外部信息源。

（2）搜索引擎将网页或文档信息收录到搜索引擎数据库。

（3）用户利用关键词进行检索。

（4）检索结果中罗列相关的网页索引信息及 URL。

（5）根据用户对检索结果的判断，选择感兴趣的信息并点击 URL 进入信息源所在的网页。

以上就是企业从发布信息到用户获取信息的整个过程，即搜索引擎营销的基本过程，如图 8-2 所示。

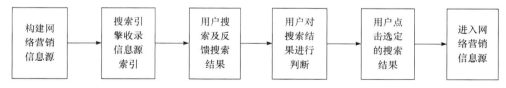

图 8-2　搜索引擎营销的基本过程

5. 搜索引擎营销的基本内容

根据搜索引擎营销的基本过程，可以得到搜索引擎营销的基本内容。

1）构造适合搜索引擎检索的信息源

在搜索引擎营销中，确保网页信息被搜索引擎成功收录是至关重要的基础环节。企业网站的网页内容是搜索引擎检索的核心。用户在搜索引擎检索后，通常需要访问信息源网页获取更详细的信息，因此，信息源的设计必须首先考虑用户体验的友好性。此外，信息源构建的视角需要多元化，如用户视角、搜索引擎视角以及网站管理维护的视角，以全面提升网站的搜索引擎表现和用户满意度。

2）提高网页或网站被搜索引擎收录的机会

完成网站的建设并在互联网上发布，并不代表已经实现了搜索引擎营销的目标。即使网站设计非常精美，但如果未能被搜索引擎所收录，那么用户将无法通过搜索引擎找到网站信息，这显然违背了网络营销信息传递的初衷。因此，确保尽可能多的网页被搜索引擎收录，不仅是网络营销的基本任务，而且是搜索引擎营销的基本内容。

3）让网站信息出现在搜索结果中靠前的位置

仅仅确保网站或网页被搜索引擎收录是不够的，还需要通过搜索引擎优化策略，使得企业信息能出现在搜索结果的显著位置。由于搜索引擎收录的信息量庞大，当用户输入特定关键词进行搜索时，会呈现大量的搜索结果。如果企业信息出现的位置很靠后，其被用户发现的可能性将大大减少，会影响搜索引擎营销的效果。因此，通过搜索引擎优化提高企业信息在搜索结果中的排名，是确保搜索引擎营销成功的关键。

4）以搜索结果中的信息获得用户关注

搜索引擎营销是信息引导模式的典型形式，搜索结果的摘要信息获得用户关注，是实现信息引导的基础。鉴于搜索结果信息量非常庞大，用户往往不可能逐一查看所有搜索结果。相反，他们会对搜索结果进行快速判断，并筛选出最相关的信息进行点击，以获取更详细的内容。因此，在内容设计时，必须考虑搜索引擎的信息抓取方式，并在有限的展示空间内提供用户可能感兴趣的关键信息。这些相关的主要元素包括网页标题、关键词、摘要信息、网页 URL 等，它们共同影响着用户的选择和搜索引擎营销的效果。

5）为用户获取信息提供方便

用户通过点击搜索结果进入网站或网页，是搜索引擎营销产生效果的基本表现形式，用户的进一步行为决定了搜索引擎营销是否可以最终为企业带来收益。用户来到网站之后可能为了解某个产品的详细介绍，或者注册成为用户，但是否最终转化为购买者，还取决于更多的因素，如产品本身的质量、款式、价格等是否具有竞争力。在此阶段，搜索引擎营销将与网站信息发布、顾客服务、网站流量统计分析、在线销售等其他网络营销工作密切相关，在为用户获取信息提供方便的同时，与用户建立密切的关系，使其成为潜在顾客或者直接购买产品。

二、搜索引擎优化

1. 搜索引擎优化的概念

搜索引擎优化是指对特定的关键词或短语进行优化，提高企业及产品在自然列表或有机列表排名的方法。在搜索引擎结果页面上，自然列表占据了大部分的比例。用户输入关键词后，搜索引擎会展示与这些关键词相关的搜索结果列表。除了搜索结果，结果页面还可能包含其他能吸引用户注意的工具和功能，谷歌将这些工具和功能整合到通用搜索中，形成了混合搜索。

2. 搜索引擎优化的内容

搜索引擎优化的主要作用是把对搜索引擎友好性不够的网站，通过对网站一些要素的合理设计，改善其在搜索引擎检索结果中的表现，获得用户的关注和点击，并为用户提供有价值的信息。网站对搜索引擎优化的内容包括以下几个方面。

1）网站栏目结构和网站导航系统优化

网站栏目结构与导航奠定了网站的基本框架，决定了用户是否可以通过网站方便地获取信息，也决定了搜索引擎是否可以顺利地为网站每个网页建立索引，因此网站栏目结构被认为是网站优化的基础内容之一。栏目网站结构对网站推广运营发挥了至关重要的作用，不合理的网站结构和导航系统将造成严重的后果，不仅影响搜索引擎收录，而且网页的易用性和搜索引擎友好性都不会太高。

合理的网站栏目结构，可以正确表达网站的基本内容及内容之间的层次关系，有较强的用户易用性。其主要包括通过主页可以到达任何一个一级栏目首页、二级栏目首页，以及最终内容页面；通过任何一个网页可以返回上一级栏目页面并逐级返回主页；主栏目清晰并且全站统一；每个页面有一个辅助导航；通过任何一个网页可以进入任何一个一级栏目首页；产品或信息类别比较多时，需要设计一个专门的分类目录；设计一个网站地图，给出站内各个栏目和页面链接的关系；通过任何一个网页最多点击三次，可以进入任何一个内容页面。

2）网站内容优化

网站内容是网站中最活跃的因素，不同的网站内容设计如网页标题、关键词的运用等，是影响网站搜索引擎优化中的主要因素。网站内容优化包括每个网页都要有独立的、概要描述网页主体内容的网页标题；每个网页都要有独立的反映网页内容的 meta 标签；每个网页标题都要包含有效关键词；每个网页主体内容都要包含有效关键词的文本信息；对一些重要的关键词要保持相对稳定。

网页标题对搜索引擎检索至关重要，网页标题的优化主要包括网页标题不宜过短或过长，一般 6～10 个字，最多不超过 30 个字；网页标题概括网页的核心内容，要与网页摘要的核心信息保持一致；网页标题中应含有丰富的关键词组，关键词组在搜索引擎检索中有较高的权重，所以网页标题中应该包含网站名称、公司名称、核心产品或服务等。

3）网页布局优化

网页布局是指为网页分配各项内容的展示位置和展示方式，让用户方便地找到自己需要的信息。优化企业网页布局，可以提升网站对搜索引擎的友好度，从而提高网站的搜索引擎评价和权重，获得更好的关键词排名，进而达到流量获取的基本目的，最终实现流量转化的目标。

网页布局的优化需要考虑：最重要的信息出现在最显著的位置；网页摘要信息出现在最高位置；网页最高位置的重要信息需要保持相对稳定；首页滚动更新的信息要有一定的稳定性。

4）网页格式优化

网页格式的基本形态包括静态网页和动态网页。静态网页是指纯粹 HTML（标准通用标记语言下的一个应用）格式的网页。静态网页是标准的 HTML 文件，它的文件扩展名是.htm、.html，可以包含文本、图像、声音、Flash 动画、客户端脚本等。动态网页是指网站数据库生成的，带有问号、符号及参数的网址。因为静态网页的友好性更强，因此网页格式的优化在于尽可能地把动态网页转化为静态网页。如果难以实现全部网页的静态转化，网页的设计应该采取动静结合的网页形态。另外，网页的 URL 层次应该适度，不宜过深。

（1）动态网页的搜索引擎优化。搜索引擎抓取网页的原理与对地区人口的管理很相似，对常住人口的管理很容易，只需根据户口本的信息进行核对，但是对大量的流动人口的管理，相对比较复杂。在人口管理中，把动态人口转化为静态人口不太现实，但是在网页建设中是可以做到的。动态页面静态化实际上主要是通过访问地址改写实现的，主要有两种，一种是使用现成的插件，如 ISAPI_Rewrite、IIS Rewrite；另一种是企业员工写代码实现动态网页静态化。

动态页面静态化以后，可以使动态网页看上去是静态网页，实现更多、更大量地被搜索引擎收录，从而最大限度地提高企业内容被目标接收的机会。但是，如果完全以动态技术开发的网站，要变换成静态网页，而动态网页的内容管理功能却必须保留，企业是需要付出成本的。就如同一辆飞驶的奔驰忽然要求 180 度转弯，要付出的成本代价是非常大的，是否真的值得，企业需要仔细斟酌。

（2）网页 URL 层次的搜索引擎优化。在搜索引擎收录中，网页的首页在搜索引擎中的权重相对较高，因为网页首页通常放在网站的根目录下，网页层次简单。如果网页层次增加，网页在搜索结果中的级别也在降低。通过实践表明，层次过多的网页在搜索引擎检索结果中几乎没有任何优势。网页 URL 层次的搜索引擎优化主要包括网站首页必须把索引文件放在根目录下，这样能使用户访问时出现的是网站的首页，而不是多层次结构；一级栏目首页的网页 URL 不能超过两个层次；详细信息页面，不能超过四个层次。

5）网站外部链接建设

谷歌的创建者 Brin（布林）曾经说过，与目标网页链接的其他网页的数量与质量，对目标网页的可见度起着决定的作用。因此，增加网站外部链接对搜索引擎优化也是很重要的。增加网站外部链接需要做到：识别添加热门的内容与服务，可以吸引更多的用户访问网页，或者直接向用户推荐这些网页；识别潜在的合作伙伴网页，可以通过访问传统媒体网站、访问社交网络、访问顾客及合作伙伴的博客、访问新闻发布网站等识别潜在的合作伙伴网页；与合作伙伴网站建立联系，给合作伙伴发送电子邮件请求链接，然后跟踪链接并建立链接。

6）网站内部链接建设

企业外部链接建设的方法同样适用于内部链接建设。其中，最重要的一点是指向相关页面的超链接锚文本中包含使用的关键词组。内部链接的网状结构比单一层级的结构更容易被搜索引擎收录。企业的网站内部链接建设需要做到：在主页或二级网页中包含最重要的关键词组；适当地增加通过一级导航或二级导航菜单打开的网页；网站首页导航菜单的锚文本中要包含关键词组；比较重要的产品或服务网页，需要经常检查是否放在了容易被搜索引擎检索的位置。

三、付费搜索营销

1. 付费搜索营销的概念

付费搜索营销与传统的广告相似，当用户输入具体的关键词时，就会显示相应的广告以及一些企业的网址，其中付费广告的结果会显示在自然列表的上边和右边。

2. 内容广告付费搜索

内容广告付费搜索，就是网站付费后才能被搜索引擎收录并靠前排名，付费越高者可能排名越靠前。搜索引擎推出的内容广告付费搜索服务，是由客户为自己的网页购买关键字排名，按点击计费的一种服务。客户可以通过调整每次点击付费价格，控制自己在特定关键字搜索结果中的排名；并可以通过设定不同的关键词捕捉到不同类型的目标访问者。购买关键词广告，即在搜索结果页面显示广告内容，实现高级定位投放，用户可以根据需要更换关键词，相当于在不同页面轮换投放广告。

3. 常用的付费方式

1）CPM 付费方式

CPM 付费方式是指按照展示千次广告的价格付费。

例如，某晚报媒体发行量是 50 万份，通栏广告价格为 10 400 元，实际执行价为 5020 元，传阅率为 1 000 000 人。那么它的千人成本为 5.02 元。有时，公司为了方便计算，把广告费用/到达人数以百分比形式表示。

每千人成本指标是广告主做出决策的参考数据之一，但不是唯一的参考依据，在综合决策过程中只是一个辅助参考。

2）CPC 付费方式

CPC 付费方式是指按照每次广告点击的价格付费。CPC 付费方式可以让广告客户仔细地评估广告的成本，以及能够从客户那里获得的初始购买价值和顾客终身价值。企业应该通过每点击成本的效果评价，定期选取营销效果显著的关键词组，根据特定的关键词组，改进目标网站或登录主页，促使用户访问网站、完成交易，提高点击的转化率。

3）CPA 付费方式

CPA 付费方式是指广告主为每个行动所付出的成本，指按广告投放实际效果付费，而不限广告投放量。假设一定时期内一个广告主投入某产品的网络广告的费用是 6000 元，这则网络广告的曝光次数为 600 000，点击次数为 60 000，转化数为 1200。这则网络广告的每行动成本为 CPA=6000/1200=5（元）。

CPA 的计价方式对于网站而言有一定的风险，但若广告投放成功，其收益也比 CPM 广告要多。

4. 付费搜索营销的优点

（1）不浪费广告费。只有当用户点击了广告，并进入网站时广告客户才需要付钱。企业支付的广告费都是收到实际效果的广告费，没有广告成本的浪费。

（2）针对性强。付费搜索营销是企业通过付费方式，提升企业在搜索引擎自然列表排名的网络营销策略。付费搜索营销能够精准定位关键词，明确目标受众，同时提供成本控制、效果可衡量和即时反馈等优势。企业可以根据预算设定每日付费上限，利用数据分析工具追踪广告效果，根据顾客即时反馈进行实时优化。

（3）容易核算且效果可预测。跟踪系统建立好后，可以很容易地核算出每个关键词的投资回报率。与搜索引擎优化相比，付费搜索的流量、搜索排名以及搜索结果都相对稳定，因此企业可以根据积累的历史数据，预测未来的流量和搜索排名等。

（4）速度快。采用每点击付费方式，编辑审查之后即可开始营销活动，一般只需要几天的时间。搜索引擎优化的效果需要几周甚至几个月的时间才能显现。在搜索引擎优化后的初期，由于营销信息需要重新被搜索引擎收录，自然列表的排名可能会下降，但是付费搜索营销则不存在这样的问题。

5. 付费搜索营销的缺点

（1）成本高。因为按点击付费很受欢迎，有些公司卷入了投标大战，使得市场中的竞争非常激烈，导致中标价格非常高，这样企业的成本也随之增加。关键词或词组的单价可以达到数元甚至上百元，一个月就要花费数千元甚至数万元，如果是长期做，那就需要长期花费更加高昂的费用。

（2）需要专业知识。按点击付费方式在具体操作的时候，需要企业员工懂得网页的配置结构、竞标选项、不同的广告形式等专业知识。因此，企业需要专门针对付费搜索营销所需的知识对员工进行培训。

（3）耗费时间。为了保证每点击付费的竞争地位，需要每小时或每天不停地关注投标价格，因此需要员工投入大量的时间，才能保证企业用于付费搜索的工具与时俱进，保持企业产品或服务在市场上的竞争力。

第二节　许可电子邮件营销

许可电子邮件营销（permission email marketing，PEM）是网络营销信息传递的重要方式，也是在线顾客服务工具。制定许可电子邮件营销策略，可以作为其他网络营销策略的补充。在我们的日常生活中，经常收到各种企业的电子邮件，有产品广告信息，还有企业优惠活动信息。作为接收者，我们会把其中的大部分电子邮件，看作垃圾邮件。那么，到底什么是电子邮件营销，企业应该如何开展电子邮件营销呢？

一、许可电子邮件营销的概述

1. 许可电子邮件营销的起源

电子邮件诞生于 1971 年，由于受到网速和费用的限制，直到 20 世纪 80 年代中期，电子邮件才开始被广泛应用。经过 40 多年的发展，电子邮件已经不仅是电子沟通工具，而是被企业看作信息时代非常重要的网络营销工具。电子邮件营销诞生于 1994年 4 月 12 日，一对从事移民业务的夫妇坎特和西格尔，把一封"绿卡抽奖"的广告信发到他们可以发现的 6500 个新闻组，在当时引起疯狂的下载与转发。他们的"邮件炸弹"使很多服务商的服务处于瘫痪状态。而真正把电子邮件营销变成企业重要网络营销工具的，是许可电子邮件营销理论的提出和应用。

1999 年，营销专家 Seth Godin（塞思·戈丁）推出《许可行销》一书，在书中对许可电子邮件营销进行了系统阐述，许可电子邮件营销理论诞生了。Seth Godin 指出，企业在利用电子邮件营销推广其产品或服务的时候，需要得到消费者的许可。得到企业消费者或潜在消费者的许可之后，企业将承载产品或服务的电子邮件发送给消费者后，才有可能实现企业的营销目标。

2. 许可电子邮件营销的概念

许可电子邮件营销是在用户事先许可的前提下，通过电子邮件的方式向目标用户传递有价值信息的一种网络营销手段。

许可电子邮件营销概念中包含三个基本要素：基于用户许可、通过电子邮件传递信息、电子邮件承载的信息对用户是有价值的。三个基本要素缺少任何一个，都不能称作有效的电子邮件营销。

3. 许可电子邮件营销的原理

许可营销的主要方法是通过邮件列表、新闻邮件、电子刊物等形式，在向用户提供有价值的信息的同时附带一定数量的商业广告。一般情况下，在消费者申请注册成为企业会员，或是申请某项网络服务时，都会有"是否希望收到公司最新的产品信息"的选项，如果消费者勾选了，就表示其允许该企业的电子邮件营销，之后就会经常收到相关的产品或活动信息。因此，许可电子邮件营销的原理就是企业在推广产品或服务的时候，事先得到消费者的许可，得到潜在消费者的许可后，企业就可以对这些消费者进行许可电子邮件营销。

二、许可电子邮件营销的分类

（1）按照用户许可的性质，可分为单次许可电子邮件营销、双重许可营销和长期订阅许可营销。单次许可电子邮件营销，是指用户通过参加特定活动或单次同意接收营销电子邮件，获取特定优惠或信息。在进行单次许可电子邮件营销时，用户只授权一次接收营销电子邮件，用户期望的是特定内容，而非长期持续的邮件营销。双重许可营销，是指用户在订阅电子邮件后，会收到一封确认邮件，只有在用户点击确认链接后，才会真正订阅营销电子邮件。双重许可电子邮件营销有助于提高用户的质量，确保用户对邮件营销有明确意愿。长期订阅许可营销，是指用户同意在较长时间内接收与品牌或公司相关的电子邮件，通常通过品牌官网、电子商务平台或其他渠道自愿订阅，旨在建立持续关系。

（2）按照电子邮件地址资源的所有权，可以分为内部电子邮件营销（内部列表电子邮件营销）和外部电子邮件营销（外部列表电子邮件营销）。内部列表电子邮件营销是指一个企业或网站，利用一定方式获得用户自愿注册的资料而开展的电子邮件营销。外部列表电子邮件营销是指利用专业服务商或者具有与专业服务商一样可以提供专业服务的机构提供的电子邮件营销服务，企业自己并不拥有用户的电子邮件地址资料，也无需管理维护这些用户资料。内部列表电子邮件营销和外部列表电子邮件营销的差异如表 8-1 所示。

表 8-1　内部列表电子邮件营销和外部列表电子邮件营销的差异

主要功能和特点	内部列表电子邮件营销	外部列表电子邮件营销
主要功能	顾客关系、顾客服务、品牌形象、产品推广、在线调查、资源合作	品牌形象、产品推广、在线调查
投入费用	相对固定，取决于日常经营和维护费用，与邮件发送数量无关，用户数量越多，平均费用越低	没有日常维护费用，营销费用由邮件发送数量、定位程度等决定，发送数量越多，费用越高
用户信任程度	用户主动加入，对邮件内容的信任程度高	邮件为第三方发送，用户对邮件的信任程度取决于服务商的信用、企业自身的品牌、邮件内容等因素
用户定位	高	取决于服务商邮件列表的质量
获得新用户的能力	用户相对固定，对获得新用户效果不显著	可针对新领域的用户进行推广，吸引新用户的能力强

续表

主要功能和特点	内部列表电子邮件营销	外部列表电子邮件营销
用户资源规模	需要逐步积累，一般内部列表用户数量比较少，无法在很短的时间内向大量用户发送信息	在预算许可的情况下，可同时向大量用户发送邮件，信息传播覆盖广
邮件列表维护和内容设计	需要专业人员操作，无法获得专业人士的建议	服务商由专业人员组成，可提供邮件发送时间选择、内容设计等方面的建议
电子邮件营销效果分析	由于是长期活动，较难准确评价每次邮件发送的效果，需要长期跟踪分析	由服务商提供专业分析报告、可快速了解每次活动的效果

内部列表不仅需要自行建立或选用第三方邮件列表服务系统，还需要对邮件列表进行维护管理，如用户资料管理、推送管理、用户反馈跟踪等，对营销人员的要求比较高。在用户资料比较少的情况下，费用相对较高。随着用户数量的增加，内部列表电子邮件营销边际成本持续降低，其优势才能逐渐明显。内部列表电子邮件营销以少量连续的资源投入，获得长期稳定的营销资源，外部列表电子邮件营销则是用资金换取临时性的营销资源。内部列表电子邮件营销在顾客关系和顾客服务方面的功能比较显著，外部列表电子邮件营销由于比较灵活，可以根据需要选择投放不同类型的潜在用户，因而在短期内即可获得明显的效果。

（3）按照营销计划分类，可以分为短期电子邮件营销（临时电子邮件营销）和长期电子邮件营销。短期电子邮件营销包括不定期的产品促销、市场调查、节假日问候、新产品通知等；长期的电子邮件营销通常以企业内部注册会员资料为基础，主要表现为询问邮件、电子杂志、顾客服务等各种形式的邮件列表。这种列表的作用要比短期电子邮件营销更持久，其作用更多地表现在顾客关系、顾客服务、企业品牌等方面。

（4）按照受众类型分类，可以分为个人电子邮件营销和企业电子邮件营销。个人电子邮件营销是指企业的电子邮件营销对象是个人电子邮件用户。企业电子邮件营销是指企业的电子邮件营销对象是企业电子邮件用户。

（5）按照电子邮件营销的应用方式分类，可以分为非经营型电子邮件营销和经营型电子邮件营销。非经营型电子邮件营销是指企业在进行电子邮件营销时，其营销目的是扩大企业的品牌知名度和增加企业产品的销售量。经营型电子邮件营销是指企业把长期积累所获得的电子邮件营销资源，有偿地为其他企业提供电子邮件营销服务，其营销目的是为企业创造电子邮件营销收入。开展电子邮件营销需要一定的营销资源，获得和维持这些资源本身也要投入相应的经营资源。当企业的资源积累达到一定的水平，便拥有了更大的营销价值，不仅可以用于企业本身的营销活动，还可以通过出售电子邮件广告空间，直接获得利润。因此，当企业电子邮件营销以经营性质为主时，企业的电子邮件营销已经属于专业服务商的范畴了。

三、许可电子邮件营销的基本步骤

Seth Godin 认为，实现许可电子邮件营销有五个基本步骤。

（1）让潜在顾客感觉到可以获得某些价值或服务，自愿加入。

（2）利用潜在顾客，让消费者充分了解公司的产品或服务。

（3）提供激励措施，以保证潜在顾客维持在许可名单中。

（4）为顾客提供更多的激励，从而获得更大范围的许可，例如，给予会员更多的优惠，或者邀请会员参与调查，提供更加个性化的服务等。

（5）利用获得的许可，改变消费者的行为，将许可转化为利润。经过一段时间后，营销人员可以利用获得的许可改变消费者的行为，激励潜在顾客用行动说："好的，我愿意购买你们的产品。"只有这样，才可以将许可转化为利润。

四、许可电子邮件营销的一般过程

（1）制订许可电子邮件营销计划，分析目前拥有的许可电子邮件营销资源。

（2）决定是否利用外部列表投放电子邮件广告，并且要选择合适的外部列表服务商。

（3）针对内部和外部邮件列表分别设计邮件内容。

（4）根据计划向潜在用户发送电子邮件信息。

（5）对于许可电子邮件营销活动的效果进行分析总结。

尽管电子邮件营销可以有多种不同的分类方法，不过在实际应用中最常用的是根据电子邮件地址资源的所有权进行分类的方法，该方法把电子邮件营销分为内部列表电子邮件营销和外部列表电子邮件营销。开展电子邮件营销的基础之一，是拥有潜在用户的电子邮件地址资源，或者可以利用第三方服务商的邮件列表资源。

内部列表电子邮件营销和外部列表电子邮件营销是电子邮件营销的两种基本形式，两者各有优势，对网络营销比较重视的企业通常都拥有自己的内部列表，但采用内部列表电子邮件营销与采用外部列表电子邮件营销也并不矛盾，如果必要两种方式可以同时采用。内部列表电子邮件营销和外部列表电子邮件营销的营销过程比较，如表8-2 所示。

表 8-2　内部列表电子邮件营销和外部列表电子邮件营销的营销过程比较

电子邮件营销的阶段	内部列表电子邮件营销	外部列表电子邮件营销
确定电子邮件营销目的	需要在网站规划阶段制定，主要包括邮件列表类型、目标用户功能等内容，一旦确定具有相对稳定性	在电子邮件营销策略需要时确定营销活动的目的，期望目标每次营销活动目的、内容、形式、规模等可能不同
建设或选择邮件列表技术平台	邮件列表的主要功能需要在网站建设阶段完成，或者在必要的时候为网站增加邮件列表功能，也可以选择第三方邮件列表发送平台	不需要自己的邮件发送系统
获取用户地址资源	通过各种推广手段吸引尽可能多的用户加入邮件列表，用户地址属于自己的营销资源，发送邮件不需要支付费用	不需要自己建立用户资源，而是通过选择合适的电子邮件营销服务商，在服务商的用户资源中，按照一定条件选择潜在的用户列表，一般来说每次发送邮件均要向服务商付费
电子邮件营销内容设计	在总体方针的指导下，设计每期邮件内容，一般为营销人员的长期工作	根据每次营销活动，需要制作邮件内容或者委托专业服务商制作

续表

电子邮件营销的阶段	内部列表电子邮件营销	外部列表电子邮件营销
邮件发送	利用自己的邮件发送系统，根据设定的邮件列表发行周期按时发送	由电子邮件服务商根据服务协议发送邮件
电子邮件营销效果跟踪评价	自行跟踪分析营销的效果，可定期进行	由服务商提供专门的分析报告，可以是从邮件发送后实时在线查询，也可能是一次活动结束后统一提供监测报告

五、垃圾邮件的定义

1. 中国电信对垃圾邮件的定义

2000 年 8 月，中国电信将垃圾邮件定义为向未主动请求的用户发送的电子邮件广告、刊物或其他资料；没有明确的退信方法、发信人、回信地址等的邮件；利用中国电信的网络从事违反其他 ISP 的安全策略或服务条款的行为；其他预计会导致投诉的邮件。

2. 中国教育和科研计算机网对垃圾邮件的定义

2002 年 5 月 20 日，中国教育和科研计算机网公布了《关于制止垃圾邮件的管理规定》，其中对垃圾邮件的定义为凡是未经用户请求强行发到用户信箱中的任何广告、宣传资料、病毒等内容的电子邮件，一般具有批量发送的特征。

3. 中国互联网协会对垃圾邮件的定义

2003 年 2 月 25 日，中国互联网协会发布的《反垃圾邮件规范》中所称垃圾邮件，包括下述属性的电子邮件。

（1）收件人事先没有提出要求或者同意接收的广告、电子刊物、各种形式的宣传品等宣传性的电子邮件；

（2）收件人无法拒收的电子邮件；

（3）隐藏发件人身份、地址、标题等信息的电子邮件；

（4）含有虚假的信息源、发件人、路由等信息的电子邮件。

第三节 博客营销

一、博客营销的概念

博客最初的名称是 Weblog，中文意思是"网络日志"，后来缩写为 Blog。博客是一种表达个人思想，内容按照时间顺序排列并且不断更新的信息发布方式。Blogger 是指写博客的人，通常被称为博主，也指谷歌公司提供的免费网络博客发布平台。

学术界对博客营销的定义并不统一，本书引用冯英健老师的观点。博客营销是指企业利用博客开展网络营销，通过博客平台发布信息、推广产品和服务，以加强与消费者的多向信息沟通及塑造良好的企业品牌形象为目的，最终在潜移默化中影响消费者购买行为获取盈利的营销模式。

可见，博客营销是以互联网为主要传播方式的营销手段。博客的营销价值主要体现在能给企业直接带来潜在客户、降低推广费用、为客户通过搜索引擎获取企业信息提供便利、增加企业网站的外链数量、实现更低的沟通成本、让营销人员从被动的媒体依赖转向主动发布信息等方面。

博客营销的本质被归纳为博客营销是以知识信息资源为基础的内容营销模式，通过增加企业信息的网络可见度实现品牌或产品推广，其实质就是以知识信息资源为载体，附带一定量的营销信息，即博客营销是内容营销的形式之一。

二、博客营销的基本特征

1. 博客营销是内容营销的一种形式

内容营销就是通过合理的内容创建、发布及传播，向消费者传递有价值的信息，从而实现网络营销的目的。开展博客营销的基础，是对某个领域知识的掌握、学习和有效利用，并通过对知识的传播达到营销信息传递的目的。博客营销是利用互联网为消费者传递有价值的信息，内容营销是一种具体的表现形式。因此，从向传递有价值的信息的角度看，博客营销其实是内容营销的一种形式。

2. 博客营销的基础是有价值的知识信息资源

网络营销的最高层次是为顾客提供价值，这种价值是通过各种渠道逐步建立起来的，博客就是常用的渠道之一。博客对用户的价值可以通过多种形式体现出来，不同行业可能有不同的特点。例如，一些有技术性背景的行业，其行业动态、业界交流活动、技术资料下载、产品知识分享、问题解答、新观点、新知识等，都可能受到用户的关注。而对于旅游业来说，消费者关心的问题则可能是风景介绍、风景图片、风景视频、旅游攻略、精彩游记、特色饮食等相关内容，所以是否可以为消费者持续提供有价值的内容，决定了博客营销是否具有生命力。

3. 博客营销具有软性营销的特点

相对于比较严谨的企业官方网站的内容，博客选题范围和表现形式更灵活，使得博文（本教材专指博客文章）内容丰富多彩，这也是博客更容易吸引潜在顾客的原因。如果博文也像企业官网一样，都是纯粹的产品信息，那么也失去了博客的意义，更谈不上发挥博客的营销价值，因此真正的营销应该在博客之外。

博客是营销的载体和媒介，博客本身并不等于博客营销，博客具有软性营销的特征。因此，企业员工在撰写博文的时候，不需要过多地考虑所撰写的博文是否对企业有营销价值，否则就不是博文，而是商业广告了。企业博客的营销价值来自长期的内容积累，每一篇博文对最终的营销目标都是有价值的。

4. 实现博客营销的基本途径是提高网络可见度

博文对企业博客营销的总体价值表现为增加企业网站的内容资源、增加企业网站的访问量、获得潜在消费者的关注、解决消费者关心的问题、增加企业网站的外部链接、增加企业产品销量等。虽然企业博客能有助于企业实现网络营销目标，但是某一篇博文在企业网络营销中的作用却存在不确定性和偶然性。正是众多的博文有效地提高了企业网站的网络可见度，从而使得博文具有营销价值。因此，博客营销的基本途径和目标是提高企业信息的网络可见度。因此，如果博文没有访问量，那么对企业的网络营销来讲这篇博文是没有价值的。

5. 博客营销体现了全员网络营销的思想

因为博客营销是内容营销的一种形式，博文的价值可能超越网络营销本身，对企业的经营思想、经营策略、企业价值观等多方面，产生更加深远的影响。博文是企业全体员工参与的系列成果，因此可以体现企业全员的营销思想。企业博客不只是一个营销战术问题，更是涉及企业战略和企业营销策略等方面的问题，需要企业给予充分重视。

对博客营销基本特征的分析，解释了一种认识误区：博客营销就是写博文。当然，博客营销的确是通过写博文实现的，但是仅会写博文是远远不够的，要用专业的方法撰写有价值的文章。而且博主还需要了解博客营销的模式、博客营销的基本策略以及博文写作的原则和方法等专业知识，才能发挥博文的营销价值，实现网络营销的目的。

三、企业博客营销的主要模式

不同规模的企业会选择不同的博客营销模式。大型企业通常以企业官方网站的博客频道为主，而中小企业则可能选择第三方博客平台发布博文，开展初步网络营销。企业博客通常有以下六种常见模式。

1. 企业网站博客频道模式

许多大中型企业及部分中小企业都在官方网站开设了博客频道，这种模式已经成为大型企业博客营销的主流方式。通过博客营销频道的建设，内部有写作能力的人员发布博文可以取得多方面的效果。从企业外部而言，可以在实现增加网站访问量、获得更多的潜在消费者、促进企业品牌推广、增进顾客认知、增进与消费者交流等方面均可发挥积极作用。从企业内部而言，提高了员工对企业品牌和市场活动的参与意识，可以增进员工与员工之间以及员工与企业领导之间的相互交流，丰富企业的知识资源。

企业自建的网站博客频道，需要企业投入相应的资源并进行管理，这样不仅增加了网站运营管理的复杂性，而且还需要对员工进行信息保密培训、博文写作方法培训、个人博客维护培训等。

企业博客营销得到越来越多大型企业的重视。大型企业和咨询公司能够成为博客营销的领先者，他们的共同特征在于这些企业在某些方面引导着行业发展动向或者拥有丰富的知识资源，这些信息资源通过企业员工的博客传播，本身就具有新闻价值，因而很容易受到关注，一些知名企业的员工的博文，往往成为媒体记者挖掘新闻来源的线索。所以博客营销对大型企业而言具有先天的优势。中小企业通常很难具备行业影响力，同时也要面对信息资源贫乏的困境，中小企业采用博客营销显然并不具备先天优势，但是仍有一部分中小企业开始采用博客营销。

2. 第三方博客托管服务商公共平台模式

博客的诞生和发展首先应归功于免费提供博客服务的第三方网站平台。利用博客托管服务商（blog service provider，BSP）提供的博客平台发布博文，是最常见的博客营销方式之一。第三方公共平台博客营销的好处在于操作简单，不需要网站维护成本，但由于用户群体成分比较复杂，如果在博文中过多介绍企业的信息，通常不会受到用户的关注。即使是高度受关注的搜索引擎企业，如百度、谷歌，它们的员工通常也不会在公共博客网站以个人身份公开发表公司的信息。因此，博客托管服务商公共平台模式提供的博客服务，通常作为个人交流的工具，对企业博客的应用有一定的限制。

常用的第三方博客平台，包括主要门户网站的博客频道，如新浪博客、大型电子商务网站以及专门提供博客服务的第三方博客平台，如博客网。浏览博客频道，很容易发现存在众多以营销为目的的企业博客，如海尔集团官方博客。

3. 第三方专业企业博客营销平台模式

与第二种模式类似，这种形式的博客营销也是建立在第三方企业博客平台上，主要区别在于它是针对企业博客需求特点提供的专业化博客托管服务，与公共博客平台以个人用户为主不同。每个企业可以拥有独立的管理权限，可以管理企业员工的博客权限。各个员工的博客之间，形成一个互相关联的博客群，有利于互相推广以及发挥群体优势。例如，企博网（http://www.bokee.net），正式成立于 2006 年 4 月 28 日，是企业博客网的简称，主要为企业创建企业博客，并展开博客营销以及为各行各业的职业人士开通职业博客服务，促进企业、职业人士之间的互动、交流。

第三方专业企业博客营销平台模式的典型问题在于对服务平台的依赖性较高，如功能、品牌、服务、用户数量等。企业网站与企业博客之间的关系不够紧密，员工博客的访问量难以与企业网站相整合，因而企业的知识资源积累发挥的综合作用受到限制。然而，随着技术和功能的不断发展，这些问题已经陆续得到解决，第三方专业企业博客营销平台也可以为企业提供更便捷的服务。

4. 个人独立博客网站模式

个人独立博客一般指既在空间、域名和内容上相对独立的博客。独立博客相当于一个独立的网站，而且不属于任何其他网站。相对于第三方博客托管服务商下的博客，独立博客更自由、灵活，不受限制。企业博客依赖员工的个人知识，作为独立的个体，除了以企业网站博客频道、第三方博客平台等方式发布博文之外，以个人名义用独立博客网站的方式发布博文也很普遍。众多免费的个人博客平台的兴起极大地推动了个人博客的发展。对企业来说，具备独立维护博客网站能力的员工，其个人博客网站可作为企业博客营销策略的一部分。

由于个人拥有对博客网站完整的自主管理维护权利，因此个人可以更加充分地发挥积极性，在博文中展示更多个性化的内容。此外，同一企业多个员工个人博客之间的互相链接关系，可以有助于个人博客的推广。多个博客与企业网站链接，对企业网站的推广也很有价值。但是个人博客对个人的知识背景以及自我管理能力要求较高，这种模式不利于企业对博客进行统一管理。

个人独立博客很多，尤其是互联网领域，有许多知名作者的个人博客网站，这些博客作者虽然以个人名义发布博文，但客观上对其所在公司也产生了显著的影响。例如，IT 领域知名博客"月光博客"（https://www.williamlong.info）。

5. 博客营销外包模式

博客营销外包模式是指企业把博客营销的相关工作，外包给其他机构或团体。与传统市场营销中的公关外包类似。博客营销外包模式的优点是企业无需在博客营销方面投入过多的人力，不需要维护博客网站或频道，相应地降低了企业博客管理的复杂性，经过精心策划的部分营销外包往往能发挥巨大的影响力。

可口可乐公司是较早采用博客营销外表包模式的企业之一。2006 年，作为奥林匹克运动会的长期赞助商，可口可乐在冬奥会期间发布了一个对话交流式的营销网站，叫作 "Torino Conversations"。该新型网站上开放有 podcasting、发布图片、读者评论等功能，并付费招募分别来自中国、德国、意大利、加拿大、澳大利亚和美国的六名大学生，从冬奥会观众的角度，以博客的形式实时报道冬奥会，并宣传可口可乐产品。这个博客团队相当于可口可乐的 PR（public relations，公共关系）部门的一个团队，但并非公司雇员。

可口可乐公司的博客营销策略可谓具有前沿性。目前，美国很多企业为了在传统营销的基础上增加博客网络营销计划，尝试雇佣兼职和全职博客宣传企业活动。例如，荷兰旅游局就从 BlogAds Network（博客广告联盟团队）统一招募 25 名博文写手，让他们参加阿姆斯特丹新闻发布招待会。

Visa USA（美国维萨）也发布过一个类似的网站，鼓励奥运会爱好者发布关于奥运会的博客。该网站在技术上比可口可乐更加先进，除了 podcasting、发布图片、读者评论功能，还可以使用 flicker 这一图片管理分享网站的图片共享服务及视频博客服务。

博客外包模式的缺点在于不能全面反映企业文化和经营理念。由于没有企业员工的参与，博文写手对企业信息的了解有限，不能与顾客实现深入的沟通及产品知识的分享。同时由于没有直接参与，企业员工对博客的关注程度也会降低。从长期看，会降低消费者的信任程度。外包模式的博客营销呈现出阶段性的特点，知名企业通常在遇到具有新闻效应的热点事件时采用外包模式，这样的热点事件包括奥运会、公司庆典、重要节假日、重大产品发布会等。

6. 博客广告模式

博客广告是一种付费的网络广告形式，即将博客网站作为网络广告媒体，在博客网站上投放广告，利用博客内容互动性的特征获得用户的关注，其特点是简单快捷，只要为博客广告付费，企业信息可以快速地出现在他人的博文中。尽管博客广告目前应用还不规范，一些企业还没有意识到博客广告的价值，但是一些技术含量高，购买决策周期长的行业，已经在博客广告方面进行了尝试，如 IT 产品、汽车和房地产等行业。博客广告可以有多种模式，如联盟广告模式、博客模板。联盟广告模式是指利用网站联盟模式，用户与博客平台服务商共享广告收益；博客模板是指在模板上涉及企业推广信息供用户选择，通过消费者的博文浏览，实现推广信息的展示。博客广告属于企业网络广告投放的一种形式，企业不能控制网络传播资源，因此是一种广告媒体。

随着博客应用的进一步深入，还会有新的博客营销模式产生。究竟哪种模式适合自己的企业，需要根据企业经营理念和内部资源等因素确定。为了便于企业对博客营销模式进行对比，现引用认可度较高的六种博客营销模式及特点，如表 8-3 所示。

表 8-3　博客营销模式优缺点对比

博客营销模式	优点及缺点
企业网站博客频道模式	（1）是大中型企业及知识资源丰富的中小企业博客营销主流模式 （2）优点：便于自主控制、与企业官方网站紧密结合、增加企业凝聚力 （3）缺点：增加了网站建设及运营管理的复杂性、付费
第三方博客托管服务商公共平台模式	（1）是最简单的博客营销方式之一，是许多中小企业或者个人所采用的主要模式 （2）优点：操作简单，不需要维护成本 （3）缺点：博客访问量无法与企业官方网站紧密结合、可信度较低、访问量不高、博客功能受平台限制等
第三方专业企业博客营销平台模式	（1）专门针对企业博客需求特点提供的专业化的博客托管服务 （2）优点：企业拥有独立的管理权限，有利于互相推广、发挥群体优势 （3）缺点：对提供服务的平台的依赖性较高、企业博客与企业官网之间的关系不够紧密
个人独立博客网站模式	（1）优点：个人可以充分发挥积极主动性和灵活性 （2）缺点：对个人能力要求高，不便于企业对博客进行统一管理
博客营销外包模式	（1）阶段性推广、短期性活动，博客营销可以外包给第三方专业机构人员 （2）优点：降低了企业博客管理的复杂性，效果明显 （3）缺点：明显的公关特征，影响企业信息的可信度
博客广告模式	（1）博客广告可以有多种模式，如联盟广告模式、博客模板等，博客广告是一种广告媒体 （2）优点：简单快捷；为博客广告付费，企业信息可以快速出现在他人的博文中 （3）缺点：博客广告还不规范，网络资源企业无法自行控制

四、博客营销的优化推广策略

博客营销是一种基于个人知识资源的网络信息传递形式，知识资源包括思想、体验等表现形式。因此开展博客营销的基础问题是对某个领域知识的掌握、学习和有效利用，并通过对知识的传播达到营销信息传递的目的。博客营销是典型的"眼球经济"，企业在博客营销过程中应该遵循交互性、简约性、可读性、实用性、方便性、延续链接等原则。具体的优化推广策略包括以下内容。

1. 博客营销的潜在用户策略

一般情况下，对企业的产品和服务感兴趣的读者，最有可能是潜在消费者，因此在博客内容选题时，有必要将针对企业的产品和服务相关的话题作为重点方向，如某产品的选购和保养知识、产品研发及生产的细节故事等。博客营销的最终目的是提高转化率，所以还需要将访问者转化为真正的消费者，才能实现直接从博客营销到增加销售的目的，然而，这个过程可能是漫长的。博客营销仅能发挥销售的引导作用，至于最终能否增加销售额，则是难以评估的。

2. 博客的网站推广策略

通过企业博客实现官方网站访问量的提升，是博客营销最终体现的效果之一。例如，介绍企业新产品的博文吸引用户访问官网，通过博客频道的广告投放为官网增加访问，通过博客的链接策略增加官网信息的价值，从而有利于提高官网搜索引擎优化效果。也就是说，通过企业博客积累的网络营销资源，可以为官网进行推广，从而节约官网推广的费用。

3. 博客的搜索引擎可见度策略

搜索引擎是博客的主要访问来源之一，将搜索引擎优化的原理和方法应用于博客营销，可以增加博客的搜索引擎和可见度，获得更多的用户访问。所以掌握搜索引擎优化技能应该成为每个博主的基本能力，它是提高企业博客营销效果的有效手段。

4. 博客的链接策略

与网站的链接策略相同，企业博客也需要合理的链接，包括内部链接及外部链接。内部链接是指在企业官网内部设置的链接，可以访问企业博客频道。外部链接是指从外部网站链接到企业的博客频道的链接。博客的内部链接需要员工在维护博客专栏及发布博文时进行设置，外部链接则可以通过互换链接及在第三方网站平台发布信息时，附带网址链接等方式建立。

5. 博客的消费者研究策略

博客与消费者的互动是通过博客的评论功能实现的，从消费者的评论中可以发现消费者对文章内容的态度和消费者对产品、服务的态度以及对新产品的建议。如果博文有较多的用户访问及评论，那么将其用于初步的消费者研究还是比较有效的。例如，新浪博客的一些知名博主博文阅读数量可能高达数万次，评论数数以千计，这些都是很有价值的资源。但是，大多数的企业博客访问量可能很小，不值得进行消费者研究。

6. 博客的网络品牌策略

网络品牌是企业博客最基本的价值之一，只要通过博客增加了企业的网络可见度，就为企业网络品牌的提升作出了贡献，但博客的网络品牌价值并不仅限于网络可见度，更重要的是体现在行业影响力、顾客信任以及顾客价值等方面，显然不是随便发布一些博文就能实现的。这也说明为了获得企业博客的网络品牌效果，企业开设博客频道之后，靠自然发展是远远不够的，还需要定制系统的博客运营策略以及博客竞争策略，并坚持不懈地推出有价值的博文。

7. 博客的竞争策略

率先运用博客的企业在网络营销方面可能比竞争者领先一步，当企业的主要竞争者都开始进行博客营销的时候，企业应该如何打造自己的竞争优势呢？新竞争力网络营销管理顾问的研究表明，在互联网应用整体水平较高的企业，企业博客几乎已成为标准配置。因此，企业的网络营销竞争深入到了每个细分市场，企业必须有针对性地制定各个细分市场的竞争策略，如博客营销竞争策略、在线服务竞争策略等。

8. 博客的市场与公关策略

博客作为高效的市场和公关工具，要求网络营销人员掌握并充分利用博客的各项功能。另外，网络营销人员还应具备更强烈的博客意识和传播意识。每一位网络营销人员都应该能熟练运用博客的市场与公关策略，掌握博客营销的相关技巧。

第四节　即时通信营销

一、即时通信营销的概念

即时通信又叫 IM，是指能够即时发送和接收互联网信息，通过网络进行聊天的实时通信服务，也指集交流资讯娱乐、搜索电子商务、办公协作和企业客户服务于一体的综合化信息平台。即时通信营销（IM 营销），是指企业利用即时通信工具进行宣传和推广自己的产品或服务的一种营销手段。

即时通信营销，是继搜索引擎营销、许可电子邮件营销之后重要的网络营销方式。它克服了其他营销方式信息传递滞后的不足，实现了企业与用户之间的无延迟沟通，是企业通过即时通信工具推广产品和品牌，以实现目标用户挖掘和转化的重要手段。在网络营销中，很多企业都会选择即时通信营销，其用户群广泛、互动性强，可以极大地提高企业的推广效率。同时，即时通信工具有与生俱来的成为营销平台的可能性，它可以承载多样化的文本、语音、视频、图片等内容，并可以成为互联网网站的进入工具，将网站的各种内容产品和服务结合在一起向用户宣传。

二、即时通信工具的类别

根据面向对象的不同，即时通信工具可以分为个人即时通信工具、商务即时通信工具、企业即时通信工具和行业即时通信工具等四类。

1. 个人即时通信工具

个人即时通信工具是以个人用户为主，非营利目的，方便聊天、交友、娱乐，如QQ、微信等。这类软件通常以移动端 APP 为主，PC 端为辅，免费使用为辅，增值使用为主。

2. 商务即时通信工具

商务即时通信工具，主要是为了寻找顾客资源或便于商务联系，低成本进行商务交流或工作交流，以阿里旺旺、京东咚咚为代表。此类即时通信工具既可以作为与消费者交易沟通的工具，也可以作为工作交流的工具。

3. 企业即时通信工具

企业即时通信工具主要有两类：一类是以企业内部办公用途为主，旨在建立员工交流的平台；另一类是以即时通信为基础，系统整合了各种使用功能，如企业通。企业通是专注于中小型企业的一款 B2B 电子商务平台，为企业提供最新的行业信息，拓宽企业营销渠道，同时为用户提供最全、最真实的产品信息。企业即时通信营销工具一般只被作为通信使用，不能作为网络营销的工具。

4. 行业即时通信工具

行业即时通信工具主要是局限于某些行业或领域使用的即时通信软件，一般只是在某个领域范围内流行，如盛大圈圈。盛大圈圈是盛大网络自主研发的新概念娱乐通信软件。该软件不仅包含一般即时通信工具的基本功能，而且将盛大网络的各个热门游戏集成在一起，让使用盛大圈圈和玩盛大游戏的人能够在游戏内外互相沟通。行业网站推出的即时通信软件，也属于即时通信工具，称为行业即时通信工具。这类工具一般作为行业交流工具，主要也是使用通信功能，不能作为网络营销工具。

三、即时通信营销的主要工具

1. QQ

1）QQ 信息设置

（1）头像设置。无论是在虚拟网络中，还是在现实生活中，人们对陌生人的判断通常都是"以貌取人"。QQ 头像是 QQ 用户给别人的第一印象，因此用户在选择头像的时候需要多加思考。用户可以使用品质比较好的真人头像，能提高给别人的印象分和可信度。

（2）昵称设置。QQ 用户可以使用真实姓名，以增加与其他用户的信任感，QQ 用户还可以选择悦耳、易记且有个性的昵称，以便在交流中给其他用户留下深刻印象。根据用户使用 QQ 的目的不同，可以取不一样的昵称。

（3）签名设置。QQ 用户的签名允许使用较多数量的文字。如果用户是用于工作，用户可以在签名的位置介绍企业业务、产品特点、产品功效等，还可以把企业网站的链接和其他联系方式放到签名里，可以方便其他用户进一步了解或直接联系。

（4）状态设置。QQ 用户可以在状态设置中添加联系电话以及企业介绍，或者企业网站的链接。

（5）其他资料。用于工作的 QQ 用户，可以用企业的 logo 作为头像，其他资料应该填写得尽量翔实，如年龄、职业、邮箱等，另外 QQ 空间、签名和相册，也应当与企业的各项公开活动相对应，及时更新，在扩大宣传的同时还能留住忠诚客户。目前，仍然有一些企业倾向用 QQ 群进行产品或活动的宣传，并且发布产品的相关资料。比如，科学出版社、高等教育出版社、清华大学出版社等。由于图书出版是比较特殊的行业，用户以学校教师为主，尤其是高校教师。图书出版的业务主要包括教材出版、专著出版、教材样书发放、教材购买、教辅资源配套等。目前看，教材样书发放、教辅资源配套是比较受高校教师欢迎的业务之一，出版社非常重视教辅材料 QQ 群的运营。

2）QQ 群营销

QQ 群营销可以分为以下四个步骤：寻找目标 QQ 群、加入目标 QQ 群、发出产品或服务的营销信息、运用 QQ 群营销方式进行营销。

（1）寻找目标 QQ 群。企业利用关键词在群搜索或搜索引擎里搜索关键词，然后根据显示的 QQ 群介绍、QQ 群人数、群活跃度等进行筛选。QQ 群介绍可以帮助营销人员根据网络营销目标进行目标 QQ 群的筛选，人数表明群的受欢迎程度，活跃度表明群成员对 QQ 群的关注度，QQ 群活跃度低的群，不宜作为网络营销的目标 QQ 群。

（2）加入目标 QQ 群。找到目标 QQ 群后，需要申请加入目标 QQ 群。如果加群的申请备注很随意，就会遭到群主拒绝。所以可以根据 QQ 群的目标，尽量与目标群的群主合作，实现互惠互利，顺利加入目标 QQ 群。

（3）发出产品或服务的营销信息。加入目标 QQ 群后，需要首先建立与群主和群成员之间的信任关系。应该通过真诚的聊天，认真回答并解决群成员的问题。应该做到少发、精发信息。参与聊天时，所发出的信息要对成员有用、有趣才会产生效果，可以利用软文营销，尝试营销效果。

（4）运用 QQ 群营销方式进行营销。QQ 群的营销方式，可以是"守株待兔"式营销，即 QQ 用户直接把自己的群名片改成产品或服务的广告信息，企业简介、姓名、业务、联系方式等填写准确，如果有群成员对相关信息感兴趣，就会直接点击进入。"QQ 表情"式营销，即可以把产品或服务的营销信息，制作成一系列有趣的 QQ 表情，并附带公司的网址，引发用户对 QQ 表情的收藏、转发。"助人为乐"式营销，是在 QQ 群里积极回答成员的问题，尽可能地多帮助别人，这样群主和群成员都会对其产生好感，并建立信任，从而记住营销人员。"转发"式营销，是指 QQ 群的病毒式营销，营销人员可以寻找成员关注的、感兴趣的病毒信息，把企业信息嵌入到病毒信息中，引发 QQ 群成员对信息进行转发，实现广泛宣传的营销目的。"揭秘"式营销，是指揭示一些内幕性信息，正面宣传企业，可以是文字形式的，也可以是图片或视频形式的。

3）QQ 营销的优势

（1）用户群庞大。2019 年 QQ 的月活用户规模最高达到过 8.07 亿，而且用户年龄范围很广，是优质的网络营销工具。企业应该充分利用这个庞大的用户群体，进行网络营销策划，通过利用 QQ 群营销实现网络营销目标。

（2）容易寻找潜在客户。根据网络营销四四二法则，网络营销能否成功，40%取决于营销对象，40%取决于报价或产品，20%取决于网络营销创意。网络营销人员可以按照关键词、地区、性别、年龄等在 QQ 中搜索到潜在消费者，可以指定某个群发送网络营销信息，有更高的精准度。

（3）营销方式多样化。QQ 作为网络营销工具的功能非常多，包括 QQ 群、QQ 空间、QQ 相册、群活动、群视频、直播课程、课程回放、群收藏等。因此营销人员可以根据这些内容版块的不同特点，采取不同的 QQ 群营销方式。

（4）即时互动。即时互动是 QQ 群最基本的功能，它的优势在于企业可以随时与消费者进行互动，满足消费者咨询产品或服务、产品售后受理、企业活动咨询、产品预售咨询等需求，提高顾客忠诚度。

（5）便于管理客户。QQ 具有分组、备注等功能，当企业网络营销人员加客户为好友后，企业就会获得客户的 QQ 号码和 QQ 邮箱等联系方式。企业营销人员可以把 QQ 群看成是一个微型的客户关系管理系统，利用分组和备注功能，把客户按照企业网络营销需求进行分类，便于定期跟踪回访、二次销售或开展售后服务。

2. 阿里旺旺

阿里旺旺是淘宝和阿里巴巴为商人量身定做的免费网上商务沟通软件或聊天工具，可以帮助用户轻松找客户，发布、管理商业信息等。

1）设置阿里旺旺

企业可以通过阿里旺旺，从中寻找企业目标客户群体。有两种方式可以快速添加好友。如果知道对方的登录名称，企业营销人员可以按登录名查找并申请添加；企业营销人员还可以按关键字查找并添加好友。输入的相关词如衣服、美妆等。每个阿里旺旺用户都可编辑自己的关键字，便于其他人搜索到自己，还可以设置好友验证，只有通过验证才能加为好友。淘宝店家每天都要登录阿里旺旺与买家交流，并进行交易管理。卖家需要登录阿里旺旺，然后找到联系人及自定义状态信息，可以在信息中输入优惠活动或热销商品信息，增加浏览量、提高转化率，最终实现网络营销的目标。

2）阿里旺旺营销方式

（1）设置好友分类，长期跟踪。一般可以把旺旺好友分成潜在客户及客户两类。每和一位客户交流后，都要加为好友，并拉入潜在客户分类，定期发送产品和活动信息。如果沟通后该客户实现商品购买，那就把他归类为客户群，定期发送新产品和活动信息。

（2）建立客户细分群。店主可以在"我的好友"中建立顾客群。如果卖家卖的商品属于很多类别，可以按照商品类别把客户群进一步分类，方便卖家有针对性地发布活动或产品信息，实现网络营销的目的。

（3）加入人气旺的旺旺群。店主可以申请加入其他店主的旺旺群，多交友、多交流，可以通过经常交流，彼此熟悉，交换建立友情链接，相互帮助提高彼此的店铺流量。

（4）开通移动旺旺。移动旺旺和移动 QQ 差不多，开通了移动旺旺后，旺旺图标会显示为"手机在线"。客户只要点击旺旺图标，在弹出的聊天窗口中点击"发送手机信息"，便可以和卖家互动。

3. 京东咚咚

京东咚咚是京东推出的即时通信工具软件，面向京东个人用户、商家客服和京东客服。客户可以直接通过京东账户登录京东咚咚。在京东咚咚聊天窗口的右侧，可以直接显示商品信息。通过京东咚咚可以直接跳转至京东主页和京东个人主页。但是京东咚咚不支持在聊天窗口解析商品链接、生成图文信息。为了增加用户黏性，京东咚咚推出了有趣的动画版表情，增强用户的趣味体验。

JIMI（JD instant messaging intelligence）是京东自主研发的人工智能系统，它通过自然语言处理、深度神经网络、机器学习、用户画像、自然语言处理等技术，能够完成全天候、无限量的用户服务，涵盖售前咨询、售后服务等电子商务的各个环节，堪称京东用户的购物伴侣。京东还提供 JIMI 智能机器人在线问答系统，对一些诸如运费、售后、会员权益等常规问题，由 JIMI 智能机器人在线回答，可以缓解线上咨询顾客过多带来的人工客服的压力，也可以在工作时间之外，方便顾客查询信息。京东咚咚相关功能中的信息设置技巧、沟通交流技巧和流量增加技巧与 QQ 和阿里旺旺很相似，店主可以参照前文提到的策略，提升京东咚咚的使用效果，促进实现网络营销目标。

四、即时通信营销的优势

1. 用户数量大

即时通信营销吸引消费者的地方在于用户数量庞大。以 QQ 为例，2023 年 10 月，QQ 的全球用户已突破 10 亿，同时在线人数超过 1 亿，用户集中覆盖面广，这就为营销提供了先天条件，企业只要能利用好这些用户资源，就能带来优质的流量，从而取得良好的营销效果。

2. 成本低廉

现在主流的即时通信工具几乎都是免费的，即使申请成为会员，其费用一般也会很少，只要营销者掌握了有效的营销策略和方法，只需要极少的成本就可以获得很好的营销效果。

3. 针对性强

利用即时通信工具，企业营销人员可以针对不同用户的特点进行一对一沟通，也可以直接与某个具有共同点的群体进行交流，企业还可以针对产品特点精准定位目标人群，获得更好的营销机会。

4. 互动性强

互动是即时通信营销工具的基础功能，企业可以随时接待每一个用户，回答用户的任何问题，巧妙利用即时通信工具的各种互动应用和服务，掌握营销主动权，将品牌信息主动展示给消费者，最终促成交易。此外，还能引导消费者参与互动，使消费者主动分享和传播产品和品牌信息，从而在维护用户关系的基础上提高品牌影响力，促成消费者的消费行为。

5. 传播范围广

即时通信工具作为人们生活、工作中常用的沟通工具，形成了庞大的关系网，好友之间的信任感很容易使企业有价值的信息在即时通信工具用户的关系网中得到广泛传播和扩散，产生巨大的口碑效应，使即时通信营销的传播形式更加丰富，传播范围更加广泛。

6. 营销效率高

一方面，通过分析用户的注册信息，如年龄、职业、性别、地区、爱好等，以及兴趣相似的人组成的各类群组，针对特定人群发送用户感兴趣的品牌信息，能够诱导用户在日常沟通时主动参与信息的传播，使营销效果达到最佳；另一方面，即时通信受空间地域的限制较弱，类似促销活动，利用即时通信工具，能将用户感兴趣的使用信息在第一时间告诉用户，有效传播率非常高。

【本章小结】

本章主要介绍了传统网络营销工具，包括搜索引擎营销、许可电子邮件营销、博客营销和即时通信营销。通过介绍搜索引擎的概念及工作原理，介绍了进行搜索引擎优化的内容，同时对付费搜索营销进行了定义，并介绍了付费搜索营销的付费方式及优缺点。许可电子邮件营销依然受到企业重视，本章主要介绍了许可电子邮件营销的概念、许可电子邮件营销的分类、基本步骤和一般过程及垃圾邮件的定义。博客营销也仍然是企业采用的网络营销方式，本章主要介绍了博客营销的概念、基本特征以及企业博客营销的主要模式和博客营销的优化推广策略。最后，介绍了即时通信营销的概念、即时通信工具的类别、即时通信营销的主要工具和优势。

【概念讨论】

1. 什么是搜索引擎营销？
2. 什么是博客营销？

【概念应用】

1. 深入研究一个你常用的搜索引擎，并对其付费搜索引擎营销策略进行分析。

2. 找一个近期有活动的知名企业的博客，找到该企业一个成功的博客营销案例，进行分析。

【课程思政案例】

敦 煌 诗 巾

一、活动开始时间

2017 年 12 月 29 日。

二、案例荣誉

2019 年大中华区艾菲奖金奖案例。

案例企业：敦煌研究院、腾讯公司、关尔创意。

案例来源：https://mp.weixin.qq.com/s/WrMQ4jjFAzXEpCoNtHea7A。

艾菲网：https://effie-greaterchina.cn/case/show-1077.html#。

三、案例背景

公元前 1 世纪

罗马人第一次被凯撒的赛里斯长袍吸引

西方从此触摸到东方的温润

一条丝绸之路连接起整个世界

今天，

敦煌研究院和腾讯一起，

用一款互动小程序，

汇聚万千数字创意，

把千年敦煌之美，

呈现在方寸丝绸之上。

敦煌，位于中国西部的甘肃省，是一座拥有悠久历史和灿烂文化的城市，以其莫高窟内的壁画、佛像和经文闻名于世。然而，由于地理位置偏远，敦煌的古老文化与现代生活之间存在一定的隔阂，难以深入人们的日常生活。为了传承和弘扬优秀的中华文化，让更多的人了解和参与到敦煌文化遗产的保护和传承中，2017 年 12 月 29 日，敦煌研究院与腾讯公司达成了战略合作，共同发起了敦煌"数字供养人"计划。该计划通过游戏、音乐、动漫、文创等多元数字创意方式，号召用户参与到敦煌文化遗产的保护和传承中。用户可在腾讯文创平台 DIY 自己的专属敦煌丝巾，通过数字化的文创创意，供养敦煌的千年文化。设计团队以低关注度的藻井切入，令原本仅有 400 多副的敦煌藻井，通过 UGC（user generated content，用户生成内容）拥有 20 多万个新设计。

四、产品简介

　　"敦煌诗巾"以敦煌石窟的藻井图案为灵感，将藻井多样的纹饰和庄严富丽的图像特点融入了本次互动小程序中，同时从敦煌壁画中提取了较具代表性的 8 大主题元素（如莫高窟第 407 窟的三兔共耳、第 257 窟的九色鹿等元素）和 200 多个壁画细节元素，供用户任意组合、设计。用户在完成自己满意的 DIY 设计后，可一键下单定制成实物丝巾，这将是一份别具意义的新年礼物。尽管"敦煌诗巾"玩法多样、选择丰富，但互动流程却非常简洁、清爽。

　　第一步：进入设计页面后，用户可选择 8 大主题元素中的任意一个。第二步：在选择主题元素后，用户从底部元素列表中进行任意选择和添加，创造自己独一无二的专属敦煌丝巾。特别提醒的是，所有元素都可以通过大小和角度的调整，变成用户称心的样子。第三步：点击【完成】按钮，完成专属敦煌丝巾创作！你的丝巾创意将被收录进数字展览馆，展示给所有喜欢"敦煌诗巾"的人。最后，如果你对自己的作品非常满意，还可以下单定制并购买，会有京东小哥将这份来自敦煌的祝福送达。

　　除了 DIY，腾讯文创团队还联合了国际知名洛可可·洛客的设计师团队，通过实地考察和学习，从 700 多张壁画资料中汲取设计灵感，推出两款设计师款丝巾，作为"敦煌诗巾"的特别献礼。

五、网络营销活动

　　1. 营销目标

　　由于文物保护的需要，敦煌博物馆对访客有严格的人数限定，历史最高年访问量为 200 万人次。通过线上数字体验，敦煌研究院希望对敦煌文化的传播可以打破地域限制，让人们可以通过手机端完成与敦煌的接触和互动，产生数字共创。

　　2. 营销理念

　　（1）面向手机用户。中国已全面进入移动互联时代，从社会中坚力量 70 后、80 后，到千禧一代，手机都成为用户日常生活的必需品。手机作为载体，是传统文化进入大众视野并获得体验的好渠道。

　　（2）你能设计，我们就能生产。纪念品和周边产品作为博物馆体验的重要一环，往往被设计成笔记本、微缩模型等千篇一律的形式。在消费升级的今天，人们对于博物馆周边产品的需求早已超出现有的市场水准。敦煌研究院决定，将对敦煌的体验从线上互动延伸到周边产品，打通线上线下渠道，将传统的"卖方生产什么，消费者买什么"，转变为"消费者设计什么，卖方就生产什么"。

　　3. 营销创意

　　一条人人都可以设计并生产出来的敦煌丝巾。

　　4. 创意实施

　　（1）在微信开发一个小程序，对敦煌藻井的图案进行再设计，将其拆解成 200 多款独立的设计元素。再通过程序开发交互体验，用户滑动手指选元素、构图、大小位置及颜色，进行丝巾图案设计。

（2）用户点击购买，通过后台图案解析程序，将用户设计小图还原成印刷大图进行制作。敦煌博物馆实体店也开通了体验和购买，通过线上线下平台的打通，每个人都可以获得全球独一无二的藻井丝巾。

（3）用户作为设计师、摄影师、模特，在完成设计、收到实物等不同阶段的传播分享，引发更多人参与创作和传播。

5. 营销费用

（1）付费媒体：2018 年 6 月至 2019 年 5 月，101 万～300 万元。

（2）自有媒体：腾讯网页 Banner，敦煌研究院自有网络媒体，免费。

6. 营销效果

（1）小程序丝巾种类增加。此次活动之前，敦煌拥有 400 多顶藻井，此次活动仅用了 1 个月，就获得了 20 多万幅藻井丝巾图案。

（2）小程序访问量激增。小程序上线 1 个月就获得了 280 万独立的访客，超过了 2017 年敦煌 APP 的访客总数。

（3）主动传播效应明显。超过 200 个媒体及 KOL 主动发布报道。

（4）作为礼品资源开放。应邀开放企业订购，以礼品卡的方式成为企业礼品。

六、案例问题

问题 1：你对敦煌文化了解多少？在案例的启发下，请讨论传统文化（元素）宣传运用网络营销知识的可行性和必要性。请讨论此次营销策划过程中"以顾客需求为中心"和"个性化定制"之间的关系。

问题 2：请认真阅读案例，列出你发现的网络营销的相关知识点。

问题 3：根据所学《网络营销》课程知识，简述问题 2 中所列举相关知识点的含义，并给出其在此次营销活动中的作用。

问题 4：把问题 3 中的相关知识点进行归类，运用网络营销知识，给出你认为此次营销活动成功的关键点。

第九章 新媒体营销工具

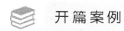 开篇案例

白象抖音直播间，从品牌长效运营到持续增长

白象作为拥有"良心国货""爱心企业""国民味道"等标签的品牌，在 2023 年再度成为国产方便面市场的宠儿。其抖音直播间通过"精细化人货场运营，精准提升品效转化"的策略，实现了品牌的长效运营和持续增长。

1. 人——需求刺激

基于品牌形象和消费者画像，白象聚焦速食品类人群，特别针对熬夜加班、打游戏、大学生活等场景，精准刺激用户需求。直播间选择了亲和力强、贴合年轻 Z 世代的主播，注重增强与消费者的互动性。同时，通过有趣的话术内容，营造联想使用场景，进一步提升了产品的销售转化率。

2. 货——推陈出新

通过市场调研和行业痛点分析，白象发现方便面单品的客单价较低，导致直播间 GPM[①] 受限，无法充分放大 UV（unique visitor，独立访客）的价值。为此，白象将"人"与"货"精细化匹配，通过"爆款产品打造大规格货组+买赠送电煮锅机制"的玩法，整合爆款汤面和拌面组合，主推六袋装的大货组。这种策略缩短了首购消费者的决策链路，满足了复购消费者的囤货需求，提高了客单价，最终使当月销售额翻倍增长。

3. 场——场景代入

随着消费者对方便速食应用场景的多样化需求，白象直播间从 Z 世代的生活场景出发，打造了特色内容场景。同时，针对不同节日和大促节点，升级直播间场景，契合 Z 世代、都市蓝领、小镇青年的创意偏好。此外，还策划了户外和动态等多元化的场景直播，提升了用户互动，拉动自然流量转化，刺激了消费者的购买欲望，达成了预期的营销目标。

这种策略的综合运用，使白象不仅在品牌形象上进一步提升，还实现了销售额的持续增长。

【案例讨论题】

白象抖音直播间的品牌长效运营机制给你哪些启示？

---

① GPM 即 GMV per mille，千次观看成交金额，GMV 全称为 gross merchandise volume，指网站的成交金额。GPM=GMV×1000/PV，GPM 值决定直播间购物车商品的吸引力及流量获取能力，常用来衡量直播间的带货能力。

第一节　直播营销

一、直播营销的概念

直播一词由来已久，在传统媒体平台就已经有基于电视或广播的现场直播模式，如晚会直播、访谈直播、体育比赛直播、新闻直播等。网络直播指的是用户在手机上安装直播软件后，利用手机摄像头，对发布会、采访、旅行等进行实时呈现，其他网民在相应的直播平台可以直接观看与互动。直播营销指的是企业以直播平台为载体进行营销活动，达到品牌提升或销售量增长的目的。从 2016 年开始，互联网直播进入爆发期，当年直播平台超过 300 家，用户超过 2 亿人。我们所谈到的直播营销、移动直播营销等，多数情况下默认是基于互联网的直播。

二、互联网直播的发展历史

网络速度和硬件水平是影响互联网直播发展的主要因素。受到这两个因素的制约，互联网直播行业的发展历史分为四个阶段：图文直播、秀场直播、游戏直播及移动直播。

1. 图文直播

拨号上网与宽带上网刚兴起的时候，网速普遍较慢，网民上网聊天、看新闻、逛论坛是主要活动。这一时期的直播形式，仅支持文字或图片，网民通过论坛追帖、即时聊天、工具分享等形式，了解事件的最新进展。由于文字直播、图片直播，需要受众喜欢阅读、爱看文字，因此受众面偏窄。

2. 秀场直播

随着网速的提升，视频直播开始出现，但受制于计算机运行速度及内存容量限制，网民无法同时打开多款软件进行"一边玩游戏，一边直播"，或"一边看体育比赛，一边解说"等操作，仅支持利用网页或客户端观看秀场直播。

3. 游戏直播

计算机硬件的发展使网民可以打开计算机进行多线操作。"一边听 YY 语音直播，一边玩游戏"的形式开始出现。2008 年，YY 语音面世，并受到游戏玩家的推崇，在早期网游领域使用 YY 语音进行游戏沟通，成为游戏爱好者的默认共识。2011 年，美国 Twitch.TV 从 Justin.TV 分离，独立成为首家游戏直播平台，主打游戏直播及互动。2013 年 YY 游戏直播上线。2014 年国内斗鱼直播、虎牙直播上线。2018 年 5 月，虎牙直播在美国纽约证券交易所上市。2019 年 7 月斗鱼直播在美国纳斯达克证券交易所上市。2016～2018 年，移动游戏和平精英、王者荣耀风靡，游戏直播平台不断加入市场，资本助力行业飞速发展，斗鱼和虎牙开始脱颖而出，站上中国游戏直播平台第一梯队；2022 年企鹅电竞宣布退市，意味着中国游戏直播行业正式宣告结束群雄并进争夺流量的时代。2023 年和 2024 年，中国游戏直播行业经历了重大的变化与调整。随着企鹅电竞的退市，行业的竞争格局发生了转变，原本激烈的市场竞争逐渐趋于稳定。斗鱼和虎牙作为行业领先者，继续巩固其市场地位，并开始探索新的业务增长点和模式。在 2023 年，斗鱼和虎牙加强了与游戏开发商的合作，推出了多款定制直播内容和独家游戏赛事，以此吸引更多的观众和提升用户黏性。同时，这两大平台也开始深化其技术投入，如引入更先进的直播技术和人工智能算法，以提高直播流的质量和个性化推荐系统，更精准地满足用户需求。2024 年，随着 5G 技术的普及和云游戏的兴起，中国游戏直播行业迎来了新的发展机遇。斗鱼和虎牙积极布局云游戏直播，提供无缝的游戏直播体验，允许用户在没有高性能硬件的情况下也能享受高质量的游戏内容。此外，这两大平台还扩展了其影响力，通过国际化战略，进入海外市场，与全球游戏玩家和观众建立连接。

总体看，2023 年和 2024 年的中国游戏直播行业在经历了前几年的快速发展与市场调整后，开始进入一个更为成熟和稳定的发展阶段，平台之间的合作与竞争共存，共同推动行业向前发展。

4. 移动直播

随着智能手机硬件不断升级，网民进入全民移动直播时代，大批移动直播网站兴起。2015 年国内映客、熊猫、花椒等纷纷布局移动直播市场相关直播，创业公司也顺势成立，市场上最多曾经有过 300 余个直播平台。2016 年网络直播市场迎来了真正的爆发期，手机视频直播成为继视频秀场后的新兴市场，备受各大直播平台的青睐，移动直播市场发展迅速。2017 年市场中知名度较高的直播平台仅剩数十家，其中具有代表性的平台有花椒直播、映客直播、一直播等。花椒直播平台利用明星加主播的形式，请明星助阵，对明星专访，让明星做主播。截至 2023 年 12 月，我国网络直播用户规模达 8.16 亿人，较 2022 年 12 月增长 6501 万人，占网民整体的 74.7%。其中，电商直播用户规模为 5.97 亿人，占网民整体的 54.7%；游戏直播用户规模为 2.97 亿人，占网民整体的 27.2%；真人秀直播用户规模为 2.00 亿人，占网民整体的 18.3%；演唱会直播用户规模为 2.23 亿人，占网民整体的 20.4%；体育直播用户规模为 3.45 亿人，占网民整体的 31.6%。2023 年，我国坚持监管规范和促进发展两手并重，推动网络直播平台用户体验持续提升，特色直播丰富多彩，基于互联网平台的新经济模式逐步构建。

三、直播营销的要素

基于互联网的直播营销，通常包括场景、人物、产品、创意四大要素。场景要素，指企业需要用直播营销搭建销售场景，让观众仿佛置身其中；人物要素，指主播或嘉宾是直播的主角，其定位需要与目标受众相匹配，并友好地引导观众互动转发或购买；产品要素，指企业产品需要巧妙地植入主持人台词、道具、互动等之中，从而达到将企业营销软性植入直播之中的目的；创意要素，指在直播活动中，通过独特的创意设计，使直播内容更具吸引力，有效提升品牌影响力和销售转化率。

四、直播营销活动的执行模型

1. 执行模型的内容

从整体上看，直播营销包括直播前的策划与筹备、直播中的执行与把控、直播后的传播与发酵三大模块。但是，这三大模块只是直播营销的整体思路，都可以在细节层面继续拆分和细化。本章针对第二个模块"直播中的执行与把控"进行延展。直播活动的执行需要将执行环节紧扣营销的目的，同时营销目的需要围绕效果预期来设定，具体的执行模型如图 9-1 所示。

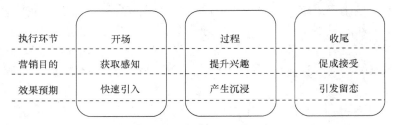

图 9-1　直播营销活动的执行模型内容

企业的营销目的围绕目标用户展开，直播营销也不例外。网友购买一款产品，不会看到广告就直接下单，而是分为三个步骤：刚接触时的初步认识；逐步产生兴趣；认可产品或企业理念购买产品，并推荐给其他人。第一步帮助观众获取感知，第二步逐步提升观众兴趣，第三步促成观众接受理念，即执行模型中的获取感知、提升兴趣、促成接受。

执行环节通常包括开场、过程、收尾三个部分。直播运营团队需要把获取感知、提升兴趣、促成接受的营销目的友好地植入执行环节。开场的主要营销目的是获取感知，需要利用开场，让观众第一时间了解直播的内容、形式、组织者等信息；直播过程中的营销目的是提升兴趣，一方面要使观众对直播本身产生兴趣，另一方面要使观众对直播所倡导的理念及推荐的产品提升兴趣；直播收尾的营销目的是促成接受，好的收尾能起到画龙点睛的作用，让观众接受企业产品、喜欢企业品牌，并在其他自有媒体平台上追随企业产品。

效果预期阶段，也需要围绕获取感知、提升兴趣、促成接受的营销目的进行。一场好的直播首先需要在第一时间把观众引入直播场景；其次利用直播过程中的内容与互动，让观众喜欢本场直播，在直播间停留；最后在收尾时，让观众产生依依不舍的感觉，发出"这么快就结束了""还没看够呢"等感慨，因此从效果预期角度，继续设计执行模型。直播执行需要带给观众引入、沉浸、留恋的心理体验变化。

通过以上执行模型可以看出，直播营销活动的执行，就是把企业营销目的友好地植入开场、过程、收尾三大环节，从而达到预设的效果预期。

2. 直播开场

1）直播开场的要素

直播开场是留给观众的第一印象，因此吸引人的开场对直播营销活动至关重要。所有观众都会根据开场对是否参加直播活动进行判断。直播开场的要素包括引发观众兴趣、促进观众推荐、带入直播场景、渗透营销目的、平台资源支持。

（1）引发观众兴趣。直播开场的观众来源分为两个部分：前期宣传和平台流量。前期宣传可以通过微博、微信等平台进行，粉丝直接点击链接来到直播间，成为第一批观众。平台流量越大，直播平台浏览的潜在观众越多，就越有可能引发更多的观众进入直播活动。

（2）促进观众推荐。前期宣传及平台流量带来的观众是有限的，甚至一部分观众会因为临时有事、网络故障等情况而退出，因此在开场时，主播需要主动引导观众邀请朋友加入直播间，增加直播间的关注度。

（3）带入直播场景。在直播营销的过程中，观众所处环境各不相同，主播需要利用开场第一时间把不同环境下的观众带入直播所需场景。

（4）渗透营销目的。直播营销的本质是实现营销目的。开场时，主播可以从三个方面进行营销目的的渗透：把企业广告语、产品名称、销售口号等植入台词；充分利用现场的产品、旗帜、玩具、吉祥物等道具，对企业品牌进行展示；提前公开特价产品、独家链接等利他营销信息，促成销售。

（5）平台资源支持。直播平台通常会配备运营人员，对资源位置进行监控与设置。资源位置包括首页轮转图、看点推荐、新人主播等。除了已经出售的广告资源位置，一部分资源位置会安排给当日直播表现好、口碑佳的直播间。因此，利用开场迅速积累人气并引导互动，有机会获得有价值的资源位置，从而较快地聚集直播间粉丝。

2）直播开场的形式

常见的直播开场形式包括直播介绍、提出问题、抛出数据、故事开场、道具开场、借助热点。

（1）直播介绍。直播开场时，可以直接告诉观众直播相关信息，包括自我介绍、公司简介、话题介绍、直播时长、直播流程等。能引起高度关注的环节，如秒杀、抽奖、发红包、彩蛋等也可介绍。

（2）提出问题。一些有趣的问题可以很好地提高参与率。开场提问可以引导观众思考与直播相关的问题，也可以让主播更快地了解观众的基本情况，如观众所处地区、爱好、对直播的期望等。

（3）抛出数据。数据是有说服力的，主播可以提前提炼直播要素中的关键数据，开场时直接展示，用数据说话。专业性较强的直播活动，可以充分利用数据开场，说服观众。

（4）故事开场。故事可以吸引很多观众，与枯燥的介绍、分析相比，故事更能很快地吸引观众的注意力，不同年龄、不同教育层次和不同群体的观众，都能对故事产生兴趣。

（5）道具开场。主播可以借助道具辅助开场，包括企业产品、团队吉祥物、热门卡通人物、旗帜与标语、场景工具等。场景工具可以根据直播内容选择，如趣味拍卖直播可用拍卖槌，知识分享直播可以借助书籍，户外运动直播可以借助排球、篮球等作为道具。

（6）借助热点。参与直播营销活动的观众，大多数对互联网上的热门事件和热门词非常关注，直播开场可以借助热点事件或词，拉近与观众的距离。美食直播可以借助鱼类的新闻，如"美国的鲤鱼泛滥，破坏了当地水域的生物链，为解决该问题，密歇根自然资源部悬赏 100 万美元寻求解决之道。而鲤鱼恰恰是中国餐桌上的一道美食，今天我们就跟大家分享一下，鲤鱼如何做更加美味"。

五、直播营销场景划分

随着越来越多的企业和品牌开始探索直播营销，公众对直播的认识已经超越了传统的网络红人形象。直播因其出色的互动性和广泛的营销影响力，正逐渐获得众多企业的青睐。直播营销的成效显著，这在很大程度上取决于精心设计的直播场景。目前，流行着六大主流的直播营销场景，它们各自有着独特的优势和应用领域。

1. 直播加电商

直播加电商成了当下最流行的营销模式之一。京东直播和淘宝直播作为两大电商直播平台，近几年迅速发展，屡屡创造了直播营销的成功案例。自从这一模式诞生以来，直播电商行业在短短几年内已经迎来了一系列引人瞩目的热点事件。2023 年，随着新技术和新市场的持续推进，直播电商行业展现了诸多新的可能性，如直播加 AIGC（artificial intelligence generated content，人工智能生成内容）产生的数字人直播，直播加出海模式为国内品牌打开了国际市场的大门，直播与地产结合则催生了全新的直播基地概念。展望 2024 年，业界普遍认为，直播电商的野蛮生长和快速赚钱的阶段已经过去，行业未来的发展将侧重于长期战略和共赢战略。这种转变标志着直播电商正逐渐从追求短期利益向寻求长期稳定发展和更广泛合作的方向进化。

京东直播主要从两个方面着手，一方面为商家提供技术赋能。在数据技术赋能方面，除了为商家和机构达人提供优质的数据看板之外，京东直播将打通直播的每一个环节的数据化，同时开放京东整个平台的数据资源和能力，帮助商家和达人更精准地匹配用户，更有针对性地做好每一场直播。另一方面，在产品技术赋能上，京东直播则会在基础体验、产品功能和互动营销工具三个方面发力。据透露，在 5G 条件下，京东在 AR（augmented reality，增强现实）、VR（virtual, reality，虚拟现实）等新技术的应用研发方面已经有了突破性进展，虚拟的形象、沉浸式的体验在不久之后可能会被应用到直播当中。

此外，通过与快手的合作，双方还将基于京东零售对购物行为数据以及快手对短视频、直播、直播电商行为数据的理解，共同探索精准营销能力的建设，以此赋能平台主播。

2. 直播加发布会

携手直播平台进行新产品发布，成为新产品打进市场的另一大入口，在直播发布的同时，结合电商平台可以将直播流量直接转化为产品的销量。产品发布会是企业与用户沟通的一个契机，通过发布会向用户和代理加盟商展示新产品的魅力，也宣传了企业的品牌和实力。企业通过直播抓住用户的眼球，还通过打赏、互动、点赞等实现了双向互动、高关注度和持续热度。华为在 2024 年 5 月 7 日于迪拜举行了其全球创新产品发布会，这场直播吸引了全球数十万观众。华为发布了多款新产品，包括华为 MateBook 14 酷睿 Ultra 笔记本和华为 WATCH FIT 3 智能手表。这场直播通过展示前沿技术和产品创新，提升了华为品牌形象，并促进了产品的即时销售。小米则在 2024 年 2 月举办了一场大型直播发布会，发布了新一代小米 14 系列智能手机。这些手机采用最新的 Snapdragon（骁龙）8 Gen 3 芯片，具备高级摄像系统和创新的显示技术。小米的直播吸引了超过 30 万名在线观众，直播中的互动和即时购买选项大大增强了观众的购买意愿。京东在其 2024 年的"6·18"购物节期间，举办了一系列针对不同产品类别的直播活动。这些活动不仅推动了产品销售，还增强了消费者对京东品牌的忠诚度和参与度。京东的直播活动凭借高效的物流支持和优惠政策，成功地将在线观众转化为购买者。这些案例表明，利用直播技术进行产品发布可以极大地提升观众的参与度和购买行为，成为现代营销的重要工具。

3. 直播加互动营销

直播可以与社交平台结合，吸引社交平台用户参与线上直播活动，同时通过直播进行反哺，引起社交平台粉丝热议，借助直播加互动营销，尝试线上线下配合，可以招募粉丝亲身参与直播节目，满足大众的猎奇心理。

2024 年 7 月 15 日，华为创始人任正非亲自登上抖音华为直播间，开展了其首次直播带货活动。为了吸引更多观众，抖音平台为此次直播安排了首页推荐和热搜展示。直播间的同时在线观看人数迅速突破了 150 万人大关。此次直播主推华为 Mate 50 Pro 至尊版，该机型提供了四个版本，同时开启了订金预售，订金设定为 200 元。为了吸引消费者，华为还推出了多项优惠：前 1 万名付尾款的用户仅需加 10 元即可获得价值 199元的华为十周年纪念 T 恤，前 1 万名用户还可免费获得价值 129 元的高级皮革保护壳，而前 5000 名用户将额外获得华为十周年纪念版礼盒。这场直播持续了接近三小时，在任正非的带领下，最终实现了商品销售额突破 1.5 亿元，彰显了华为品牌的强大吸引力和市场影响力。

4. 直播加内容营销

直播营销内容为新奇的内容是在众多直播营销事件中脱颖而出的关键，选择合适的目标人群，并针对目标人群的基本属性、特征、偏好等策划直播内容，可以更有针对性地开展直播。

5. 直播加广告植入

传统广告通常是通过精心策划后，以多种不同的广告形式投放在广告平台上。而在有趣的直播场景下，主持人可以配合观看者的直播评论感受，自然而然地进行产品和品牌的植入，激发消费者的购买心理并促进成交。在当前的直播加广告植入模式中，主播通过直播平台与观众互动，利用其个人魅力和直播内容的吸引力，自然地向观众推荐或展示产品。这种方式不仅让广告更加隐蔽和有趣，而且因其实时互动性，能够即时回应观众的疑问和反馈，极大地提升了广告的转化效率。观众在轻松愉悦的直播氛围中，更容易被植入的广告所吸引，从而激发购买欲望。这种模式已被广泛应用于各种产品和服务的推广，成为一种流行且有效的网络营销手段。

6. 直播加个人 IP

在移动直播时代，由于直播门槛大大降低，以个人为单位的网络主播有了更广阔的发展空间。由于粉丝基础和粉丝互动是成就个人 IP 的核心因素，很多网络主播开始借助直播积累粉丝、回馈粉丝。企业也可以与这类网络主播合作，实现提升企业营销业绩、提升个人 IP 影响力的双重效果。在当前的直播加个人 IP 模式中，网络主播依靠自身的魅力和独特性，通过直播平台积极与粉丝互动，逐渐构建起强大的个人品牌。这种模式允许主播通过直接与观众的互动来积累忠实粉丝，并通过提供有价值的内容、互动游戏或个性化回应等方式增强粉丝的参与感和归属感。同时，企业也开始寻求与这些具有高粉丝影响力的个人 IP 的合作，通过定制合作模式来推广产品或服务，这样既能提升企业的品牌认知度，也能帮助主播增加收益和扩大其个人影响力。这种合作策略已成为当下新媒体营销中一种效果显著的方式。

第二节　微博营销

一、微博营销的概念

微博营销是指通过微博平台为商家、个人等创造价值而执行的一种营销方式，也是指商家或个人通过微博平台发现并满足用户的各类需求的商业行为方式。

微博营销以微博作为营销平台，每一个听众（粉丝）都是潜在的营销对象，企业通过更新自己的微博向网友传播企业信息、产品信息，树立良好的企业形象和产品形象。每天更新内容跟大家交流互动，或者发布大家感兴趣的话题，以此来达到营销的目的，这样的方式就是互联网新推出的微博营销。

该营销方式注重价值的传递、内容的互动、系统的布局、准确的定位，微博的火热发展也使得其营销效果尤为显著。微博营销涉及的范围包括认证、有效粉丝、朋友、话题、名博、开放平台、整体运营等。自 2012 年 12 月后，新浪微博推出企业服务商平台，为企业在微博上进行营销提供一定帮助。

中国互联网已经全面进入微博时代，2023 年 12 月，微博的月活跃用户数为 5.98 亿人，同比净增约 1100 万用户。此外，微博 2023 年的净收入为 17.6 亿美元，净利润为 4.51 亿美元。同时，微博用户群又是中国互联网使用的高端人群，这部分用户群虽然只占中国互联网用户群的 10%，但他们是城市中对新鲜事物最敏感的人群，也是中国互联网上购买力最高的人群。新浪微博作为中国最早和最流行的微博平台之一，它允许用户发布短消息（即微博），以及图片、视频和链接，其他用户可以对这些微博进行评论、转发和点赞。腾讯微博、网易微博和搜狐微博也是此类社交媒体的一部分，尽管它们的影响力和用户基础可能与新浪微博有所不同。微博在中国具有极高的用户参与度和活跃度。这样庞大的用户群体不仅使微博成为一个重要的信息发布和获取平台，也使其成为公众人物、政府机构、媒体和商业品牌等进行公关和营销活动的重要场所。

微博的广泛使用和深远影响，反映了中国互联网用户的社交习惯，以及信息时代下公众交流和讨论的一个重要趋势。

二、微博平台的网络营销功能

（1）企业信息发布渠道。与官方博客一样，每个企业也应该有一个属于自己的官方微博，作为官方信息发布的另一个渠道。

（2）企业网络品牌宣传。企业官方微博也是企业网络品牌必不可少的组成部分。

（3）提供粉丝宣传资源。企业微博的关注者（粉丝、听众）是很有价值的网络营销资源，与其他资源（如网站注册用户）一样具有长期网络营销的价值。

（4）网络推广活动平台。微博可以作为网络推广活动的平台，对产品推广、促销等产生直接效果。

（5）在线互动工具。微博是有效的在线互动工具，与 IM 一样在顾客服务、顾客关系方面发挥作用。

（6）搜索引擎传播。借助于搜索引擎的实时搜索功能，微博信息也可以实现搜索引擎的传播，从而进一步扩大了微博信息传播的价值，增加了企业信息的网络可见度。

（7）营销研究的辅助工具。微博可以应用于网络市场调研、用户行为研究等方面，是网络营销研究的辅助工具之一。

（8）网络口碑传播工具。微博具有病毒性营销的天然属性，是网络口碑传播最有效的工具之一。

三、企业微博营销的资源

直接关系资源：拥有较多数量的活跃关注者，具有丰富的社会关系资源，可以进行企业自主信息传播。间接关系资源：在社会关系网络中拥有信息传播能力较强的强相关关系，而且可以作为企业用于微博营销的资源。产品及资金资源：为微博营销提供奖励及费用，支持适合有奖转发等模式。独特的内容资源：微媒体营销模式的基础。创意策划资源：微病毒性营销必须具备的条件。微博平台资源：与微博平台合作，通过平台推荐是微博营销的捷径。网站运营资源：将网站运营资源和能力应用于微博运营，是微博营销长期有效的策略。

四、企业微博的常见形式

1. 企业官方微博

官方微博是最基本的企业微博形式，即以企业官方信息发布的方式运营企业微博，现在大多数网站及知名企业都开设了自己的官方微博，如京东、拼多多、淘宝、天猫、海尔、联想、当当网等。

企业的知名度通常与其拥有的关注者数量成正比。由于官方微博代表着企业的官方形象，其内容发布通常较为严谨，而且内容以企业信息为主。然而，只有一个官方微博可能会显得单调，不能满足企业多样化的营销需求。因此，企业往往需要通过多个不同形式的微博账号协同运作，以丰富微博营销的策略和内容，从而更有效地达到品牌推广和市场拓展的目的。在表现形式上，企业官方微博模式类似于在第三方平台开设的企业官方博客，而在内容传播方面类似于内部列表电子邮件营销。

2. 企业分支机构及职能部门微博

每一个部门、每一个产品、每一个网站、每一个品牌都可以开设专属微博，如在新浪微博上可以看到类似这些形式的企业微博：中国电信客服、中国电信广东客服、中国电信、中国电信北京客服；海信电视、海信洗衣机、海信空调；海尔智慧厨房、海尔空调、海尔洗衣机、海尔冰箱；华为终端、华为手机、华为终端云服务、华为商城、华为终端公司等。

企业分支机构及职能部门的微博营销，与企业官方微博的模式基本一致，仅仅是信息发布的主体有差异，而在服务对象和项目方面可以比企业官方微博更具体一些，如客服微博、招聘微博等一般只承担相应的职能，不作为营销的目的。

3. 企业领导人微博

有影响力的企业领导人在微博平台上的作用对企业微博营销至关重要。这些领导人的微博通常拥有庞大的粉丝群体，能够为企业带来丰富的资源。正如李开复在《微博：改变一切》一书中提到的，微博不仅在公关、新闻发布等方面发挥了重要作用，还可以有效传播各类事件信息，甚至对重大事件的处理产生深远影响。

4. 企业员工微博

每个企业员工都可以有自己的微博，甚至多个微博账户，如工作微博、个人生活与社交微博账户等。尽管员工微博账户的影响力可能无法与企业领导人相比，但由于多个员工的群体联动优势，其仍然是微博营销不可忽视的重要力量，尤其涉及公司敏感话题的微博，员工微博的群体力量是非常重要的。这也是很多企业鼓励员工开设微博的意义所在，事实上微博营销是全员网络营销的形式之一，每个员工微博都是企业社会化营销的资源。

5. 行业资讯微博

行业资讯微博是指以发布行业资讯为主要内容的微博，往往可以吸引众多用户的关注，类似于通过电子邮件订阅的电子刊物或者 RSS 订阅等，微博内容成为营销的载体，订阅用户数量决定了行业资讯微博的网络营销价值。因此，运营行业资讯微博与运营一个行业资讯网站在很多方面是相似的，需要同时关注内容策划及传播。

除了以上微博账户形式，还有非正式微博账户，如热门影视作品账户、热点产品的相关账户、业务关联账户等。

第三节　微信公众号营销

一、微信公众号营销的概念

微信公众号营销属于用户订阅模式的内容营销方法，微信公众号营销呈现出即时反馈性、多项交互性等优势，深受各行各业的青睐。

微信公众号是开发者或商家在微信公众平台上申请的应用账号，该账号与 QQ 账号互通，实现和特定群体的文字、图片、语音、视频的全方位沟通、互动，形成了一种主流的线上线下微信互动营销方式，这种借助微信公众号展开营销活动的方式，称为微信公众号营销。

这种主流的线上线下微信互动营销方式，在微信公众号如雨后春笋般诞生的潮流中，已逐渐由最初的"以流量为导向"的阶段向"以内容为导向"的阶段过渡。换言之，由强调"吸引粉丝，导入流量"的短视行为逐渐向"重视内容创作"的价值取向转变。

二、微信公众号的分类

1. 四种微信公众号

根据微信公众平台官网提供的信息，微信的账号分为四类：服务号、订阅号、小程序和企业微信（原为企业号）。

服务号：为企业和组织提供更强大的业务服务与用户管理能力，主要偏向服务类交互（类似 12315、114、银行，提供绑定信息和服务交互的功能）；适用对象包括媒体、企业、政府或其他组织；服务号 1 个月（按自然月）内可发送 4 条群发消息。订阅号：为媒体和个人提供一种新的信息传播方式，主要功能是在微信侧给用户传达资讯（功能类似报纸杂志，提供新闻信息或娱乐趣事）；适用对象包括个人、媒体、企业、政府或其他组织；订阅号 1 天内可群发 1 条消息。小程序：是一种新的开放能力，可以被开发者快速地开发，可以在微信内被便捷地获取和传播，同时具有出色的使用体验；适用对象包括个人、企业、政府、媒体或其他组织。企业微信：是腾讯微信团队为企业打造的专业办公管理工具，其提供与微信一致的沟通体验，丰富免费的 OA 应用，并与微信消息、小程序、微信支付等互通，助力企业高效办公和管理；目前企业微信已覆盖零售、教育、金融、制造业、互联网、医疗等 50 多个行业，正持续向各行各业输出智慧解决方案。

2. 订阅号、服务号、企业微信的功能对比

截至 2021 年 11 月，企业微信已经覆盖超过 50 多个行业，服务超过了 250 万家真实企业，6000 万活跃用户使用企业微信服务，超过 80%的中国 500 强企业选择了企业微信。企业微信已经覆盖包括医药、保险、汽车、银行、能源、奢侈品等 50 多个行业。其中，在医疗与保险行业，企业微信覆盖了 90%的前十企业。企业如果想通过简单地发送消息达到宣传效果，建议选择订阅号；如果想用公众号获得更多的功能，如开通微信支付，建议选择服务号；如果想管理内部企业员工、团队，对内使用，可申请企业微信。订阅号不支持变更为服务号，同样，服务号也不可变更成订阅号。订阅号、服务号、企业微信的功能对比如表 9-1 所示。

表 9-1　订阅号、服务号、企业微信的功能对比

项目	账号类型					
	订阅号		服务号		企业微信	
业务介绍	为媒体和个人提供一种新的信息传播方式，构建与读者之间更好的沟通与管理模式		给企业和组织提供更强大的业务服务与用户管理能力，帮助企业实现全新的公众号服务平台		帮助企业和组织内部建立员工、上下游合作伙伴与企业 IT 系统间的连接	
功能权限	普通	微信认证	普通	微信认证	普通	微信认证
消息是否直接在好友列表中显示			√	√	√	√
消息是否在"订阅号"文件夹中显示	√	√				
群发次数上限		每天群发 1 条消息		每个月群发 4 条消息	每天群发次数上限 30 次或 31 次	

续表

项目	账号类型					
	订阅号		服务号		企业微信	
保密消息禁止转发					√	√
关注时验证身份					√	√
基本的消息接收/回复接口	√	√	√	√	√	√
聊天界面自定义菜单	√	√	√	√	√	√
定制应用					√	√
高级接口能力	部分支持		√		部分支持	
微信支付——商户功能	部分支持		√		√	

三、微信公众号的特点

1. 信息网络广泛

由于微信注册程序很简单，既可以实名，也可以通过设置具有产品特点的网络昵称，使产品信息通过微信朋友圈内好友之间的相互关注进行传递，影响面非常广泛。

2. 信息传播快捷

微信网络营销的信息发布过程优越于传统广告的信息发布过程，其省去了繁杂的审批手续，也省去了大笔的拍摄广告的费用，因为用户的反馈就是最好的广告宣传。所以，通过微信宣传，往往在第一时间内就能反映出所销售的产品信息。

3. 产品宣传的立体性强

多媒体技术高速发展，商家在微信平台以文字和图片搭配宣传的方式或者以网络连接到具体销售网店的方式，为消费者以形象具体、多变的形式展示所销售的商品。

4. 互动性高

通过微信网络平台发布的商品信息，可以在第一时间与消费者以文字或语音的方式直接沟通，解决了商家不能及时与消费者沟通而失去顾客群的问题；产品信息发布得越及时，越能引起消费者的共鸣或争议，通过意见反馈，引起大家的广泛关注，信息传递的范围就越大。

5. 用户参与程度和平台推文内容成为竞争重点

微信公众号使用的不断普及，使订阅公众号成为一种趋势。随着公众号功能的不断更新，用户的参与程度不断提升，参与方式也逐渐多样化。许多公众号的利润都与用户的关注量成正比，结果导致部分关注量少的公众号平台在激烈的竞争中被市场淘汰。而微信推文内容的差异化也将成为运营商竞争的重点内容。

6. 媒体属性加强

微信公众号在营销的起步阶段，通过推文内容的差异、营销方式的多样化来吸引用户的关注度，逐步扩大公众号的影响程度，增强营利能力。发展的后期，公众号初步形成规模，为了进一步发展，会设计打造属于自己的 APP。营销的重点也由微信平台转移至 APP，将公众号的用户从微信引向 APP，增强用户的黏性。

7. 信息展示作用凸显

网络技术的发展，使信息传播方式更具多样化。企业利用网络技术平台，通过营销的作用，使微信公众号成为企业重要的信息展示平台。企业可以通过公众号向用户提供实时的信息、贴心的个性化服务，以便提升服务效率。通过公众号，企业可以与用户直接进行沟通，提供包括企业相关产品的介绍、信息推送等一系列相关服务，以便与用户建立长期而稳固的关系，增加顾客忠诚度。此外，微信公众号也将帮助企业实现线上线下的联动，增强品牌影响力。

四、微信公众号的功能

1. 设置自定义回复

微信公众平台后台可设置的自定义条目上限是 200 条（2020 年），如果是单纯地设置"你好"、地点、简介等关键词就太平庸了，反而让新粉丝感到无趣。在此基础上就要动一下脑筋，继续"挖坑"，例如，首先设置关注自动回复内容："很高兴关注我们××××，请回复 1 了解我们，输入 2 了解优惠，输入 3 了解礼品，输入 4 了解地点……"，以此类推，这样引起新粉丝进行互动，当粉丝输入数字后，还可以设置下一条内容，一步一步让自定义回复更有趣味性。

2. 会话功能丰富

细心的公众账号维护专员可以发现公众平台已经提供了基本的会话功能，可以主动与微信粉丝发起会话进行交互沟通，但粉丝越多，陪聊的人工成本越高，需要根据自身的经营范围考虑是否采取这种方式。

3. 微社区互动

微社区是基于微信公众账号的互动社区，它可以广泛应用于微信服务号与订阅号，是微信公众号运营者打造人气移动社区、增强用户黏性的有力工具。微社区首次把 Web 2.0 的交互模式引入了微信公众平台，基于话题和共同兴趣，结合发帖和回复，促使用户从被动的信息接收者转向移动互联网信息创造者，在公众账号与用户、用户与用户之间的互动中共同完成内容的制造和传播。

4. 微信小店功能

微信公众平台 2014 年 5 月更新后，增加了微信小店功能，微信小店基于微信支付，包括添加商品、商品管理、订单管理、货架管理、维权等功能，开发者可使用接口批量添加商品，快速开店。需要注意的是，必须是已微信认证、已接入微信支付的服务号，才可在服务中心中申请开通微信小店功能。2020 年 7 月 10 日该功能下架。

5. 喜欢作者

2018 年 6 月 6 日，微信公众平台发布消息，公众号赞赏功能升级为"喜欢作者"，开启了赞赏的文章在原创文章底部有"喜欢作者"的入口。在 iOS 版和 Android 版微信上都可以使用。

6. 设置转载

2018 年 6 月 27 日，微信官方宣布，微信公众平台上线开放转载功能，文章可以直接被转载，不需要人工再次确认，大大地简化了转载流程，而转载文章也可以赞赏作者。

五、微信公众号营销策略

1. 定位策略

企业如果想做强微信公众号，首先需要找准定位。企业找到适合自身发展、符合自身形象的定位后，才能确定目标受众，塑造品牌，实现营销目标。企业的微信公众号定位策略需要完成以下内容，才能找准定位。

1）企业需求分析

进行企业需求分析是指确定企业利用微信公众号营销想要实现的营销目标。企业的微信公众号营销目标一般包括获得关注、进行传播、产生互动和实现销售。获得关注是指微信公众号的粉丝关注数量的提升，也就是用户量增加。进行传播是指微信公众号推送文章的转发量，企业微信公众号需要通过高质量的内容选题、内容分发来提升曝光量或公关形象。产生互动是指微信公众号通过回复评论、点赞和收藏等方式，利用微信公众号实现与用户的及时互动。实现销售是指通过微信公众号提高转化率。企业可以通过微信公众号的内容或活动，引导用户产生购买，提高转化率。

2）用户精准画像

首先，要确定用户的客观显性属性，包括地域、性别、收入、年龄、受教育程度等。地域是指用户所在的地理位置，性别也是微信公众号营销主要考虑的因素，女性大多比较感性，而男性大多比较理性。微信公众号营销应该考虑用户群体的收入因素，确定营销对象能负担得起商品或服务的价格。不同年龄段的用户关心的内容不一样，而受教育程度不同的群体中流行的文化、风格、形式都不一样，因此受教育程度也是需要考虑的属性。其次，要确定用户的主观隐性属性，主观隐性属性是指群体的个性化标签，如爱好、习惯和文化。最后，要确定平台的价值属性，包括感知有用、感知有趣、产生共鸣、吸引参与。感知有用是指用户希望得到生活、工作中所必需的资讯或服务。感知有趣是指用户对幽默有趣的内容呈现方式更容易接受。产生共鸣是指特定用户群体会和一些与自己密切相关的热点话题产生共同的思想感情。吸引参与是指公众号平台尽量选择或推送互动性强的话题，吸引用户进行内容创作、评论或转发等。

3）寻找二者的交集

寻找二者的交集是指根据企业需求和用户精准画像的交集，最终确定企业微信公众号的定位，既需要符合企业需求，又要符合用户画像中的客观显性属性、主观隐性属性或平台价值属性其中的一个。例如，"十点读书"以书籍分享和心灵鸡汤为核心，吸引喜欢读书、关注个人成长的用户，通过分享生活和购物推荐，吸引对时尚、美妆、生活方式感兴趣的年轻女性用户。对企业寻找定位需要长期的摸索和改进。

2. 品牌策略

企业利用微信公众号开展网络营销活动，需要丰富多样的原创内容的推送，不能简单地复制其他微信公众号的内容，需要结合微信公众号的特点，重新设计推送内容，实现品牌推广。微信公众号的推文，尽量附带公司的标志，颜色尽量用公司品牌标志中含有的颜色，这样能保证封面图风格的一致性，用户多次阅读之后，会加强品牌的宣传性。还可以设计一系列的品牌标志表情，在微信公众号推送的推文中适当添加，可以提升企业品牌知名度。

3. 推送策略

微信公众号的文章应该选择恰当的推送时间，培养用户固定阅读的习惯。企业借助后台统计功能，通过分析数据准确地把握用户活跃的时间段，进行推送。

4. 框架策略

框架策略是指企业在进行微信公众号设计时，要具有框架思维。企业需要运用框架思维设计微信公众号的推送内容，需要在一个用户关注公众号的过程中，设计每个环节的网络营销方案。

【本章小结】

本章主要介绍了新媒体营销工具，包括直播营销、微博营销和微信公众号营销。由浅入深地介绍了直播营销，首先介绍了直播营销的概念、互联网直播的发展历史，其次介绍了直播营销的要素，最后介绍了直播营销活动的执行模型和场景划分。从微博营销的概念、特点出发，引出了微博平台的网络营销功能、企业微博营销的资源和常见形式。此外，还介绍了微信公众号营销的概念，微信公众号的分类、特点、功能和营销策略。

【概念讨论】

1. 什么是直播营销？
2. 什么是微信营销？

【概念应用】

1. 请根据你的亲身体验，对比网络消费者与传统消费者，分别总结出其特点。
2. 请尝试把你最近一次的网络购物体验用网络消费者购买决策过程进行描述。

【新媒体案例】

林内抖音超品日营销推广

在 2024 年，为了让更多的用户了解林内并不只是一个热水器品牌，而是一个涵盖全品类厨卫家电的品牌，上海林内在成立30周年之际，重新定位为"热能与水专家"。借助抖音超品日的契机，林内发起了一系列的推广活动，旨在帮助厨电产品类别实现快速的市场突破，并改变用户的传统认知，为品牌带来全新的销售增长动力。

林内联合抖音电商超级品牌日，在中国极北的大草原上，创造了一个名为"林内恒温新境界"的主题活动。在这一活动中，林内利用其恒温科技在极寒的天气条件下展示了产品的卓越性能。除了快闪活动外，林内还在大草原上成功放飞了一架挂有广告横幅的热气球，象征着林内与抖音共同飞向辉煌未来的美好愿景。通过达人发布的内容，使得更多的线上受众能够见证林内产品的优势并了解到林内的恒温科技。此外，通过微博、小红书等平台的"自来水"式传播，迅速占领热门话题，持续扩大话题热度。

此外，林内还通过央视的镜头带领大众走进了品牌"芯脏"的起源地，深入探索品牌的硬实力。在央视网等媒体资源的支持下，林内不仅巩固了其高端厨电品牌的形象，同时也持续推动了销售增长。林内精准洞察到年轻消费者生活中的需求痛点，深入消费者的生活圈，通过明星代言人的影响力和优质内容的输出，有效吸引了目标群体的关注。在不同活动阶段，林内利用央视网资源背书、抖音、小红书、微博、门户网站、户外广告及梯媒等多种媒体平台进行广泛宣传，使品牌在网站内和网站外的媒体平台的总曝光量达到了 2.8 亿次以上，网站内挑战赛的总播放量达到 8660.9 万次以上。

【案例讨论题】

请分析此次林内抖音超品日营销推广的成功之处。

第五篇　实　践　篇

第十章　网络营销实践

 开篇案例

从直销到社交：小米的私域流量数字营销转型之旅

　　小米科技有限责任公司成立于 2010 年 3 月 3 日，是一家专注于智能硬件和电子产品研发的全球化移动互联网企业，同时也是一家专注于高端智能手机、互联网电视及智能家居生态链建设的创新型科技企业。

　　小米的私域流量建设和运营策略具有很强的体系化与数据驱动特征。首先，通过米粉社区的构建，小米成功将早期的品牌爱好者转化为忠实用户，并在用户互动中强化了参与感与归属感。这种情感联系不仅提升了用户忠诚度，还为品牌口碑营销奠定了基础。通过社群运营，小米打造了强大的粉丝经济，米粉社区也成为品牌传播的重要渠道。其次，小米通过移动应用深化与用户的互动，例如在"米家"APP 和"小米商城"APP 中，通过分析用户行为数据进行个性化推荐。APP 内的促销活动和精准推送有效地促进了用户消费和复购，同时，通过公域（如微博、微信等平台）流量引流，小米不仅提高了品牌曝光度，还成功为私域平台引流。微博与微信作为小米的重要营销阵地，不仅用于发布新品信息和优惠活动，还通过用户互动和话题讨论增强了用户的参与感。小米还借助全球社交媒体平台，与国际用户保持互动，通过定制化的营销策略扩大品牌在全球的影响力。

　　数据驱动是小米私域流量运营的核心，小米通过分析用户数据，进行精准的营销推送，显著提升了用户转化率和复购率。此外，小米私域运营重视与用户的长期关系维护，通过持续的社区活动、移动应用中的个性化服务，以及社交媒体互动，建立了高黏性用户群体。相比传统广告的单向信息传递，其私域运营更加灵活，注重用户的主动参与互动，减少了营销资源的浪费，并通过用户的自发传播形成了强大的口碑效应。

　　未来，随着大数据与人工智能技术的进步，小米在数据库营销方面的潜力巨大。通过更深度的用户画像和精细化的标签体系，小米可以进一步优化个性化营销的精准度。与此同时，数据隐私和用户信任管理也将成为关键，小米需要确保数据使用的透明性与安全性，增强用户信任。此外，小米还可以利用 AI 技术推动营销自动化，实现实时个性化推送，并通过全渠道数据整合进一步提升运营效率。

　　综上，小米应用"粉丝经济"构建出了一个庞大的私域流量池，并持续的为用户提供有温度的服务，最终实现用户关系的长久维护，进而实现流量变现，为企业创造利润。

　　【案例讨论题】

　　与传统媒体相比，小米建设和运营私域流量体现了网络营销的哪些特征？面对数据库营销的现状，你认为小米应该如何顺应趋势，抓住机遇，更好地利用数据库支持网络

营销的发展？

第一节　网络营销沟通

一、沟通模型

沟通模型（communication model）始于来源（企业）编译的一个信息（产品、服务），这个信息通过媒体进行传播。然后在噪声（混乱和冲突）的包围中，信息接收者解译这个消息并做出反馈（反应、行为）。

沟通模型还译作"沟通模式"，用于解释沟通过程和分析沟通形式（即解释信息传递过程）的理论假说。20世纪50年代前后的沟通模型强调传递信息者到接收者的单向流程。最具代表性的是香农和韦弗的数学模型，该模型把信息传递过程分为五个部分，如图10-1所示。

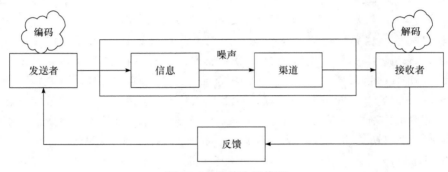

图 10-1　传统沟通模型

（1）信源，可比作发信者的脑。

（2）发射器，将发送者要传递的意义信息符号化，编制成语言文字、图表或表情动作，可比作发信者的口齿。

（3）信道，是信息的载体，可比作传递声波的空气。

（4）接收器，接收符号化的信息并将其还原为意义信息，可比作耳朵。

（5）信宿，对信息的意义进行解释，使其成为可接收信息，并作出反应，可比作听者的脑。

此外，模型中的噪声泛指干扰信息传递的任何因素；编码指信源发送信息的方式；译码指解释信息的过程。

沟通是指人与人之间通过语言、文字、符号或类似的表现形式，进行信息、知识与情报等的交流过程。随着社会的不断发展，沟通已经被广泛运用到营销领域。

二、网络营销沟通模型

1. 网络营销沟通的概念

网络沟通是指凭借信息技术，通过计算机网络进行企业内部沟通和企业与外部环境的沟通。

网络营销沟通主要是指凭借信息技术，对目标受众开展的以企业形象、产品介绍和推广为主的外部沟通，如网络公共关系维护、销售促进等。

2. 网络营销沟通的特点

（1）综合了各种媒体的功能和表现形式。

（2）沟通是双向、互动的。

（3）处理时间和过程灵活、方便。

（4）信息不对称减少。

3. 网络营销沟通模型框架

网络营销沟通模型包括企业、媒体、顾客、内容，媒体是连接企业和顾客的桥梁。因此，在网络环境下，顾客可以直接从媒体渠道获得相关内容。网络营销沟通综合了各种媒体的功能和表现形式，媒体使用者可以控制沟通的过程，沟通是双向的、互动的，信息的搜索和处理过程更加灵活、方便。网络营销沟通模型如图 10-2 所示。

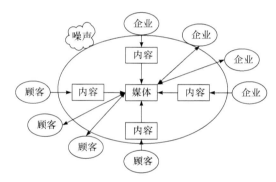

图 10-2　网络营销沟通模型

三、整合营销沟通

1. 整合营销沟通的概念

整合营销沟通（integrated marketing communication，IMC）是一项集计划、执行和监控品牌沟通于一体的跨部门工作，目的是获得、维系和增加能为企业创造盈利的顾客。

1992 年，由美国西北大学教授唐·E. 舒尔茨、斯坦利·田纳本、罗伯特·劳特朋合著的《整合营销传播》问世，标志着整合营销沟通的诞生。

舒尔茨教授把整合营销沟通定义为，将所有与产品或服务相关的信息来源加以管理的过程，使顾客以及潜在消费者接触到整合的资讯，从而产生购买行为，并且维持消费者忠诚度。之后他又将定义又进一步深化，认为整合营销沟通是一种战略性商业流程，用来规划、开拓、执行和评估可协调、可测量、具备说服性和持续性的品牌沟通计划，该计划的目标是建立与消费者、中间商、潜在消费者、员工、合作伙伴和其他内部和外部目标受众的沟通，产生短期的收益回报，并建立长期的品牌与股东价值。

整合网络营销沟通是指对网络广告、公共关系、促销等多种传播手段的战略作用进行比较、研究之后，为了尽可能地取得最好的沟通效果而对它们进行整合规划的过程。

2. 整合网络营销沟通战略的制定过程

整合网络营销沟通战略的制定是一个系统化的过程，首先，需要确定目标接收者，即明确企业的潜在客户和目标市场。其次，确立沟通目标，包括提升品牌知名度、增加销售额、改善客户关系等。再次，决定网络沟通组合，选择适合的网络营销渠道，如社交媒体营销、内容营销、搜索引擎营销等，并制订相应的沟通方案。最后，制订实施方案，包括制订营销计划、预算分配、时间安排等，以确保网络营销沟通战略的有效实施。整合网络营销沟通战略的制定过程如图10-3所示。

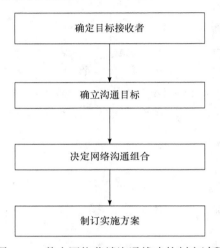

图 10-3　整合网络营销沟通战略的制定过程

传统观点认为营销沟通是一个涵盖性术语，它包括为传递信息，并说服顾客购买产品和服务而设计的各种活动。传统营销沟通活动的中心是以产品为导向，并组织沟通，还包括了组织的产品和企业形象沟通的各个方面。

第二节　B2B 网络营销实践

一、B2B 营销的概念

B2B（或 BTB）是 business to business 的缩写，是指企业与企业之间通过专用网络或互联网，进行数据信息的交换、传递，开展交易活动的商业模式。

B2B 营销起源于工业营销，在 20 世纪中期以前，工业营销并不是一个学术研究的单独领域。直到 20 世纪中期，人们逐渐意识到消费者营销和工业营销的种种不同，才对二者进行了进一步的区分，工业营销最终发展成为学术研究的单独领域。随着研究的深入和第三产业的发展，20 世纪 80 年代，出现了 B2B 营销，也称企业对企业营销或商务营销。营销大师菲利普·科特勒认为，工业品营销的主要特性是产业客户、团体采购、供购双方关系密切、目标客户群体相对明确、购买者数量少但单次购买量大。

B2B 营销，就是营销理论在 B2B 市场上的应用，指的是为企业客户提供产品和服务的营销。这些企业既包括产品生产商、批发商和零售商，也包括政府部门及一些非营利机构。

根据中华人民共和国商务部数据，2023 年中国网上零售总额达到了 15.42 万亿元，同比增长 11%，连续 11 年保持全球第一大网络零售市场的地位。其中，实物商品网上零售额占社会消费品零售总额的比重上升至 27.6%，创下历史新高。绿色、健康、智能及"国潮"商品备受消费者青睐，国产品牌在重点监测品牌中的销售额占比超过了 65%。自政府出台促进家居消费政策以来，从 2023 年 8 月至 2023 年 12 月，适老家具、家庭影院和家用装饰品的销售额分别实现了 372.1%、153.3% 和 64.6% 的同比增长。

2024 年 1 月至 2024 年 4 月，中国电子商务市场继续保持较快的增速，网上零售额达到 4.41 万亿元，同比增长 11.5%。其中，实物商品网上零售额为 3.74 万亿元，同比增长 11.1%，占社会消费品零售总额的比重为 23.9%。此外，跨境电商出口在货物贸易出口中的比重也在稳步提高，显示出中国电子商务在提升商务领域数字化水平、促进消费增长及拓展国际合作方面的积极作用。

2023 年中国产业电商市场规模达 33.89 万亿元，较 2022 年的 31.4 万亿元同比增长 7.92%。此外，2019～2022 年市场规模（增速）分别为 25 万亿元（11.11%）、 27.5 万亿元（10%）、29.11 万亿元（5.85%）、31.4 万亿元（7.86%）。2023 年，产业电商市场规模不断扩大，总体增势依然强韧，主要呈现三大趋势：第一，产业电商迎来上市热潮，众多产业电商企业都希望在资本市场上站稳脚跟，"拍明芯城""震坤行"成功上市、京东拟分拆京东工业上市、"云汉芯城"IPO（initial public offering，首次公开募股）过会等；第二，产业电商投融资同比双降，2023 年"能链集团""开思"等产业电商获得了超亿元融资，但产业电商融资事件数下滑严重，同比近"腰斩"，在融资金额上，也同比下滑近四成；第三，B2B 平台积极探索和应用人工智能技术。随着人工智能技术的不断发展和进步，其在 B2B 领域的应用也日益广泛和深入。B2B 电商交易在全国电子商务交易市场中有着举足轻重的作用。

国家统计局数据显示，在 2023 年的网上零售额中，实物商品网上零售额占据了较大比重，达到了 13.0 万亿元，同比增长 8.4%。这一数据表明，实物商品的在线销售依然是中国电子商务市场的重要组成部分，且保持了稳定的增长态势。在 B2C（企业对消费者）和 C2C（消费者对消费者）网络零售额中，B2C 网络零售额同比增长 13.0%，占网络零售额的比重为 81.3%，显示出 B2C 模式在中国电子商务市场中的主导地位。相比之下，C2C 网络零售额同比增长 2.7%，占网络零售额的比重为 18.7%。

二、B2B 市场的类型

B2B 市场中主要有三种重要的市场类型：工业市场、经销商市场和政府市场。这些市场包含了大量的可以用标准行业代码（standard industrial classification，SIC）来评估的专业市场。对于这三种主要市场组织的分析，本节解释了它们在公司规模、交易要求、投资和贸易潜力等的差异。这三种主要的类型如下。

1. 工业市场

工业市场由购买原材料、零部件、设备或服务，并将其用于生产其他产品或服务的企业组成。这些企业通过对所购商品进行进一步加工或组装，最终生产出新的产品。典型的工业市场参与者包括制造商、建筑公司和工程公司等。由于许多工业部门需要巨额投资，工业市场往往被少数大型企业主导，尤其是在需要大量资本投入的领域，如船舶制造和化工品制造行业。

2. 经销商市场

经销商市场由购买产品或服务后再转售给其他企业或最终消费者的组织构成。参与者包括批发商、零售商、物流公司、仓储服务、金融机构、房产经纪公司等。经销商市场的企业不对产品进行进一步的加工，而是作为中介或分销环节。这种市场包含了很多不同的组织，因此公司规模和市场部门结构也相差悬殊。Euroffice（www.euroffice.co.uk 和 www.euroffice.it）就是一个在该市场经营的单一业务公司。

3. 政府市场

政府市场包括各种政府机构，它们从私人企业购买商品和服务，用于公共服务或政府项目。这些机构包括地方、区域或国家层级的政府部门，其采购的产品和服务包括基础设施建设、办公设备、军事设备、医疗用品等。政府代理控制着大量的公共资产，这些资产由直接或者间接税收募集而来。在多数情况下，政府采购需求超过那些大型私人商业组织。

三、B2B 市场的特征

1. B2B 市场的需求特征

1）派生需求

企业购买产品或服务是为了进一步生产、使用或转售给其他人，因此，B2B 市场的需求实际是由消费者市场派生出来的，并最终取决于消费市场上消费者的直接需求。这种情况下，消费者对消费品的需求不仅影响这些产品的供应，而且影响与产品相关的原材料、零部件、设备和服务的供应。因此，派生需求可以指导上游市场对下游市场的拉动。上游供应商不仅要关心直接顾客的需求，同时也要关心顾客的顾客，即最终消费者的需求，并通过引导和影响最终消费者的偏好，来增加其产品的市场需求量。

2）需求缺乏弹性

在 B2B 市场上，购买者对产品或服务的需求受价格变动的影响不大。因为企业的购买是为了进一步的生产和销售，因此产品价格的上涨并不能导致需求量的减少，只要消费者市场的需求不变，B2B 市场的需求一般也不会有太大的变动。在大多数的工业制成品中，生产资料和零部件的价值占很小的比重，大部分是劳动创造的价值，生产资料价格的变化对成品价格的影响很小，特别是辅助材料和零部件等，因此 B2B 的需求缺乏弹性。

3）需求波动大

由于 B2B 市场的需求是靠消费市场拉动的，因此 B2B 市场的需求会因为消费市场需求的变化而产生波动。根据牛鞭效应，下游产品需求的波动会造成上游产品更大的波动，且在短期内很难快速恢复。例如，消费者需求增加一定的百分比，企业为追加产出相应产品，对工厂和设备的需求将上升更大的百分比。消费需求上升 10%，可能引起企业产品的需求上升 200%。

牛鞭效应控制供应链波动。在供应链上，需求的微小变化，会从零售商到制造商、供应商逐级放大，这种现象就叫牛鞭效应。假定全球消费者对计算机的需求预测轻微增长 2%，转化到联想（制造商）时就可能成了 5%，传递到英特尔（一级供应商）时则可能是 10%，而到了英特尔设备的供应商（次级供应商）时，则可能变为 20%。简言之，越是处于供应链后端，需求变化的幅度越大。就像西部牛仔挥舞的牛鞭，手腕轻轻一抖，鞭梢会大幅度抖动，这就是牛鞭效应名称的来历。

2. B2B 市场的购买特征

（1）专业购买。B2B 市场通常带有很强的技术特征，因此市场上的采购者都是专业的购买者，他们对采购产品的了解程度可能不亚于产品的提供者，而消费品购买者一般不要求具备专门的知识。

（2）理性购买。B2B 市场供应商的选择较复杂，采购人员代表公司进行购买，需要保持更加客观的理性态度，一般而言，企业购买，需要一个或长或短的协商谈判期，并经历这样的过程：识别问题—明确需求—描述产品规格—寻找供应商—征求供应信息—选择供应商—正式订购—绩效评估。

（3）直接购买。企业购买者通常从生产商那里直接购买，不经过任何中间商，尤其是技术复杂或昂贵的商品，而消费者购买则需要借助经销商、零售商等销售渠道，此外在 B2B 市场上一些企业之间存在着互购的现象。

（4）租赁。企业购买者往往可以通过租赁的方式获得企业用品，具体租赁的方式包括以下七种：卖而后租、服务性租赁、金融租赁、综合租赁、杠杆租赁、供应者租赁和卖主租赁。①卖而后租，即一个公司为取得资金，将厂房、土地、设备等卖给租赁公司，同时和租赁公司签订租赁合同继续使用。②服务性租赁，是指出租人不仅要向承租人提供设备的使用权，还要为承租人提供设备的技术服务的一种租赁形式。③金融租赁，指由出租人根据承租人的请求，按照合同的约定条款，向承租人指定的出卖人购买承租人指定的固定资产，在出租人拥有该固定资产所有权的前提下，以承租人支付所有租金为条件，将一个时期的该固定资产的占有、使用和收益权让渡给承租人。④综合租赁，是国际租赁的一种形式，是租赁与其他贸易方式结合在一起的一种租赁形式，通常包括租赁与补偿贸易相结合，租赁与来料加工、来件装配相结合，以及租赁与包销相结合等三种方式。⑤杠杆租赁，是指承租人、出租人和贷款人三方之间的协议安排。其特点是承租人使用资产并定期支付租金，出租人购买资产，将其交付于承租人，并定期收取租金，但出租人的出资金额需达到资产价格的 20%~40%，剩余资金由贷款人提供，贷款人向出租人收取相应利息。⑥供应者租赁，指企业将资产卖给租赁公司，并签订租赁合同，以继续使用这些资产。⑦卖主租赁，指卖主（也就是资产的所有者）直接将资产租赁给买主（也就是资产的使用者），卖主在租赁期间保留资产的所有权，而买主则支付租金以使用资产。

四、B2B 网络营销策略

本节聚焦于 B2B 网络营销策略在组织计划中的整合方法，依据尼科尔斯和沃森的观点，众多企业已深刻认识到战略思维对构建成功的网络交易的重要性。在网络公司蓬勃发展时期，很多企业因缺乏战略计划而最终走向衰败。关于网络营销战略，业界已从业务流程优化、营销规划创新，到网络活动分析与评估等多个维度进行了广泛探讨。

蒂奥和佩恩研究发现，从战略计划角度来讲，网络的应用水平与组织发展竞争优势的能力呈现显著的正相关，这与之前对影响网络应用水平的讨论一致。这意味着组织应当慎重地考虑如何发挥最大的能力去从在线交易环境中获益。否则，犹豫的组织会被现有的或新的竞争对手所取代。同时，在当前的环境中，很明显通过采用互联网技术并不能立刻获得明显的商业潜力。这一环境有助于凸显网络营销计划的重要性，因为它能够降低组织因错失新技术带来的收益而失去竞争地位的风险。事实上，随着越来越多的贸易伙伴融入数字市场，通过精心策划互联网及数字技术的应用与发展，企业将能够更广泛地从创新、成长、成本节约、联盟以及差异化竞争优势中获利。这种转变不仅促进了商业模式的优化，还加速了行业的整体发展。

尼科尔斯和沃森的研究认为，提出网络营销战略需要有效地利用互联网技术并分析运营环境，而且评估在线和离线的管理设施与营销和物流功能的集成程度也很重要。图 10-4 展示了一个关键区域的电子价值创造模型，该模型对战略发展产生了深远影响，涉及组织的核心战略目标、企业特性、内部资源和能力。为实现不同的目标，需要构建相应的组织结构和营销战略。该模型强调了目标与战略资源之间的密切关系，以及如何通过有效的组织架构和营销战略来支撑这些目标。例如，如果组织完成了技术集成，那么它就可以大大地降低成本。组织特性很可能对互联网战略有显著影响，例如，小型公司就必须仔细考虑如何获得一个全交互性的网页，以及如何控制物流。现在电子商务战略的供应方受到极大的关注。通过运用互联网技术，采购系统的流水作业能够大幅降低成本，提升采购管理效率，并带来显著的财务收益。

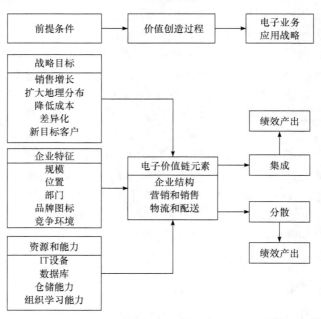

图 10-4　关键区域的电子价值创造模型

尼科尔斯和沃森的电子价值创造模型将价值创造的过程分解为几个核心部分，帮助企业分析如何在电子商务环境中通过电子化手段创造价值，同时指导企业如何制定相应策略，以下是电子价值创造模型的介绍。

前提条件，这些是企业在制定和实施其电子价值创造策略时必须考虑的基础因素，包括：战略目标，指企业希望实现的具体目标，如销售增长、扩大地理分布、降低成本、产品差异化或吸引新目标客户；企业特征，指企业的基本信息和属性，如规模、地理位置、部门结构、品牌形象和竞争环境；资源和能力，指企业拥有的关键资源和能力，如 IT 设备、数据库、仓储能力以及组织的学习能力。

价值创造过程，是企业通过电子价值链来创造价值的过程。电子价值链包括：企业结构，指企业的组织架构和流程，以及它们如何支持电子价值创造；营销和销售，指企业如何利用电子渠道进行市场推广和销售活动；物流和配送，指企业的物流管理，如库存控制、订单处理和配送。

电子商务应用战略，即企业为实现其价值创造目标而采取的具体应用策略，包括：集成绩效产出，指通过整合企业内部和外部的资源和流程，提高绩效和产出；分散绩效产出，指通过分散决策和执行，提高绩效和产出。

企业运用该模型制定 B2B 网络营销策略时，需要遵循以下步骤。

（1）明确战略目标：根据模型中的前提条件，明确企业的 B2B 网络营销策略目标。

（2）分析企业特征和资源：评估企业的特征和资源，包括规模、位置、部门结构、品牌形象和竞争环境，以及 IT 设备、数据库、仓储能力和组织学习能力。

（3）设计价值创造过程：根据电子价值链的元素，设计企业的价值创造过程。这可能包括优化企业结构、营销和销售策略，以及物流和配送流程。

（4）制定电子商务应用策略：根据模型中的应用策略，选择适当的策略来整合或分散企业的电子商务。这可能包括整合不同的业务流程以提高绩效，或者分散决策和执行以提高灵活性和响应速度。

（5）实施和监控：实施制定的 B2B 网络营销策略，并持续监控其效果。使用数据分析工具来跟踪营销活动的结果，并根据数据调整策略。

通过这些步骤，企业可以利用关键区域的电子价值创造模型来制定有效的 B2B 网络营销策略，实现其战略目标并创造价值。

第三节　B2C 网络营销实践

B2C 市场对互联网中的商业发展做出了较大的贡献，使得世界范围内越来越多的消费者使用交易性电子商务网站。本节探索对在线 B2C 市场中零售部门的增长及发展有重要影响的几个关键问题。首先关注消费者相关问题，如他们是谁，他们的期望是什么，其在线经历如何影响在线购物的动机；其次关注零售商相关问题，如在线零售的含义及范围，哪种数字和网络技术可以被用于开创虚拟零售渠道。

一、B2C 网上零售

B2C 网上零售，指企业通过互联网平台直接向个人消费者销售商品和服务的模式。

（一）B2C 网上零售的发展

20 世纪 90 年代初期，当第一笔商业电子邮件交易出现时，零售商并未对在线交易产生兴趣。直到 20 世纪 90 年代中期，大型零售公司才开始考虑互联网对未来的交易会产生什么样的影响。

1995 年，几乎没有零售商意识到互联网重要到成为市场的一个渠道，但考虑到互联网技术能够快速地重新配置基本零售流程的潜力，再加上电子零售市场较高的动态性和创新性，一些公司开始试验网上购物。例如，特易购开始在网上销售巧克力和鲜花，不久以后森宝利超市以及电器零售商 Dixons 推出了各自的网站。

2008 年，绝大多数零售商都已经认识到，建立自己的网站非常必要，而且其主站点应当为消费者提供便捷的在线购物服务。此外，零售商认为，只要与业务相关，就应当把商品放入库存。B2C 网上零售模式在全球范围内日益受到青睐，它对全球的零售商和消费者都具有重要的意义。

2016 年，有学者提出了新零售概念。新零售，即企业以互联网为依托，通过大数据、人工智能等先进技术手段，对商品的生产、流通与销售过程进行升级改造，进而重塑业态结构与生态圈，并对线上服务、线下体验以及现代物流进行深度融合的零售新模式。

各类企业纷纷瞄准 B2C 市场。B2C 的高速成长，吸引了业界的广泛关注，互联网巨头和传统企业纷纷伸出触角，抢占地盘。百度联手日本最大的电子商务公司之一的乐天株式会社成立合资 B2C 网站乐酷天；阿里巴巴集团在淘宝网推出新网购平台"无名良品"商城；腾讯将"QQ 会员官方店"升级为 QQ 商城；中国邮政与 TOM 集团联合推出邮乐网；支付宝也宣布和澳大利亚在线支付公司 Paymate 合作建立中文购物平台"海外宝"。与此同时，传统零售企业苏宁、国美、沃尔玛、银泰百货、家乐福等纷纷涉足 B2C 领域。苏宁电器旗下电子商务平台苏宁易购网正式上线；国美以 4800 万元的价格控股家电 B2C 网站库巴网（原世纪电器网）；银泰网上线不到半年，日订单峰值过万单，平均约 2000 单，客单价达到 400 元。此外，传统品牌企业也纷纷在网上开店。

易观分析发布的《中国网络零售 B2C 市场季度监测报告 2022 年第 2 季度》数据显示，2022 年第二季度，中国网络零售 B2C 市场交易规模为 23 444.7 亿元人民币，同比增长 3.1%。天猫成交总额较去年同期增长 2.2%，占据市场份额 63.1%，排名第一。京东成交总额较上年同期增长 14.3%，其市场份额为 31.0%，排名第二。唯品会排名第三，其市场份额为 3.1%。苏宁易购和小米有品分别以 1.2% 和 0.4% 的市场份额位列第四和第五。

总而言之，中国的 B2C 市场的未来发展趋势十分明朗，大家都看好 B2C 电商是未来的大势所趋。那么未来的电商市场会向着什么方向发展，会成为一个怎样的场景，我们拭目以待。

（二）B2C 网上零售的经营类别及经营战略

B2C 网上零售指 business to consumer 的电子商务模式，即商家直接面向消费者销售产品和服务。电子商务的飞速发展改变了传统的零售格局，网上购物成为消费者日常生活中不可或缺的一部分。这种变化不仅影响了消费者的购物习惯，也对零售商的经营策略和生命周期产生了深远的影响。这样的背景下，企业需要对零售商的经营类别及经营战略进行了解。

1. 经营类别

经营类别是指企业在经营活动中所采取的方式和方法，B2C 网上零售的经营类别包括实体与网络相结合的零售商、网络与实体相结合的零售商、单一方式的零售商。

实体与网络相结合的零售商，通常是创办很久的传统企业，从商业街实体店开始经营，然后将互联网作为一种营销工具或销售渠道，战略性地或战术性地整合到它们的业务中。根据丹尼斯于 2004 年的研究，网上购物者更倾向于在有实体店面的零售商网站购物，因为他们理解在价值方面，品牌意味着什么，并且实体经营部分会使人更有安全感。

网络与实体相结合的零售商，倾向于成为虚拟商人并设计它们的经营形式，通过由实体分销设施支持的网上交易来满足顾客的需求。相比传统的营销渠道，虚拟渠道有着独特的优势，主要在于它们潜在地减少了进入壁垒。由于实体店的大规模资本投资需求，选址问题曾经被认为是零售赞助的关键决定因素。

单一方式的零售商，是指仅通过网络平台进行经营和销售的零售商，没有实体店面或其他线下销售渠道。这类零售商完全依赖于互联网进行商品展示、销售和顾客服务。以电子商务为基础，消费者通过网站或移动应用程序下单购买商品，然后通过物流配送将商品送达消费者手中。

除了前面提到的三种主要零售经营类别，市场上还出现了以消费者市场为主要目标的新型公司类型。随着中介机构在交易中的作用日益重要，中介化的商业模式逐渐成为主流。在这种市场环境中，公司（作为非传统的服务购买者）利用互联网及其平台，通过网站和电子邮件等方式与购买者和销售者进行沟通和联系。比较购物搜索引擎和评论网站，如 Kelkoo（www.kelkoo.com）和 Reevoo（www.reevoo.com），是典型代表。这些平台提供了比较不同商品和服务的高级工具，并允许消费者查看和撰写产品评论。这样的机制有助于消费者做出更加明智和理性的购买决策，从而提高消费的体验和满意度。

对许多小型零售商而言，借助大型零售平台销售产品具有重要的意义。例如，3M（Minnesota Mining and Manufacturing）公司在自己的网站开设了小型零售业务，但通过加入亚马逊和 eBay 等大型电商平台，3M 拓展了其市场覆盖范围，并触达了更广泛的消费者群体。在这些平台上，通过确保产品在搜索结果中的可见性，3M 公司提高了其品牌的知名度和吸引力。

2011 年，Facebook 推出了电子商务业务 Facebook commerce（简称 F-commerce），商家可以在 Facebook 上开设商店，并通过其社交网络的庞大用户资源进行产品销售和营销。F-commerce 利用了 Facebook 的社交特性，充分挖掘了 Facebook 的社交功能，将购物与社交互动相结合，为小型零售商开辟了新的销售途径和市场潜力。

制造商正利用互联网作为销售渠道，重新夺回原本因缺乏分销网络而让给零售商的市场份额。去中介化，即摒弃零售商，直接由制造商面向消费者进行营销，旨在缩短价值链或供应链，实现交易的电子化，并将权力下放至更接近最终消费者的位置。去中介化的早期实例发生在银行业，随着信息技术的进步和行业监管的变化，作为中介的零售银行的作用开始减弱。

2. 经营战略

在 B2C 网上零售领域，电子零售正呈现出蓬勃的发展态势，随着互联网交易环境的不断成熟，网上零售业交易额的不断增长表明网上零售的成功。荷兰学者维特瑞登和波斯玛提出的功能类型学模型，描述了零售商是如何随着销售渠道的演变进行发展的，该模型涵盖了从以信息提供为基础到以销售为主导的各种形式，包括广告牌战略、小册子战略、目录战略和服务战略等。经营战略如表 10-1 所示。

表 10-1　经营战略

战略	产品信息	协同作用/额外服务	网上销售实体渠道	实体专卖店	网站类似	实体专卖店只有有限功能
广告牌战略	无	无/有限	否	是	—	否
小册子战略	有限	无/有限	否	是	—	否
目录战略	大量	无/有限	否	是	—	否
服务战略	有限/大量	大量	否	是	—	否
输出战略	大量	无/有限	是	是	不相似	否
镜像战略	大量	无/有限	是	是	非常相似	否
协同战略	大量	大量	是	是	相似	否
反镜像战略	大量	无/有限	是	是	相似	是
虚拟战略	大量	有限/大量	是	是	—	—

在零售商的互联网经营战略中，广告牌战略，是指利用特定类型的网站向消费者展示公司的产品和服务的简要信息。小册子战略，是指零售商使用网站作为展示橱窗，向消费者展示特定产品的详细信息，如最新产品系列。这种网站类似于实体店铺中的陈列柜，为消费者提供丰富的产品资料。目录战略，是指提供大量且详细的产品信息，但通常不包含额外的服务内容。这类网站侧重产品的展示和描述，使消费者能充分了解产品特点和规格。服务战略，是零售商为消费者提供一系列支持服务，以建立和巩固顾客关系的一种战略。这包括提供顾客支持信息的可搜索数据库，以及其他有助于提升顾客体验的服务。通过这些服务，零售商能够增加顾客的忠诚度，提高顾客满意度，从而促进业务的长期增长。

网上销售战略，包括输出战略、镜像战略、协同战略、反镜像战略和虚拟战略。输出战略下，零售商在网上销售商品，但网上业务与实体零售店无关。镜像战略下，网站的外观和感觉与线下店铺类似，但在线和离线之间没有实际联系。协同战略下，在线和离线运营之间有很强的联系，如交叉宣传，网上订购的商品可以退回实体店中销售。反镜像战略下，网站成为主要的销售渠道，实体店则用于支持网上经营。虚拟战略下，零售商要么完全放弃实体店，要么只开设一家。

随着零售商利用互联网提供信息、服务和销售，互联网已逐渐成为一个重要的零售渠道。这个概念由多尔蒂等提出，用于描述公司在 B2C 市场中如何全方位应用互联网作为沟通和交易的渠道。传统的渠道指的是产品从源头到最终消费者手中的流通，这是一个被动的非直接系统，制造商或生产商通过批发商或零售商触达消费者。这一定义也体现了向双向零售商-消费者关系的转变，并赋予了消费者更多的权利。由于技术的发展，电子零售商在如何应用互联网及相关数字技术来满足顾客需求方面变得越来越具有创新性。许多顾客都是多渠道顾客，他们在购买商品时会同时研究网站和实体店的情况。这种多渠道的购物行为为零售商提供了更多的机会，同时也带来了挑战，要求零售商在线上线下提供一致的顾客体验。

二、B2C 网络营销策略

随着消费者和企业对互联网和数字媒体的接受程度不断加深，数字渠道已经成为零售商进入市场的基本途径。这一趋势不仅增加了零售商的竞争压力，也带来了新的挑战，特别是来自提供广泛产品选择、动态定价、实时购买和快速运输的新进入者的挑战。为了应对这些挑战，零售商必须采取更加灵活的策略，以满足不断变化的消费者需求。

Allegra Strategies（阿莱格拉战略）集团是一家专注于提供洞察力和全面的分析以驱动客户表现的研究和战略咨询公司，Allegra Strategies 的研究给出了绩效差别及管理启示，如表 10-2 所示。

表 10-2　绩效差别及管理启示

绩效差别	注释	管理启示
品牌实力与网站销售之间的不对等	使用第三方平台与开发网站之间的绩效差异，说明企业还需要追踪消费者浏览与购买行为，差异可能源于消费者对网站功能的期望与实际开发水平之间的差距，或者是网站设计未能完全满足用户的需求和体验	公司开发网站满足消费者需求，从而追踪消费者的浏览行为。如果失败可能导致销售额下降，消费者可能跳出公司网站浏览或购买，这对在线和离线渠道都产生影响
在线与离线品牌强度的不对等	零售商品牌的在线实力通常不如线下实力，这可能会削弱目前的品牌市场份额，并为竞争对手提供扩展在线品牌知名度机会	早期的网络公司致力于强化先发优势；而后进入的实体零售商则致力于加强在线品牌实力。然而，一旦品牌优势丧失，后进入的零售商很难再次获得竞争优势
网上竞争环境的本质与消费者需求的成熟度之间缺乏一致性	领先的在线竞争者包括国际或全国性的目录公司、大型零售商（跨不同领域经营）以及专业领域公司	在许多零售行业中，市场仍处于初期阶段，实体零售商应抓住这个"机会之窗"，保持潜在的竞争优势
决策制定的惯性	零售商应避免"预算战争"，即牺牲新渠道以缩减开支，并投资核心业务。一些传统的零售文化可能与非传统的商业模式相冲突，需要消除消费者沟通的障碍。预算限制可能导致失去机会或竞争优势	需要克服消费者沟通的障碍，预算限制可能导致失去机会或竞争优势，成熟的外包市场还可能降低成本效益

对 B2C 企业，识别绩效差异并制定战略缩小差距至关重要，例如，在物流领域，选择信誉良好的物流公司可以提高消费者的在线购物体验，增加购买意愿并提高消费者满意度。因此，扩展品牌知名度并建立良好品牌形象对增加企业电子零售销售额、提高货物运输速度非常有效。

此外，零售商与物流公司之间的协作对于满足消费者需求至关重要，这种合作能够使双方都从中受益。在线消费者的购物方式催生了不同的运营模式和分销策略，但这些仅仅是零售商网上战略的一个方面。尼古拉斯和沃森强调了在网络上创造价值和开发长期盈利性战略的重要性，并指出物流与配送是构建网络价值的核心要素。然而，要更加有效地实施这些策略，还需在公司的结构布局以及销售平台上进行战略性的应用和调整。

迈克尔·波特教授深入探讨了供应链集成对促进灵活政策制定、吸引电子管理领域的专业人才以及吸引资本投资方面的影响。在英国的杂货市场，占据主导地位的零售商采用独特的模式管理其线上业务。他们用营销策略和销售策略创造以顾客为核心的价值，聚焦于以客户为中心的价值创造。

B2C 网络营销策略包括体验营销、内容营销和流量营销等。体验营销通过口碑传播吸引消费者，着重提供产品信息、建立长期的客户关系，内容营销则通过创造性地描绘产品应用场景来扩展用户群体，流量营销通过吸引大量用户访问和参与，以增加品牌曝光度和促进销售。例如，"分手花店"巧妙地利用了情感共鸣点——失恋，通过"生活不止眼前的苟且，还有前任发来的请帖"这样富有创意的宣传，在具有特殊意义的 5 月 20 日推出纪念逝去爱情的服务，以此召回老客户并吸引新顾客。

为了提高客户忠诚度、吸引新用户并增强用户黏性，B2C 企业需要提供全面的产品信息、简化的购买流程、完善的服务系统，并通过赠送产品来提升品牌忠诚度。总的来说，为了最大化在线业务的收益，B2C 企业需要采用有效的营销策略，形成持续的竞争优势。对于传统的线下零售商而言，关键在于维持现有的市场份额，而对于在线零售商，则要确保能给企业带来新的盈利点。

【本章小结】

本章主要介绍了网络营销沟通和网络营销实践。网络营销沟通部分分别介绍了沟通模型、网络营销沟通模型和整合营销沟通。网络营销实践部分分别介绍了 B2B 网络营销实践和 B2C 网络营销实践。

【概念讨论】

1. 什么是 B2B 市场？
2. 什么是整合营销沟通？

【概念应用】

1. 找一个你感兴趣的 B2B 市场，运用 B2B 市场的概念对其进行解析。
2. 在理解整合营销沟通的基础上，举一个具体运用整合营销沟通的例子。

【新媒体案例】

你加入"羊群"了吗？——"羊了个羊"的出圈之路

"不过第二关不睡觉！"2022 年 9 月，一款名为"羊了个羊"的微信小程序游戏突然火遍全网，不断登上热搜，以现象级的姿态进入人们的视野中。因其通关率不足0.1%的超高难度、按省排名的游戏设置等特点，迅速激起了广大网友的热烈参与。其创始人张佳旭是如何做到这一切的呢？

张佳旭在 2021 年开始创业，其公司北京简游科技有限公司（以下简称北京简游）成立之初正值全国游戏行业发展的低谷期。在内外交困的形势下，北京简游一度处于崩溃的边缘。然而，情况在 2021 年 6 月出现转机，当厦门雷霆网络科技股份有限公司出现并投资北京简游后，张佳旭获得了首笔重要资金，从而为公司的发展注入了新的活力。

张佳旭通过对市场进行细分分析后，决定将公司的发展重点放在无需下载安装、无需注册且不占用手机内存的微信小程序上。微信小程序游戏的发展经历了几个阶段，从裂变共享时期到品质化游戏阶段，初期依靠快速裂变和红包激励的获客模式已不能满足市场需求，转而依靠高品质的小游戏确保高留存度，成为流量增长的主要来源，并通过广告和游戏内购实现变现。

北京简游最终决定开发休闲卡牌类小程序游戏。这类游戏生命周期较短，需快速导量并引导用户分享，以实现快速的市场裂变。公司采用了网络营销方式，这种营销方式以互联网为基础，利用数字化信息和网络媒体的交互性来实现营销目标，具有低成本、高效率等特点，非常适合资金相对匮乏但需要快速获客的初创企业。

经过一年的精心打磨，"羊了个羊"游戏终于在 2022 年顺利上线。短短四天内，游戏相关话题至少登上了 20 次微博热搜，其中 5 次位居热搜榜首。此外，该游戏在各大平台上的表现也持续走高，显示出该游戏巨大的市场吸引力和社交影响力。

【案例讨论题】

"羊了个羊"开始上线便吸引了众多用户的参与，分析"羊了个羊"是如何定位目标群体的？结合网络营销的概念、优势及营销策略，分析"羊了个羊"为何能在游戏市场中脱颖而出？"羊了个羊"在获客、留客、盈利、传播等营销关键点上是如何做的，有怎样的营销启发？

参 考 文 献

陈广明. 2022. 网络营销实战. 3 版. 北京：中国人民大学出版社.

陈水芬，孔伟成，谭春辉. 2017. 网络营销. 3 版. 重庆：重庆大学出版社.

戴夫·查菲，菲奥纳·埃利斯-查德威克. 2015. 网络营销：战略、实施与实践（原书第 5 版）. 马连福，高楗，等译. 北京：机械工业出版社.

冯英健. 2016. 网络营销基础与实践. 5 版. 北京：清华大学出版社.

冯英健. 2018. 新网络营销：微课版. 北京：人民邮电出版社.

冯英健. 2021. 网络营销. 北京：高等教育出版社.

郭国庆. 2020. 市场营销学通论. 8 版. 北京：中国人民大学出版社.

郭国庆. 2021. 市场营销. 4 版. 北京：中国人民大学出版社.

郭国庆，陈凯. 2019. 市场营销学. 6 版. 北京：中国人民大学出版社.

黄敏学，刁婷婷，郑仕勇，等. 2018. 何种明星团队有助于电影成功？——适度的合作紧密性研究. 珞珈管理评论，（04）：97-113.

黄敏学，高蕾，李婷. 2021. 移动场景下的口碑评价：调节定向视角. 南开管理评论，24（03）：50-61.

黄敏学，胡秀，郑仕勇. 2018. 广告中产品信息呈现越精确越好吗：可接近性-可诊断性视角. 营销科学学报，14（Z1）：151-169.

黄敏学，李清安，胡秀. 2020. 傻人有傻福吗？品牌依恋视角下的工匠精神传播研究. 珞珈管理评论，（03）：117-136.

黄敏学，张皓. 2019. 信息流广告的前沿实践及其理论阐释. 经济管理，41（04）：193-208.

黄敏学，郑仕勇，王琦缘. 2019. 网络关系与口碑"爆点"识别：基于社会影响理论的实证研究. 南开管理评论，22（02）：45-60.

黄庆庆. 2023. 大学生网络消费特征及其影响因素：基于江苏省大学生的调查. 商场现代化，（20）：1-3.

纪雅杰，马德青，胡劲松. 2021. 供应商管理库存下基于消费者行为偏好的全渠道运营策略. 中国管理科学，29（01）：82-96.

加里·阿姆斯特朗，菲利普·科特勒. 2017. 市场营销学. 12 版. 王永贵，译. 北京：中国人民大学出版社.

贾建民，杨扬，钟宇豪. 2021. 大数据营销的"时空关". 营销科学学报，1（01）：97-113.

雷蒙德·弗罗斯特，亚历克萨·福克，朱迪·斯特劳斯. 2021. 网络营销. 8 版. 时启亮，陈育君，黄青青，译. 北京：中国人民大学出版社.

李琪，高夏媛，徐晓瑜，等. 2021. 电商直播观众的信息处理及购买意愿研究. 管理学报，18（06）：895-903.

李琪，殷猛，孙乔. 2018. 我国消费者支付宝钱包使用意向研究：基于 TAM 和 IDT 理论. 大连理工大学学报（社会科学版），39（01）：23-29.

刘盾，宋慧玲，聂佳佳. 2021. 考虑努力水平的网络零售商定价决策与渠道选择研究. 工业工程，24（01）：1-9，18.

陆宇海，邹艳芬. 2020. 网络营销. 南京：南京大学出版社.

马德青，胡劲松. 2022. 消费者展厅行为和参考质量效应对 O2O 供应链动态运营策略的影响. 中国管理科学，30（04）：167-183.

马德青，王晓晴，胡劲松. 2024. 多渠道零售下考虑消费者反展厅现象的平台型供应链销售模式选择. 中国管理科学，32（05）：133-146.

瞿彭志. 2019. 网络营销. 5 版. 北京：高等教育出版社.

石妍. 2020. 网络营销实训. 南京：南京大学出版社.

宋晓晴，唐红梅，苗小刚. 2017. 新网络营销：新工具 新思维 新方法. 北京：人民邮电出版社.

苏高. 2017. 移动端网络营销推广实战从入门到精通. 北京：人民邮电出版社.

宿党辉. 2024. 7190.6 亿元！2023 年我国广告业快速增长. https://jingji.cctv.com/2024/04/28/
ARTIMDICPRxrfOPA49U4lhbO240428.shtml[2024-07-10].

谭经伦. 2022. 网络零售业的市场环境与营销战略的实证研究：以京东商城为例. 全国流通经济，
（24）：27-30.

陶晓波，吕一林. 2022. 市场营销学. 7 版. 北京：中国人民大学出版社.

王玮. 2022. 网络营销. 2 版. 北京：中国人民大学出版社.

王永贵. 2022. 市场营销. 2 版. 北京：中国人民大学出版社.

王永贵，洪傲然. 2019. 营销战略研究：现状、问题与未来展望. 外国经济与管理，41（12）：74-93.

王永贵，洪傲然. 2020. 千篇一律还是产品定制："一带一路"背景下中国企业跨国渠道经营研究. 管
理世界，36（12）：110-127.

王永贵，刘菲. 2019. 信任有助于提升创新绩效吗：基于 B2B 背景的理论探讨与实证分析. 中国工业经
济（12）：152-170.

王永贵，王帅，胡宇. 2019. 中国市场营销研究 70 年：回顾与展望. 经济管理，41（09）：191-208.

杨洪涛. 2015. 市场营销：超越竞争为顾客创造价值. 2 版. 北京：机械工业出版社.

杨洪涛. 2019. 市场营销：网络时代的超越竞争. 3 版. 北京：机械工业出版社.

杨学成，陈章旺. 2014. 网络营销. 北京：高等教育出版社.

佚名. 2024. 2023 中国互联网广告数据报告（完整版）. https://news.sohu.com/a/750636983_121118998
[2024-07-10].

张会龙，李桂华，张宇东，等. 2019. 中国跨国公司如何利用国际社交媒体提升品牌绩效：基于天士力
的 Facebook 营销案例分析. 珞珈管理评论，（02），156-172.

朱迪·斯特劳斯，雷蒙德·弗罗斯特. 2015. 网络营销. 7 版. 时启亮，陈育君，译. 北京：中国人民大
学出版社.

Finn A, Louviere J. 1993. Store selection and shopper behavior: an application of the best-choice model.
Journal of Marketing Research, 30（01）: 21-34.

Kleinberg J. 2000. The small-world phenomenon: an algorithmic perspective//Yao F, Luks E. Proceedings of
the Thirty-Second Annual ACM Symposium on Theory of Computing. Portland: Association for
Computing Machinery: 163-170.

Kumar N. 1999. Internet distribution strategies: dilemmas for the incumbent. Financial Times, （07）: 147-
164.